亲子携手 走出成长困境

——写给初中生家长

主　编　孟育群

副主编　张　嫦　董　耘

教育科学出版社

·北京·

编写委员会

顾　问　王鸿江　天津市人大常委会原副主任
　　　　　　　　天津市家庭教育研究会会长
主　任　程树梅　天津市妇联副主席
　　　　　　　　天津市家庭教育研究会副会长
副主任　王冬梅　天津市妇联儿童工作部部长　高级政工师
主　编　孟育群　天津市教育科学研究院教育理论研究所研究员
　　　　　　　　享受国务院特殊津贴专家
副主编　张　嫱　天津市精神卫生中心儿童青少年心理科副主任医师
　　　　　　　　中国心理学会科普委员会委员
　　　　董　耘　天津市实验中学心理学特级教师
编　委（按编写章节顺序排列）
　　　　张春媛　张　嫱　王　雁　孙　凌　孟育群　宋学文
　　　　孙　晶　董　耘　李　勇　邱瑞玲　赵　莉　王　欣
　　　　张　超　亢晓梅

目 录

前　言

　　初中阶段相当于少年期（十一二岁至十四五岁），是个体生理和心理发生重大突变的关键时期，是长身体，长知识，树理想，初步形成人生观和世界观，从童年走向青年的重要过渡时期。少年期是孩子的心理断乳期，青春发育期，又是"亲子关系的危机期"。当前独生子女与其年轻父母面临新形势，家庭教育中也出现了新情况、新问题。少年期的发展极其复杂，充满了矛盾，无论是少年还是他们的父母，都感到困难。少年一代的健康成长关系到千家万户的幸福，更关系到民族的兴衰、祖国的未来。少年的健康成长必须靠学校、家庭、社会三位一体的教育，然而，家庭教育具有特殊的无可代替的作用，是社会大教育系统的基石，是一切教育的"根"。

　　我国党和政府历来高度重视家庭教育，多次在有关文件中，明确要求充分发挥家庭教育在少年儿童成长过程中的重要作用，加强对家庭教育的指导，要帮助和引导家长树立正确的家庭教育观念，掌握科学的家庭教育方法，提高科学教育子女的能力。

　　本书由长期深入中小学进行家庭教育实验、咨询的科研人员和具有丰富实践经验的中学教师、教育工作者集体研究撰写。其主要内容为：现代家长应具有的教育素质；初中生的生理、心理发展特征；

初中生亲子关系及其调适，亲子如何沟通；如何引导和帮助孩子学会做人，学会学习，学会伙伴交往，学会生活；如何帮助孩子平稳度过青春期；如何帮助孩子做好人生的一次重要选择；如何与学校教师合作；农村留守儿童、流动儿童与离异家庭的子女教育等。

本书具有如下特点：一是时代性，反映、研究当前我国经济、社会发展新形势下，初中生家庭教育面临的新任务、新情况、新问题；二是科学性，运用教育学、发展心理学知识揭示有关初中生家庭教育的特点与规律；三是应用性，抓住实践中的主要问题，举出实例进行论述，反映了作者十多年在中小学进行家庭教育实验、咨询的研究成果，具有针对性与可操作性；四是可读性，深入浅出，通俗易懂。本书可供家长学校讲授和家长自己阅读，也值得中学领导、教师和教育工作者参考。

本书在编写中参考和引用了许多有关的研究成果资料，由于量大，恕我们未能一一列出，在此仅向原作者表示诚挚的歉意和由衷的谢意。

由于我们水平有限，加上时间紧迫，作者们都是在紧张的工作之余写作的，有的问题是近期的新问题，缺少资料与充分研究，因而缺点和不足在所难免，恳请读者赐教指正。

编者

2013 年 9 月

第 一 章
帮助孩子尽快适应初中生活

一、认识初中学习环境的重大变化

在初一年级的一次心理课上，老师让同学们画一幅心灵画，内容是升入中学后自己的感想。在众多的心灵画中，一幅画满了大大小小圆圈的图画引起了同学们的注意，于是老师请这位同学对他的心灵画做了解释。他说："小学六年中，我学习成绩非常好，老师喜欢我，同学们也很喜欢我，我的生活是非常快乐的。升入中学，我不知道等待我的究竟是什么，但我也希望自己的学习和生活能像小学一样快乐，希望老师和同学们喜欢我，我更希望我的初中生活都像这些大大小小的圆一样，永远圆满、充实！"他的话语赢得了同学们热烈的掌声。

小敏是个内向、好静的孩子。她进入到了一所自己喜欢的学校。拿到入学通知书后，她和爸爸还专程去学校看了看学校环境。一向不爱说话的她，好奇地问爸爸："爸爸，我们学校操场真大，比小学要大两三倍！有多少学生在这里一起做操呀！"

小丽是在家附近上的小学，学校就在她家隔壁。可是她考上的这所中学上学要乘公交车，坐六站地才能到达，并且中午要在学校吃饭。小丽开学前三天还是"兴致勃勃"地去上学，几天后，就不再开心了，她觉得老师不像小学那样天天在身边，中午买饭要自己去排队，也找不到小学同班同学了。

是的，许多小学毕业的孩子是带着兴奋、激动的心情，带着美好的愿望，带着一些好奇，带着几分迷茫和胆怯……总之，是带着复杂的心情走进新的校园，开始了他们的初中生活。

对于初一年级的学生来说，中学是一个崭新的天地。他们面对着新的校舍环境，新的班集体，新的老师，新的课程，新的教育模式……一切都是崭新的。生活和学习更换了新环境，是孩子继上小学之后遇到的重大生活事件。从小学升入初中，对每一个学生来说，都是其学习生活的一个重要转折点。新环境、新生活和新事物，会使孩子感到愉快，同时，也会产生许多困惑和担心，会遇到挫折而产生各种不适应。家长要重视孩子的这个重大变化，帮助孩子尽快认识生活和学习环境的变化，以积极的人生态度尽快适应初中的学习生活。当然，家长也要细心观察，尽早发现孩子种种不适应的表现，及早用合适的方法调整各种适应不良。

家长要帮助孩子认识初中学习环境的如下重大变化。

（一）课程量增多

小学时的学习就那么几门课程，三四位老师就包揽全部的教学。进入初中一下子增多到十几门课程，老师们一人教一门，这节课刚上完，又换了一位老师教另一门功课。有的课程虽不是每天都有安排，但每门课程都有作业。学习节奏的加快会使孩子一时感到应接不暇，常常会感到"顾此失彼"，"小学时的学习方法此时显得不灵了"。小亮的情况就是属于此类。

小亮是个天生的乐天派，又是个聪明的孩子。开学后三天之内，坐在他周围的同学都认识了他，一周以后，他和班里的同学就都能直呼其名了。他就像班里的开心果一样，走到哪儿都受欢迎。但第一次英语单元测验后，小亮有些发蔫了。原来，小亮的成绩与他预计的结果相差太远，这对小学一直学习不错的他来说是个不小的打击，他怎么也开心不起来。在小学学习时，小亮每次考试前只需要临时突击一下，就能考到班里前几名，没想到屡试不爽的方法到了中学却不灵验了。

（二）陌生的班集体

从小学熟悉的班集体到进入中学的新环境里，孩子踏进教室的第一反应就是"好朋友不见了!""小学同学找不到了!"面对诸多新面孔，尤其是对小学时的同学、好朋友没能分到一个班里的初一新生来说，会产生失落、孤独无助的不安全感。此外，在中学的校园中，他们显得"最小"，由小学中的"大哥哥""大姐姐"转而变成中学里的"小学弟""小学妹"，又会给他们平添不少心理落差。小花的情况即是如此。

小花在小学时学习成绩不算拔尖，但也还不错。她和三个要好的同学因为住在相邻的小区，经常相约到楼群中的街心公园一起玩。进入初中后，她们四个人分别在三所新中学。从此，她们很难见面了。小花觉得中学的班里找不到有深厚友谊的好朋友，而且觉得有的女同学很高傲自大、很虚伪，不愿意和她们接近，因此觉得心中好孤独，上课时经常回忆小学生活，好想回到原来的学校。

（三）教师管理形式不同

在小学学习时，班主任是同学们的"主心骨"，一天到晚和同学们在一起，上课、下课、学习、生活等处处都有老师的身影，很多事情需要老师一句一句地指导。比如，上楼时要从右边上，下楼时也要挨着右边下，这样能确保大家的安全。而中学则要教学生逐步地学会自我管理，锻炼学生的自我管理能力。班主任把许多事情交给班委会来管理，班委会同学率领大家来完成很多课外的事情。难怪不少同学会形容老师"无事不登三宝殿"，说明刚进中学校园的孩子对一天见不到老师几面一时还不太适应。

小明已经进入中学一个月了，他还是十分想念小学班主任，希望经常和小学班主任通话联络。他在电话中告诉原来班主任："要见到我们中学班主任需要到办公室找他，我们有什么事都要先和班长说。"显然，他对如此大的变化没有思想准备而显得一时不适应。

（四）新的角色改变带来的落差

在学校心理辅导中心，我们同时接待了来咨询的三个女孩。其中一个女生带头先说："我们三个人不是一所小学的同学，可是都是原来学校的大队长。来到中学两个月后，我们都在竞选班干部过程中落选了，有两个同学当了课代表，还有一个同学什么都不是，想当个课代表都当不上！这让我们太难过了！难道我们不优秀了吗？我们努力了六年不都白费了吗？同学们还瞧得起我们吗？"说着说着，三个孩子抹起了眼泪。

不少在小学时品学兼优的孩子升入中学后会遇到这类问题。尤其是他们如果进入省、市重点中学后，会发现这里"群英荟萃"：一个班里会有二分之一的同学在小学曾担任大队、中队干部的职务。之前他们都是学校中的佼佼者，受教师的青睐，得到家长、同学、亲朋们的赞美，经常代表同学出头露面。到了中学，许多人由"众星捧月"的显要位置一落千丈为"平头百姓"，"什么都不是了"，心理上产生不同程度的"失落感"。

（五）学习方法的不适应

从小学的学习到初中的学习在学习方法上要有一次重大转折。小学阶段的学习，大多数是采用反复强调、机械性记忆的学习方式。进入中学后，重点放在学习能力的培养，由老师"领着学"、家长"盯着学"朝着"学会自学"方向努力。加之中学课程多，课程难度加大，各学科教师又有不同的教法，这些实际情况会使孩子出现一些不适应状态。再有，小学时没有自习课，上中学后很多孩子不会上自习课，自习课无所事事。

小华刚上初中时，不知道在下午的自习课上要做什么，尤其是当班里没有老师在场时，就会和同学"闲聊"起来。他既不复习也不预习，常回家开夜车把第二天要交的作业应付着写完。学习成绩一度"急转直下"，他自己也十分着急。期中考试后，他做了一个决定：每天在学校抓紧时间写各科作业，留出一些时间回家复习第二天要有小测验的科目。仅这一个方法就使他的平时测验成绩大幅度提升，他自己学业进步的"小经验"还在班会上作了介绍，给不少同学启发和帮助。

二、以积极的态度尽快适应初中生活

以上诸多变化，是孩子成长中的正常现象，家长不必太恐慌，孩子需要一个适应过程。我们选择的对策就是"尽快适应"。建议家长从以下几个方面帮助孩子尽快适应新环境，尽快"进入角色"，开始中学学习的新生活。

（一）认识新伙伴

美国人本主义心理学家马斯洛在需要层次论中描述，人的需要分为五个层次，这五个层次由低到高分别是：

第一层　生理需要，指人对食物、空气、水、性的需要。

第二层　安全的需要，指人对安全、秩序、环境稳定的需要。每个人都希望生活在安全、有秩序、熟悉且可以预测的环境中。

第三层　爱和归属的需要，指人需要与他人建立情感联系以及隶属于某一群体，并在群体中找到合适的地位，在这个群体中接受他人的爱，当然还包括给予他人的爱。

第四层　尊重的需要，指尊重他人并感受到他人的尊重，体验自己在群体中的力量与价值，增强自信心。

第五层　自我实现的需要，指每个人都希望最大限度地发挥自己的潜能，不断地完善自己，完成自己的事情，实现自己的理想。

需要的这五个层次是由低到高逐级形成并逐级得以满足的。因此，各位初中生家长要想让孩子在初中阶段获得学业成功，愉快地度过三年初中生活，最重要的就是及早让孩子在学校中满足第二、第三、第四层心理需求。据此，认识新伙伴、尽快地熟悉班集体是初中生适应新生活，消除进入陌生环境后产生的恐惧，满足被团体接纳的心理需求的好办法。

小美的母亲在孩子进入初中后的第一个月，每天给她留的"家庭作业"是：今天认识了哪一位新同学，这位同学叫什么名字，从哪所小学毕业，他/她家住哪里，有什么兴趣爱好，生日在哪一天……这样不到一个月，小美就认识了近半个班的同学，并且有了一个意外的收获：她竟然碰到了一位和她同在一个幼儿园而不在一个班的男生。

小美母亲的做法值得家长借鉴，理由有三点：

第一，从伙伴关系入手，引导孩子积极主动地认识新同学，鼓起勇气，勇敢地走出闭锁的内心世界，尽快熟悉陌生的环境。

第二，满足孩子对班级产生归属感的需求，从而对初中生活充满乐趣，可以满怀信心地迎接新的学习生活。

第三，锻炼了孩子人际沟通能力，促进孩子学习沟通技巧，为孩子尽快融入新的班集体奠定良好的基础。

（二）熟悉新环境

新的环境包括自然环境和人文环境两个方面，可操作的办法是：

第一，开学后第一个月，家长与孩子一起搜集和了解学校的校徽、校训、校史、办学特色、知名人士等相关资料，每天都结合以上资料和孩子一起谈谈进入中学后的新感觉、新变化。

第二，让孩子尽快熟悉学校的地理环境：哪里是行政办公区？班主任在哪里办公？校医室在什么方位？图书馆里有哪类书？学生借阅如何办手续？图书馆何时对学生开放？

第三，孩子放学回家后，可以让他向家长介绍一下各学科老师的情况：学科老师有多大年龄？是男性还是女性？性格特点和讲课风格是怎样的？同学们对他/她的第一印象是什么？你喜欢他/她吗？

这样做虽然表面上看占据了孩子的一定时间，但是家长们应该看到这是在积极地引导孩子调整心理状态，以使他们更快、更好地完成从小学到中学的角色转换，做到自我与环境的和谐统一，平稳度过小升初衔接这个非常时期。

（三）制订新的学习计划

小伟的书桌上堆满了书，他一会儿写几道数学题，一会儿翻翻语文书，想背诵一篇古文，可是又马上换成了英语书，有几个单词背不下来，又想看看有什么需要复习，迎接明天的小测验。折腾了半天，他什么也没有学进去，晚上大部分的时间都过去了，看着钟表，小伟十分着急。

进入初中，学习的科目增多，任务显得繁重，大多数学生和小伟一样学习计划性较差，他们需要听从老师的指导和帮助。家长要帮助孩子认识到制订学习计划的重要性，学会制订计划，主要从以下几方面入手。

第一，家长和孩子要认识到，制订学习计划会对学习有鞭策和指导作用，也是获得学习成功的重要条件。有计划地学习既有利于提高学习效率，也有利于培养良好的学习习惯，可以少走弯路，少走错路，对每一个学生都是终身受益的。

第二，学习计划分长期规划和近期安排两个方面。长期规划一般以一个学期为宜，近期安排要落实到一周中的每一天。

第三，帮助孩子根据自己的学习现状进行自我分析，确定具体、可行、合理的学习目标。督促孩子不要让计划成为"空头支票"，强调计划的关键是要落实到行动中。

第四，学习计划要突出重点，有一定的机动时间，不要安排得太紧太满。

第五，学习计划的制订时间最好是在开学初，重点是合理安排课余学习时间。在实施的过程中如果感觉行不通，还要注意及时调整。

关于学习的其他重要问题本书有专门的章节详细介绍，在此不再赘述。

（四）积极参加各种课外活动

进入初中生活后，家长要鼓励孩子积极参加学校组织的各项文体活动和社会实践，对尽快适应新环境有以下几点好处。

第一，参与各类活动可以扩大孩子的社交范围，通过接触和结交不同类型、不同经历、不同兴趣爱好的同学，扩大视野，提高人际交往能力，积累认识社会的经验，减少对新学校的不适应感。

第二，在活动中，每个孩子都会通过学习他人处理问题的方法，模仿同学、老师的积极行为，获得相应的经验。通过活动，每个人都会不断地调整和改变自身，以适应新环境。在活动中，孩子会重新认识和评价自身及他人，重新进行自我定位，认识到大家站在同一起跑线上，小学期间是否优秀已成过去，过高或过低的自我评价都会困住自己。这对于促进孩子自我意识的健康发展，完善健康人格是十分有益的。

第三，通过参加各种活动，孩子增加了对新学校、新环境的熟悉程度，提高了对新学习内容的学习兴趣，对新学校的教育教学理念和方法有了直观的认识和深刻的体会，这些对孩子尽快适应新环境是大有裨益的。

本章作者：

张春媛　天津市实验中学心理学教师、中学高级教师、教育硕士

张　嫦　天津市精神卫生中心儿童青少年心理科副主任医师、中国心
　　　　理学会科普委员会委员

第 二 章

现代家长应具有的教育素质

　　未来社会的健康发展取决于未来一代的精神面貌，良好的精神面貌的形成来自于教育，而教育中，家庭教育具有不可替代的特殊作用。父母是孩子的第一任教师，也有人说"推动世界的手是摇摇篮的手"。老舍先生在《我的母亲》一文中曾深情地回忆母亲："从私塾到小学到中学，我经历过起码有百位教师吧！其中有给我很大的影响的，也有毫无影响的，但是我的真正的教师，把性格传给我的，是我的母亲，母亲不识字，她给我的是生命的教育。"苏联教育家苏霍姆林斯基也说过："生活向学校提出的任务变得如此复杂，以致如果没有整个社会，首先是家庭的高度教育素养，那么不管教育付出多么大的努力，都收不到完满的效果。"[①] 就近年的中国家庭教育而言，家长对子女教育确实有了较大的变化，主要反映在：由单纯的情感支配向理智的爱升华；由经验育人向科学育人转变；由单纯关心知识学习向重视教育孩子做人转变；由简单的家长式向平等、民主转变。

　　但不可否认的是，当前的家庭教育质量并不高，家长"投入与产出"反差较大。有调查表明，在全

① 马忠虎. 家校合作 ［M］. 北京：教育科学出版社，1999：39.

国 3 亿多个家庭中，有近 6 000 万个家庭（约占 20%）教育效果不好。这很值得我们关注和反思。实践表明，家庭教育的实效主要取决于家长的思想政治道德、科学文化、教育思想和教育能力及心理素质等综合素质水平。而家长的教育观念是家长素质的核心，它直接影响家庭教育的质量，影响儿童的身心健康发展。因此，提高家长的教育素质，是当务之急。我们认为做有现代教育素质的家长，应关注如下方面的修养。

一、家长应树立现代教育观念

（一）家长素质的核心是教育观念

观念是价值观的直接体现，也是人们进行实践活动的精神支持。在天津市教育科学研究院孟育群教授组织实施的"充分发挥家庭德育功能的研究"课题中，有这样一个案例：

苏凯是德、智、体全面发展的好学生，在初三年级时光荣地登上市级三好学生的领奖台。说起苏凯的成长历程，他的父母有很多的感慨。苏凯父母都是国家干部，同许多家长一样，苏凯的父亲将全部的心血都投入到对孩子的培养上。小学时代的苏凯连续四年被评为校、区级三好生，小学五年级时取得国家体委颁发的"二级运动员证书"。苏凯的父母为有这样的孩子感到满意、津津乐道。但谈到他童年生活时，苏凯却说："我的童年不幸福。""家中掌权人是爸爸，他就像一位君主，高不可攀。那时我总是忧心忡忡，生怕犯错误。小学时的一次考试，成绩不尽如人意，我吓坏了。回家只有很短的一段路，我却走了很久很久，上楼那沉重的脚步，就像犯人拖着脚镣一样。虽然爸爸从不打我，但我怕看到父母失望的眼神，怕听爸爸长时间的训斥。"苏凯进入初中后，父母一如既往地关照他，每天饭菜营养搭配合理，下班后陪他训练、学习，可以说照顾得无微不至。但辛勤的付出，换来的却是苏凯变得不听话、贪玩甚至发脾气、顶嘴，学习成绩下滑到班里的中下等。一次，苏凯成绩不大好的试卷被母亲看到并告诉父亲，苏凯遭到一顿难以忍受的训斥。他开始怨恨父亲，他把爸爸比作地雷，说妈妈是拉线的，认为爸爸对自己"辛苦的培养"如同在"驯兽"。面对孩子的变化和内心世界的袒露，此时的父母心痛不已。带着若干的不解和疑惑，苏凯一家参加了"转变家长教育观念的实验"。经过学习、听专家讲座等活动，苏凯的父母开始反思自己，认识到问题出在自己的教育观念上，没有放下家长的架子，没有尊重孩子独立的人格，更没有平等对待孩子。他们调整了对孩子的期望值，改进了教育态度和方式，用苏凯父亲的话来说，"给孩子松了绑、减了压"。从此，亲子关系得以改善，苏凯感到从未有过的轻松愉快，学习上主动、刻苦，成绩稳步提高，而且还获得区运动会四项全能第一的好成绩，最终走向市级三好学生的领奖台。

这个案例告诉人们一个不争的事实，家长教育观念决定家长的教育态度和方式，而家长的教育态度又通过亲子关系直接影响儿童身心健康发展。因此，确立正确的教育观念是保障家庭教育质量的关键所在。那什么是家长的教育观念呢？家长的教育观念也可称为父母的教育观念，主要指父母在教育和抚养儿童的过程中，对儿童的发展、教育儿童的方式和途径以及儿童的可塑性等问题持有的观点及看法。一般认为，家长的教育观念包括：家长的儿童观、亲子观、教育观和人才观。

（二）当前家长教育观念存在的误区

当前，我国家长的教育观念仍存在一些误区，主要表现在四个方面。

1. 儿童观的失衡

家长的儿童观是指家长对于儿童的权利、地位以及儿童发展规律的看法。偏颇的儿童观具体表现是：一些家长视儿童为成人的附属品、父母的私有财产，而不是把他们看成是"不断发展的""积极的"和"创造性的"权利主体，认为孩子必须绝对服从父母的意志，把"听话"作为评价"好孩子"的首要标准；有些家长对儿童个性潜能的发展采取无视的态度，不尊重孩子的独立权利和选择；还有一些家长对本来属于孩子私人空间的领域不给予应有的尊重。例如，许多孩子没有通信自由，因为孩子的书信会受到家长的干涉，家长以担心"孩子会分散学习精力"为由扣压或私拆孩子的信件。又如，在课外阅读、听流行歌曲、安排自学内容、穿什么衣服等方面，我们的家长给予的干涉过多而对孩子的尊重不够。

2. 亲子观的偏颇

家长的亲子观是指家长对子女和自己关系的看法，以及由此产生的教育子女的动机。家长的亲子观往往制约着家长对子女的教养态度和教养方式。目前，仍有很多家长认为与子女的关系就是支配与被支配的关系。这些家长在教育上或采取"爱的承包"方式，对孩子包办一切，过分保护，使孩子没有独立的人格；或采取"不打不成才"的方式，对孩子任意驱使和打骂，不尊重孩子的人格。

3. 教育观的错位

教育观是指家长对教育作用和家长角色与职能的看法。教育观错位的一种表现是，有些家长认为家长对孩子只负养育职责，把教育孩子的责任全推给学校。我们经常听到一些家长对老师说："孩子不听我的，就交给您管吧。"这样的结果导致家校教育很难形成合力。与此相反，另一种错位表现是，一些家长认为教育孩子是自己的职责，涉及孩子的一切事情都要自己承担。所以出现如下现象，家长陪读，替教师为孩子留作业和判作业，督促孩子预习、自习，甚至帮孩子抄题、解题等，实际上把教师的一些职责和孩子自己的事情都承揽下来。其结果，孩子依赖性增强，而学习的主人翁精神减弱，甚至将学习的责任推卸给家长。

4. 人才观的倾斜

人才观主要是指家长对子女成才的价值取向，即对子女将来能否成才、成什么才、怎样成才及为什么要成才等问题的看法。目前，许多家长认为，只有孩子将来考上大学，读硕士、博士，甚至出国留学，才能成才；只有将来从事的工作地位高、挣钱多、待遇好，才算成功。因此，家长不惜成本地进行高投入，用高期望禁锢孩子，希望他将来出人头地，光耀门楣。但结果导致孩子的潜能得不到充分发挥，兴趣爱好得不到满足，其发展往往也总是与家长的期望相反。

一位当工人的父亲仅因为别人说了一句不经意的话，便倾其所有，以至负债给独生女买了一架钢琴，不料他的女儿视学琴为苦役，而父亲则强行规定她每天必须练四个小时钢琴，练不够时间不准吃饭睡觉，并效法古人"头悬梁，锥刺股"，女儿疲倦得抬不起头来，就用绳子将她的头发捆吊起来。终于有一天，女儿操起了剪刀，铰断了自己的手筋。抢救的大夫十分震惊："你将手筋铰断，不疼吗？"女孩说："铰断手筋只疼一时，不断手筋，我的痛苦却是一辈子也解除不了的。"

倾斜的人才观导致家长重智轻德，只关注孩子的学习，忽视了孩子性格和情感的培养及品德教育。北京市家庭教育研究会 2006 年曾推出"家教亲子话题排行榜"调查，其中几题的调查如下："晚餐时，孩子最怕问的是什么？"有 88% 的中学生回答是"学习"；"家长最爱问的是什么？"有 63% 的中学生家长选择"学习"；"双休日，家长最关心的是什么？"有79% 的中学生回答是"学习"。诚如此项调查的研究者所言，"从卷面上可以强烈地感受到，孩子们的生活单调，视野狭窄，精神压抑"。

在我们前期的"帮助家长更新教育观念的实践研究"中，一位学生在给老师的信中写道："家长只关心我的学习，对我要求太严了，只准考好，不准考糟，考不好便是严厉的训斥，有时父母的语言带有攻击性，对我的刺激太大……"还有一位学生在她的日记中写道："我有时真受不了，他们从物质上满足我，从精神上虐待我，我就像一个氢气球，他们给我打气是为了让我升得更高，可是我快要撑不住了，快要爆炸了。"[①] 就是这个学生由于家长在学习上过高要求，慢慢变得性格内向、孤僻，不善交往，对人富于攻击性，自理能力差，遇到挫折后自卑感强。

（三）家长必须树立现代教育观念

知心姐姐卢勤在其《写给世纪父母》一书中介绍了上海浦东三林镇妇联开展的"母亲素质大调查"的情况。调查以全镇近千名学生为调查

---

① 孟育群. 中小学生亲子关系与家庭德育研究［M］. 北京：教育科学出版社，2004.

对象，结果令母亲们大吃一惊。认为母亲缺少魅力、语言粗俗、思想平庸的占 31.5%；认为母亲要加强学习、提高自身修养的占 75.8%；希望母亲改变教育方式，和他们多交朋友的占 80.2%；要求母亲尊重个人爱好，给予独立成长空间的占 80.2%。而另一方面，仅有 3.7% 的学生能接受母亲的现行教育方式，认为母亲能令自己敬佩仰慕的仅占接受调查者总数的 7%。[①] 可见，时代在变，孩子们衡量父母的尺子也在变，他们内心呼唤有现代教育素质的父母。

中外教育专家的研究结果也表明，家庭教育存在的种种问题，其关键是家长的素质所致，而家长素质的核心是家长的教育观念，教育观念制约着家长的教育态度，并直接影响家长在教育活动中的价值取向和行为模式，进而通过亲子关系影响儿童的身心发展。因此，家长必须改变以往陈旧的教育观念，树立起现代教育观念。

1. 树立全面发展的人才观

现代教育观告诉我们，教育要为儿童的终身发展奠定基础，家长应在培养目标上着眼于孩子的全面发展，让孩子养成好的习惯，学会认知，学会做事，学会共同生活，学会生存。这是现代人一生发展的四大支柱。新的人才观是使孩子在成为国际化通用型的人才这个目标上加以提高，更应具备"终身创新"的能力和价值，而不是将目标锁定在高学历、"铁饭碗"。国内外一些教育心理学家列出了孩子成长的七大需要：需要学习语言、需要认识环境、需要学习做人、需要认识人生、需要培养智慧、需要发展想象、需要有幽默感。家长的责任就是帮助孩子学会掌握实现需要的能力。在帮助他们学习做人方面，品格的教育尤为重要。

2. 树立科学的儿童观

正确的儿童观首先视孩子是人，是未成年的人，是有能动性的人，是有潜力的人，孩子终究要长大，成为独立生活的人，而且孩子之间是有差异的。总之，科学儿童观视儿童为"社会的人"，而非"自然的人"；视儿童是成长中的人，而非静止不变的人；视儿童为独立的人，而非成人的

---

① 卢勤. 写给世纪父母 [M]. 北京：中国妇女出版社，2006：5.

附属品。作为家长要充分尊重孩子，信任孩子，平等地对待孩子，不能把孩子当成自己的私有财产。在人格方面孩子和家长是平等的，要让孩子有自尊和自信，这样他才能对家长敞开心扉，才会主动地接受家长的教育。

3. 树立正确的亲子观

要善于以民主的态度与孩子交往，多给孩子鼓励，设法了解孩子；尊重他们的人格与权益，给孩子适当的独立和自由；要营造良好的家庭氛围，注意培养孩子的自立意识与能力，使孩子学会合作、学会友善和自控，能最大限度地促进孩子独立性、积极性、首创精神和社会责任感的形成。

小亭，自幼爱好绘画、音乐、舞蹈，初中一直担任文体委员，学习成绩优秀。自上高中后，逐渐由开朗变得沉默寡言，忧郁烦闷，学习成绩下降较快。原来小亭的家长自她进入高中后，就为其选定某重点大学作为奋斗的目标，并无视她的心理需要，停止了小亭的各种兴趣爱好活动。在小亭的父母看来，只有让孩子考上好大学才有出路，一切都必须为此让路。这对小亭来说心理压力很大，难以接受，因此对家长的管教方式自然就予以抵触，亲子关系十分紧张。在学校实施的亲子关系调查中，10项测量中有7项小亭父母双方或单方都为最差等级，由此造成小亭上述的种种变化就不难解释了。后来，小亭所在学校开展了"帮助家长更新教育观念的实验研究"，小亭和父母被确定为实验对象。通过对小亭变化的分析，研究者把更新家长教育观念的重点放在调整小亭父母对孩子的高期望值上，帮助其端正人才观和亲子观。

经过近一年的实验，小亭父母的教育观发生了很大的变化，能以民主的态度与孩子交往，给孩子更多的鼓励，亲子关系有了明显的改善。父亲在与小亭的"谈心月记卡"中写道："孩子是我自己的，但她也属于社会，也有属于自己的东西，我不能也不可能剥夺和占有。"在行动上，小亭的父母支持她代表学校参加市级的舞蹈比赛，并在训练期间轮流接送她，还经常对她的舞姿进行评点；在对其学习的态度上，小亭的父母不只是关心分数，而是帮助她分析每次考试的经验和教训。家长教育观念的转变，促进了和谐的亲子关系的形成，小亭逐渐恢复了自信，学习也有很大的变化，由原来班内的靠后的成绩，提高到中等。在校园的艺术节中，她演出的舞蹈《彩虹》获得一等奖，并代表大港油田参加天津市中小学舞蹈比赛，获得三等奖，她本人也被评为校级优秀学生干部。

小亭家长教育观念的转变，使小亭发生了如此大的变化。

4. 改变完全由家长灌输给孩子知识的单向传递模式

家长应当与孩子不断地进行互动，了解孩子的心理，也让孩子了解家长的想法。在此基础上施教，效果会更好。因为前一种方式孩子是被动地接受，而后一种则是一种沟通基础上的主动吸收。

此外，现代社会的家长还应该具备现代人的观念特征，如进取精神、开拓精神、效益意识和法律意识等，只有这样，才能把孩子塑造成新型人才。

在转变家庭教育观念方面，西方教子经验也值得借鉴。吴丹克是生在美国、长在中国家庭的美籍华人，就读于美国普林斯顿大学，现在是一名大三的学生。他深刻了解到中美两国在家庭教育上存在显著差异。在搜集州学生家长调查问卷时他了解到：在家庭成员的相互关系上，来自中国的家长大多处于统治地位，而美国家长更注重与孩子平等相处；在育儿观上，中国家长大都希望孩子能出人头地，而美国家长更看重提高孩子的生存适应能力；在教育方式上，中国家长喜欢包办替代，而美国家长更愿意让孩子自己动手实践。这些差异导致了两国儿童成人后在生存适应能力上的明显差距。正确认识并借鉴国外先进的教育方法，对促进孩子健康成长、提高未来人才的素质具有很重要的现实意义。①

美国学者尼赫茨为弄清孩子对父母究竟有什么要求，调查了十万个儿童，他们对家长提出了各种各样的要求，其中，具有代表性的有十条。

（1）儿童在场，家长不要吵架；

（2）对每个儿童都要给予同样的爱；

（3）家长之间互相谦让，相互谅解；

---

① 潘奕呈. 从美国学生的成长之路看中美家庭教育观念差异［EB/OL］.［2013－09－08］. http://www.xiaomei.cc/content/2011－09－02/content.4855591.htm.

（4）任何时候，家长都不要对儿童撒谎；

（5）家长与儿童之间要保持亲密无间的关系；

（6）儿童的朋友来做客时，家长要表示欢迎；

（7）对儿童提出的问题，家长要尽量予以答复；

（8）在儿童朋友面前，家长不要讲儿童的过错；

（9）注重观察和表彰儿童的优点，不要过分强调儿童的缺点；

（10）对儿童的爱要稳定，不要随意发脾气。

总之，现代的家长确实需要在很多方面反思自我，不要忘记自己也曾经是孩子，需要换位思考，更多地了解孩子。真正树立起正确的人才观、儿童观、亲子观，为孩子成长创造一个和谐有序的良性发展空间。

二、家长应掌握科学的育儿知识与教育能力

我们知道，信息社会是"知识爆炸"的时代，生活在今天，人们更容易发出"吾生也有涯，而知也无涯"的感叹。在知识经济的时代，你不需要掌握世间所有的知识，但需要掌握同你的个人生活和职业生涯最密切的知识。家长作为儿童天然的教师，就应该具有必要的和科学的教育子女的知识，并将它们运用到具体的教育情境中去，才能收到教育的实效。

中国青少年研究中心副主任、著名教育专家孙云晓在一次公开的讲座上提到下面这样一件事。

一位家长发现自己女儿的日记上面记着一段心里话："这段时间我不知道怎么了，脑子里特别乱，总想和男同学接触，特别是 A 同学，上课他发言我特别爱听，下课他走路我都爱看，老想和他接近，我多想走进男孩子的世界啊！他那宽阔的胸怀，开朗的性格，赛场上的风度，把我深深地吸引住了……"这位家长看完后气愤得失去了理智，当即把孩子找来，一顿臭骂："你太不要脸了，小小的年纪就整天想那乱七八糟的事情！你说，你和 A 同学到底都干了什么？明天我就去找你的老师，看你的脸往哪儿放！"孩子什么也没有说，只是不断地哭泣，第二天就吃安眠药自杀了。

另一位家长也碰到了类似的问题，但谈话很注意分寸，家长刚一谈这个问题，孩子非常警觉，立刻说："妈妈，我知道我不好，我是变坏了。"妈妈说："你不是变坏了，是变大了。妈妈像你这么大的时候也有过这样的想法。"孩子听后感动得流下了眼泪。然后妈妈给她分析，为什么会出现这样的心理变化，从生理谈到心理，并指出应该怎样对待异性吸引，怎样度过青春发育期。孩子听了后受到深刻教育，不但没有早恋，反而把这美好的感情升华到比进步、比学习上去，顺利地度过了青春期，考上了大学。

为什么这两位家长遇到的问题是类似的，但结果却大相径庭？很显然，前者由于缺乏少年儿童生理和心理方面的知识，不清楚少年的年龄特征，采取了极不恰当的方式，导致惨剧发生；而后者由于具有少年期生理与心理发展的知识，十分了解此阶段孩子的心理特征，采取了民主平等的态度，疏导的方式，使孩子顺利度过青春期。

有一位母亲，她的孩子学习成绩并不拔尖，却是个品学兼优、全面发展的学生，曾获过"宋庆龄奖学金"。在谈到自己的教育经验时，这位母亲深有感触地说："在对我的孩子进行教育的过程中，我得益于教育学、心理学知识的掌握。当孩子出生36天时，我考取了某大学教育系本科函授班，在这里获得了许多教育孩子的知识。我在孩子身上搞了一块'实验田'，按照孩子身心发展的客观规律，在不同年龄阶段，进行不同内容和方式的教育。如我把家长简单唠叨式的言传，变为心理换位式的方法进行交流，从小我们就有每天'赠一言活动'，每当把孩子送进学校时，我都会有针对性地对其说上一句话，'祝你一天顺利''不要重演昨日的不愉快''我等待你的好消息'，孩子会有一种强烈的心理体验。孩子已经长大，而每当出门时母子俩都会互相说一句安慰与祝福的话，久而久之，我们都走进对方的内心世界。"

教育儿童是一门学问，家长要掌握这门学问就要树立终身学习观，只有不断学习才能在教育子女中掌握主动权。但就目前家长的情况看，却不容乐观。唐山市妇联曾对全市0～6岁儿童家庭教育情况进行调查，发现虽然大部分家长的文化水平不低，但在"请家长列举自己读过的有关儿童教育、心理方面的书"的调查项目中，仅有 5% 的家长读过儿童心理学、教育学方面的书；23% 的家长在这一项中列出的是《唐诗三百首》《育儿宝典》一类的书籍；17% 的家长的教育知识是从报纸杂志、电视节目中获得的；25% 的家长在这项调查中留下空白。还有一所学校曾对初一年级 352 位学生家长实施调查，未学过教育学、心理学的人占调查对象的76.42%。这些调查结果与当下家长渴望子女成才欲望过强形成了鲜明的对照，这也是一些家长经常采取"专制型""溺爱型""奢望型"等错误教育方式的原因所在。科学的教育知识涉及的内容很多，但对于初中阶段的学生家长来说起码要学习掌握青少年心理学、心理卫生学、家庭教育等基础知识，特别是要了解少年期孩子的心理特点，懂得孩子身心保健的原理，掌握儿童发展的规律和教育的基本规律，只有这样才能提高家长教育子女的质量。总之，家长想让自己的孩子在万马奔腾中一马当先，首先得练好自己的"内功"。

当然知识不等同于能力，家长素质的重要体现还在于合理而有效地对孩子施加教育影响。如何将育儿知识在实践中应用并收到成效，同家长的教育能力有密切关系。在教育部基础教育司和全国妇联儿童工作部等单位合编的《更新家庭教育观念报告集》中，所收集的优秀家长教育子女的生动案例，都渗透着家长教育孩子的睿智，体现着他们的教育才能。

在《陪孩子长大》一文中，一位家长写了这样一件事。他的儿子有段时间迷上了 CD，每逢双休日都要买七八张。不让他买，看他那么喜欢，又精心挑选了很长时间；让他买，小小的年纪每周光是买 CD 就要花去几十元。为了培养孩子的理财意识，他与儿子在银行开了"卡折合一"的账户，每周给儿子一定数额的"可支配资金"，让他有消费的自主权，并建账管理，订立了"财务制度"，如开支要"扣税"，结余有奖励，每项都有递进的比例……这样一来，儿子在挑选 CD 的时候，更加用心了。买回的 CD，品位更高了。

在《更新家庭教育观念报告集》中所介绍的成功家长，教育子女的秘诀就在于他们都具有如下良好的教育能力。

（1）善于观察，能够及时察觉孩子的身心变化和生活、学习的问题；

（2）善于分析，能够准确判断孩子所暴露问题的原因和发展过程；

（3）善于疏导，能够正确引导孩子发扬优点，认识不足，做到扬长避短，长善救失；

（4）善于激励，能够适时而合理保护孩子的自尊心，激发他们的上进心和求知欲；

（5）善于塑造，能够循序渐进地培养孩子健康的人格和积极乐观的人生态度。

另外，教育能力还表现在采用合理的教育方式方法上，有人总结了家庭教育应遵循的一些原则：

（1）循序渐进，量力而行，不要要求太高，操之过急，欲速则不达，揠苗助长，不仅无益，反而害之；

（2）因材施教和全面发展相结合，既要尊重孩子的个性和特长的发展，又要重视各方面素质的协调发展；

（3）态度一致，教育统一，家长的教育态度要一致，要一以贯之，而且要与学校教育保持一致和统一；

（4）说服教育和实践锻炼相结合，既要摆明道理，又要付诸实践；

（5）表扬奖励与批评惩罚相结合；

（6）感情与理智相结合；

（7）及时教育与持之以恒相结合。①

三、家长应具备健康的心理素质

（一）什么是健康的心理素质

一位久病床榻上的母亲，一位一级作家（现已去世），用生命引领女儿成长的事迹，给健康的心理素质赋予了最深刻的解释。这位母亲在女儿

① 卢家楣. 心理学 ［M］. 上海：上海人民教育出版社，1998：574 - 575.

3 岁时患了严重的糖尿病，但她没有被病魔吓倒，而是用自己豁达的人生态度、乐观的情绪、顽强的毅力来感染女儿，用自己的行动来浇铸女儿健康的人格。她用一脸不衰的笑容，扫除自己和子女心中的阴霾，往女儿心中播撒阳光。在病榻上，她变换着各种姿势坚持写作，有多篇作品获得国家级、省市级奖励。她还让爱人用三轮车拉着在寒风中采写交警事迹。她女儿在母亲精神的感召下，健康成长，在 14 岁时写了一首诗《母亲》，并在中央电视台朗诵了这篇获奖作品。其中有这样一段：左手扎烂了/仍坚持悬挂输液器/为的是/留着右手/拼命写呀写……举事业为性命/妈妈的座右铭/在我心中牢记/因而/我理解了毛泽东时代/感受到牛虻、保尔的魅力……①

可是另一位母亲却这样威胁女儿："你要是进不了市重点，我就抹脖子！"女儿如其所愿考进了重点。"期末考试成绩要是达不到 90 分，我就抹脖子！"母亲威胁的口气还是那样坚决。终于有一天，原本活泼开朗的女儿离家出走了。家长的畸形心理逼得孩子偏离了常态。

上述事例证明，家长的心理健康状况直接影响着家庭的氛围和对子女的教养态度与教育方式，最终影响到孩子的心理健康。研究者概括了家长健康的心理素质所包括的内容：

（1）情绪情感稳定乐观，善于调节不良的情绪；

（2）意志坚定能够自控，并能承受挫折、压力；

（3）勇于自我悦纳，正视现实；

（4）人际关系协调和谐，能体察别人的感受；

（5）具有适度的反应力。

在家庭教育中，家长情绪的把握与控制，特别是能否调节不良情绪，最为重要。在现实生活中，家长常常在下述情境中难以控制自己的情绪。当孩子犯了错误、学习成绩不好或成绩有所下降时，当孩子在学校表现欠佳，老师当面训斥家长管教不当时，当孩子不听家长的劝诫甚至与其当面

---

① 教育部基础教育司，全国妇联儿童工作部，共青团中央少年部. 更新家庭教育观念报告集［C］. 北京：中国法制出版社，2002.

争辩、顶嘴时，家长最难控制自己的情绪，往往会对孩子采取简单粗暴的教育方式，轻则训斥责备，重则动武打骂。有时，当工作不顺心、压力过大、受到领导的批评或与同事产生矛盾时，家长往往就会把负面的情绪带到家庭中，波及孩子。有时夫妻发生争执或处于更年期身体感到不适等情况，往往有些家长就不能控制自己的不良情绪，把火气发泄给孩子，将不良的情绪转嫁给孩子。在家长看来，家庭就是避风港、安乐窝，是心情放松之地，因此，就不去刻意控制自己，只求一时痛快，不尊重孩子，其后果只能给孩子的心灵留下难以抹去的阴影。

有这样一位女孩，她是初一年级的学生，在与他人交往中总是感到自卑，她远离同学们，常常默默地发呆，但有时又很警觉，生怕受到伤害。经与她多次交谈老师了解到，这个女孩生活在一个破碎的家庭里，由于父亲的粗暴、多疑，母亲带着她离开了父亲。但父亲还经常骚扰母亲，酗酒后到家里来滋事。

母亲整日胆战心惊地生活着，经常向她诉说心中的怨气，情绪也很不稳定，对她的教育态度时而变得更加专制，时而又过分娇惯，她不知如何适应。在这样的家庭氛围中，晚上她经常被噩梦惊扰，大声呼叫；白天她精神也不能集中，直接影响到学习。经心理健康检查，发现她有不少问题。

心理学研究表明，当家长或因错误的教育观念没有控制自己的情绪，或因缺乏修养不能控制自己的情绪，或因个性偏执、精神上的打击控制不住自己的情绪，而对孩子大光其火，不仅会使孩子在生理上产生消极的应激状态，出现异常征兆，如血压和血糖的升高、消化受阻等，还会在心理上产生问题，如联想范围缩小、记忆力下降、语言行为紊乱等。久而久之，会造成孩子人格扭曲，心理健康受损。家长是否具有积极乐观的情绪，是否善于调节不良的情绪，对孩子的身心健康状况和良好人格的塑造具有至关重要的作用。因此，为了孩子的健康成长，家长要善于培养积极的情绪，学会调控消极的情绪。

（二）家长要善于培养积极情绪

在王雁教授主持的"提高家长情绪管理能力　建设和谐亲子关系的实践研究"中，有这样一个个案家庭。

晓园从小个性比较倔强，上小学时由于学习成绩较好，父母和她的关系还不错。但随着妹妹的出生，她觉得父母对她的关爱转向了妹妹，而对自己的要求过于严格甚至苛刻，开始和父母产生对立。上初中后，进入青春叛逆期，她形成了许多不良的行为习惯，学习成绩急剧下滑。晓园的父母都是高学历的教师，十分重视孩子的学习和品行，对孩子的期望也比较高。晓园脾气倔强，对父母的教育批评不予接受甚至与之顶撞。因此，父母时常不能控制自己的情绪，经常与孩子发生冲突，打骂晓园的现象也时常出现，亲子关系和家庭气氛都十分紧张。由此，晓园的父母陷入了困惑和绝望之中，用他们自己的话说："我们真有如茫茫大海中的孤舟，不知何去何从。"恰在此时，他们参加了"提高家长情绪管理能力　建设和谐亲子关系的实践研究"课题，并有幸成为个案研究对象。自参加课题以来，晓园的父母认真听讲座，积极阅读有关的书籍，浏览相应的网站，接受课题组给予的个案诊断和指导，他们知道了问题的症结，学会了如何用积极的情绪处理与晓园的关系。晓园的妈妈总结道："首先，家长应该有一个积极的心态，凡事都要往好处想，在孩子学习遇到困难的时候，不要轻易责怪，帮助孩子仔细地分析原因，找出改进的正确方法就可以了，无须动肝火；其次，要尊重孩子的正当权利，给孩子表达自己情绪和宣泄情绪的空间；再有要倾听孩子的心声，允许孩子有不同的见解，当与孩子有矛盾时先控制自己的情绪，即冷处理然后再想办法去解决，不直接冲突。"经过一段时间的积极调整，晓园一家重新找回和谐温馨的家庭氛围，亲子关系得到改善，晓园的学习也有了很大的进步，并顺利考上区重点高中。

那么，家长如何培养积极的情绪呢？专家认为要从四方面入手。

1. 提高认识，以理育情

情绪情感是在认识的基础上产生的。因此，为了培养积极乐观的情绪，就必须端正对子女的认识，懂得有关的道理，树立正确的人才观、儿童观和教育观。

2. 优化性格，以性育情

一个人的性格的构成包括性格的情绪特征。家长通过自身良好性格特征的塑造，就会形成积极开朗、乐观向上的情绪来影响孩子。

3. 提高修养，以情育情

情绪具有感染性。情绪感染性是指个体对他人的特定情境中的情绪状态的自觉共鸣或产生相类似的情绪活动。无论是积极还是消极情绪都具有感染性。你可以将愉快、高兴的情绪传达给对方，使之一起快乐、幸福；你也可以把愁苦、烦闷的情绪传达给对方，使之一起抑郁、悲哀。作为家长只有不断提高自身的修养，学会从正面表达自己的感受和情绪，不要把坏的心境呈现给孩子。苏联教育家马卡连柯曾说过："我从来不让自己有忧愁的神色、抑郁的面容。甚至有不愉快的事情，生了病，我也不在儿童面前表现出来。"

4. 创造情境，以境育情

作为家长不要把自己限制在家庭或工作单位狭小的生活空间里，要多参加有意义的社会活动，抽时间到大自然的怀抱中，放松自己的心态，陶冶性情。当然阅读各种书籍、参加各种文体活动，也可以使自己的心境保持积极而乐观。①

（三）家长要学会调控不良情绪

在日常生活中，人们会经常产生不良情绪。因此，对于不良情绪的控制，显得尤为重要。当消极情绪产生后，可以采取如下的方法。

1. 认知调节法

学会分析不良情绪产生的原因，静下心来，好好地想一想自己有没有不理智、误解别人、太固执己见等情况，让自己说话办事不犯低级错误。

① 孟育群．中小学生亲子关系与家庭德育研究［M］．北京：教育科学出版社，2004．

2. 注意转移法

当不良情绪产生时，通过干一些其他事情，减少对不良情绪的过分关注。例如，心情不好时听听音乐、看场电影、读书或逛逛商场，以此转移不良情绪。

3. 合理宣泄法

当不良情绪到来时，通过一些正当的方式将其宣泄出来，如找人倾诉心中的郁闷，在空无一人的房间或场地里大声地叫喊、哭泣，以发泄压抑的情绪。

4. 升华转移法

将不良情绪通过积极的方式转化成学习生活的推动力。如通过做一些社会公益事业或将全部精力投入热爱的工作，使消极的情绪升华转换为积极情绪。

5. 暗示调节法

如用积极的言语告诫自己"切勿动怒，动怒有害健康"，"悲哀是无能的表现"，"着急生气不利于理性思考"等，调节自己由于不正确的认识而导致的不良情绪。

总之，心理健康的父母应给孩子一个稳定温暖的家庭环境，同家庭成员保持正常的交往和亲密关系，才有利于孩子身心积极健康地发展。马克思在1837年11月给他父亲的信中写道："我要为自己所经历的情感体验建立一个丰碑，使我们的感情重新获得在行动中的地位。这丰碑就是父母的爱，家庭的情。"他还写道："哪里有比父母的心这个最仁慈的法官、这个最体贴的挚友，这个爱的太阳——它以自己的火焰来温暖我们愿望的中心——更为神圣的珍藏之所！"① 就是这种家庭的关爱，激起了马克思对自然、生活、知识、真理和人类的爱。这种爱孕育了马克思为人类解放事业奋斗的深厚情感。马克思的上述表述，反映了人类情感的一个共同源泉，那就是父母和家庭。

未来社会的健康发展取决于未来一代的精神面貌，良好精神面貌的形

---

① 朱小蔓，梅仲荪. 儿童情感发展与教育［M］. 南京：江苏教育出版社，1998：100.

成来自于教育，而家庭教育中家长的素质影响着未来一代的精神面貌。著名教育家朱永新有很多教育理想，在谈到心目中理想的父母时写道："我们心目中理想的父母，应该是把孩子的人格健全、道德完善放在首位，努力培养孩子追求卓越、独立自主、持之以恒、勤俭节约等人性品质和良好习惯；应该是永远保持年轻心境，懂得把童年、童心还给孩子，让孩子轻松、自由、愉快地成长；应该是善于发现孩子天赋，善于挖掘孩子潜能，善于培养孩子特长；应该是以大朋友的平等身份来对待孩子，而不是以长辈的身份来压制孩子和以棍棒的方式教训孩子；应该是有着和谐家庭关系，能以身作则，一诺千金；应该是永不对孩子失望，绝不吝啬自己的表扬和鼓励，绝不使用侮辱性批评；应该是善于学习，具有教育理性和自觉性，能够善于利用各种教育情境，富有教育机智；应该是努力配合学校、社区对孩子进行全方位、多层次的教育，从而促使孩子健康、快乐成长。"①

我们相信，天下做父母者只要不断学习，注意提高自身的素质，都可以成为孩子心目中理想的父母，成为具有现代教育素养的合格家长。

本章作者：

王　雁　天津师范大学初等教育学院心理学教授

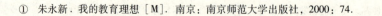
①　朱永新. 我的教育理想［M］. 南京：南京师范大学出版社，2000：74.

第 三 章

认识孩子的心理断乳期

一、第二次生长高峰——少年期的生理特征

少年期也称为青春前期。

小龙13岁半了，是初二的学生，在班上男同学中，个子是最矮的，身高只有1.42米，整个人看上去又瘦又小，还像个四五年级的小学生。而小龙爸爸身高1.76米，妈妈也有1.6米，看着别的孩子一个个都长成了大小伙子，邻居家的女孩静静刚满12岁就已经1.62米了，小龙父母焦急万分，带着小龙到各医院检查，也没发现什么问题。小龙爱看动画片，爱无所顾忌地哈哈大笑，家长感觉他说出来的话也比较幼稚，担心他成长过程是不是有什么问题，便来到心理门诊咨询。他们一脸焦急和困惑地坐在医生面前，不停地发问："孩子是不是得了什么病了？青春期到底应该从什么年龄开始？从哪些方面可以判断孩子已经进入青春期了呢……"

其实，小龙父母的问题在咨询门诊并不少见，实际上，这反映了家长们缺乏对少年期孩子生理发育规律和特征的了解。

个体一生有两次生理发育的高峰期：第一次是从胎儿期到一周岁左右，第二次则是在少年期。

青春期是由儿童过渡到成年人的时期，人体的体态、肌肉、骨骼、脏器及性的发育将发生很大的变化，对人的体能和智能都会产生重大的影响。初中生一般年龄在十一二岁至十四五岁，其间正值由儿童期转入到青春期阶段，发展心理学将这个时期称为青春前期（青春早期）或称少年期。由于受神经系统和内分泌的影响，初中生的身体发育进入第二个快速生长期，身高、体重和性特征的明显突变是进入青春期最早的信号。

（一）青春期发育类型

一般将青春期发育类型分为三种：

早熟型：青春期启动早，女孩在 8～9 岁，男孩在 10～11 岁。突增时间可维持 1 年左右，整个生长期缩短。此类型的儿童多为矮胖型，以女孩居多。

晚熟型：青春期启动晚，女孩至 14～15 岁，男孩至 15～16 岁方开始发育，突增时间维持长，可达 3 年左右。此类型儿童多为瘦长型，以男孩居多。科学家称这种发育类型为"后来居上"型。

均衡型：介于早熟型与晚熟型之间，青春期启动时间，女孩在 10～12 岁，男孩约晚 1～2 年，突增时间维持 2 年左右。

（二）身体形态的发育

身高突增是进入青春期的最早信号。女孩身高突增的年龄早于男孩，但是增长的幅度小于男孩。由于男女孩之间身高突增期的早晚及幅度不同，所以会有一段时间女孩身高较同龄男孩高，这在小学五六年级和初一的孩子中最为多见。但以后男孩体态发育指标会显著高于同龄女孩。

青春期骨骼生长有着向心性的规律，即肢体先于躯干增长，可能暂时出现比例失调。但很快躯干加速生长，使暂时的长肢现象得以调整，待发育成熟，躯干及肢体比例可恢复正常。

青春期体重增长加速。由于内脏、骨骼、肌肉、脂肪的迅速增长，在进入青春期后体重亦由过去每年增加2千克~4千克提高到每年增加5千克~7千克。

（三）身体机能日趋成熟

进入青春期，全身各系统器官也在进行着形态和功能的快速发育，主要表现在：

循环系统：心脏迅速增大，心肌壁变厚，心脏的重量达出生时的10~14倍。

呼吸系统：肺的呼吸能力增大，肺活量在10岁时平均为1 400毫升，至15岁可达2 000毫升~2 500毫升，女孩肺活量约为男孩的3/4。

神经系统：在10岁时，儿童的脑重量及体积就已与成年人接近，但脑的结构及功能一般要到二十四五岁才趋于成熟。进入青春期后，大脑的发展主要体现在质量上的突破与脑功能的完善方面，即脑神经纤维变粗、增长、分支及髓鞘化，脑神经细胞分化机能达到成人水平，第二信号系统的作用显著提高。脑的内部结构和机能的不断分化和迅速发展，使青少年的智力水平，主要是记忆力、理解力、思维能力得以实质性地提高，左右脑的功能日益发展和协调。

在青春期，消化系统、泌尿系统、内分泌系统的结构和功能也都日趋完善和成熟，对青少年的生长发育起着至关重要的作用。

此外，生殖系统发育成熟是青春期的重要标志，由此而产生的生理心理问题也很多，详细内容见本书第八章。

二、充满矛盾的内心世界——少年期的心理特征

也许有一天，父母们会突然发现，进入初中学习后家长和孩子之间好

像立起了一堵高墙，高墙那边的孩子变得有时自以为是，不愿有人管束，觉得自己什么都懂，有时又表现出自卑、沉默、伤感或急躁、易怒，让人无法捉摸，难以把握。孩子在家里越来越不爱与家长说话，经常放学后不愿回家，愿意和伙伴在一起，或一回家就将自己关在房里，不停地打电话或上网聊天。孩子对家长的关心尤其是学习上的关心变得极为反感，经常莫名其妙地心烦、发脾气，或是顶撞父母，家庭气氛被孩子搞得愈发紧张和沉闷。家长也曾试图了解孩子的内心世界，得到的回应大多是："和你们说了，你们也不懂，你们根本不理解我。"

是的，少年期的个体除了在形态和生理上的发育与变化之外，在心理上也有很大的发展。人生观、世界观和其他心理素质都主要是在这个阶段形成。家长只有了解了少年期孩子的心理发展特征，才能理解孩子，与孩子同步成长。

（一）少年期的主要心理特征和心理矛盾

少年时期心理变化的前提和条件源于生理方面（主要是脑的发育、身体的发育和性的成熟）的飞速发展。身体的全面发展和性的成熟使少年产生了"要像大人们一样"的独立性冲动。这就是人们常形容的孩子们有了"成人感"。说"成人感"而不说"成人"，就是因为他们尚未成熟。总结心理学、教育学家的研究，归纳起来，这个时期孩子的心理有三大特征。

1. 过渡性

初中生处于青春早期，很多方面兼具童年期的幼稚和成年期的成熟，而更多的是幼稚。比如，有的孩子还愿意依偎在妈妈身边甚至愿意和父母一起睡；有的孩子仍愿意得到父母更多的照顾和保护；有的孩子处理问题喜欢依赖家长，看问题还比较主观片面等。

一般情况下，在进入高中之后孩子便多有成熟的独立性和自觉性，会让我们感觉到他们的确长大了、懂事了，因此初中生处于由幼稚向成熟的过渡期，心理发展具有过渡性。

2. 矛盾性

儿童心理学家朱智贤教授认为，青春期"是一个半幼稚、半成熟的时期，是独立性和依赖性、自觉性和幼稚性错综矛盾的时期"。儿童心理与教育专家林崇德教授曾指出，青春期心理发展主要表现有以下三个矛盾。

（1）性生理成熟、性意识增强与性心理、性道德准备不足的矛盾

三个初三的男孩一起来到咨询室，看到他们羞羞答答、欲言又止的样子，猜想到他们想谈的八成是性心理问题。"我们三个人想问您一个问题，上音乐课时老师让我们欣赏小提琴协奏曲《梁祝》，这支曲子的确很美，它表达了梁山伯和祝英台的纯真爱情，可是他们俩都是十五六岁，和我们一样大，为什么家长和老师都不同意我们这时候谈恋爱呢？"一个小伙子壮着胆子问，其他两个男孩点头示意着。

初三一男生，在毕业前夕准备中考时，总觉得自己心神不宁，坐立不安，无心复习功课，特别想向班里的学习委员（女生）表达一下爱慕之情，但是理智告诉他此时应一心一意复习好功课，更不要影响他人。痛苦的少年来到咨询室问道："我就是放不下这件事，怎么办？"

初二一女生，已经十来天未上学了，她在网上结交了一外地男孩，比她大两岁。在给家长留了一张字条："你们放心，我会注意安全"，并拿了家中600元钱后，她坐火车去找那个男孩，并与他同居了。

诸如此类的问题，在初中生中已很常见。

家长应了解到由于少年性生理的成熟导致性意识的苏醒，促使他们向往异性，希望恋爱和满足性的要求。但是，由于初中生心理发展并未成熟，品德发展等尚未定型，经济也未独立，还不可能结婚，他们既不善于正确认识自己，也无能力解决两性之间的复杂关系，往往使他们感到非常困惑和苦恼，因此形成了性生理与性心理、性道德发展不均衡这一突出的矛盾。

（2）成人感与幼稚性的矛盾

不少家长提出，孩子进入中学最突出的变化是"不如小学时听话了""认为自己不是小孩了""有主意了"。这些变化反映着孩子自我意识的发

展，独立意识十分强烈。一方面，他们想尽力摆脱家长的管束，希望家长别总把自己当小孩子看待，要与家长"平等"，愿家长多理解和尊重他们；另一方面，他们对过去的"我"也决心"一刀两断"，常常强调"那时我是小孩儿，我太幼稚"。他们似乎是在向我们宣称："我不再小！"这种企图在心理上与父母决裂、与自己儿童时代决裂的现象叫作"心理断乳"。

但事实上，这种决裂并非轻而易举，孩子并未完全成熟，自我认知水平仍较低，思考问题多注意表面化的现象，具有片面性。他们的行为控制能力及情绪调节能力均较弱，稳定性差，也常常遭到挫败。很多方面他们仍然需要向父母、家庭及他人寻求帮助，满足依赖感，从而产生了成人感与幼稚性、独立与依赖之间的痛苦与矛盾。

（3）压力与承受力的矛盾

少年在发展过程中承受着来自内部的（生理上的巨大变化、情绪不稳定等）和外部的（学校、家庭、社会对他们提出了更高的要求）各种压力，这些压力使他们产生了多种复杂的心理矛盾和冲突。但他们的心理承受能力还有限，还不能完全依靠自己正确理解和解决内心的矛盾与冲突。这会使他们出现复杂的、自相矛盾的心理状态。这些矛盾错综复杂地交织在一起，始终存在于少年心理发展的过程中。

由于少年期心理发展具有变化急剧、可塑性大的性质，所以容易接受不良影响，形成不良品质，甚至出现违纪、违法的行为，加之他们的自尊心很强，又容易固执、偏激，如果家长教育不得法，就会引起孩子强烈的对抗情绪，甚至出现离家出走、轻生等极端行为。所以，我们会感觉到少年期是家庭教育的困难期。

但是，少年身心发展的本质特征是积极向上的，具有巨大的发展潜力。所以应该更多地用积极的眼光看待他们的独立性和反抗性，它对推动少年心理发展起着积极作用，而不能只把它看成是消极的、危险的因素。应该看到，少年期可塑性大的特点，也给正面的、积极的教育提供了机会，因此，少年期也是教育的关键期。

家长应该抓住这个教育的关键期，积极促进孩子心理的健康发展。一方面，不要把他们当作"小孩子"来看待，要适当地尊重他们的意见；

另一方面，也不要把他们当作成熟的青年来看待，要给予必要而正确的指导监督。既要采取措施来充分发展他们在学习上和生活上的独立性和自觉性，同时又要积极而恰当地克服他们的幼稚性、冲动性和依赖性。

3. 社会性

一个人生下来之后是"自然人"，而最终要成为"社会人"。初中生正是处于由"自然人"向"社会人"转变的关键时期。与儿童期相比，初中生的心理带有极大的社会性。他们以极大的兴趣关心着生活中的种种现象和问题，或观察，或思考，或讨论，或评判，历史、政治、文化、艺术、人际关系、社会道德等都成为他们认识社会、了解社会的对象。与此同时，他们会对以往的道德标准及价值观不断地进行重新评价，逐步形成自己的人生观、世界观和与众不同的个性特征及一定的为人处世的态度和行为方式。

我们了解了初中生的这一心理特征，就要积极地支持孩子参与社会的各种活动，关心国际国内发生的大事，观察社会中的各种事物，学会全面地分析认识问题，丰富社会性情感，而不是仍然像小学时期一样"一步也不愿让孩子离开"或认为除了学习其他都是没有意义的。

（二）少年期心理发展的具体特征

1. 认知发展特征

认知是个体感知觉、注意、表象、学习记忆、思维和言语等心理过程的统称。认知的发展是个体生存和成长的前提。下面主要介绍一下注意、记忆和思维的发展特征。

（1）注意的发展特征

注意，是指心理活动对一定对象的指向和集中。有效的认知过程都必须有注意的配合。注意包括无意注意（指没有预定目的的、不需要意志努力的、不由自主地对一定事物所发生的注意）和有意注意（指有预定目的的、需要意志努力的注意）。在少年期，无意注意的发展在初中二年级达到峰值水平，有意注意也开始占主导地位并逐渐趋于稳定，这对初中学生的学习有非常重要的意义，但是，他们的有意注意一般只能维持25～30分钟。

提示：家长不要强迫孩子过长时间地学习，应当指导孩子在充分利用无意注意能力的同时，积极培养自己的有意注意能力。

（2）记忆的发展特征

记忆，是过去经验在人脑中的反映，是对输入的信息通过编码、储存，并在一定条件下进行检索的过程。在少年期，机械记忆逐渐减少，理解记忆能力逐渐提高，且记忆的主动性增强。

提示：家长应鼓励这种记忆方式的转变，并能随时提醒孩子找出识记材料的内部联系，将两种记忆方式充分融合并灵活应用。

（3）思维的发展特征

思维，是人脑对客观事物的本质属性和规律的间接的、概括的反映，是认知过程的高级阶段。少年期思维发展特点为：在具体形象和感性思维的基础上，抽象逻辑思维日益占主导地位；思维的独立性和批判性明显发展，但容易产生表面性和片面性。

提示：家长应注意理论联系实际，将抽象的道理和生动的事例相结合，积极鼓励孩子发表自己的见解，鼓励他们自己提出问题并解决问题，可以经常就孩子感兴趣的问题展开辩论，在辩论当中有意识地纠正孩子片面的思维方式。

2. 情感发展特征

情感是人对客观事物的态度体验。人的行为表现不单纯受思想认识支配，同时也受到情感的影响。青少年也是这样。少年情感的主要特点为：富有热情，容易激动；情绪变化迅速，波动性大；情感的社会性增强。

提示：家长要充分理解孩子的情绪特点，也要注意控制自己的情绪；要主动接近孩子，耐心倾听，对不良情绪给予正确的引导；鼓励孩子多参加有意义的集体活动或社会活动，使孩子在社会活动中不断丰富和发展社会情感。

3. 理想发展特征

理想是与生活愿望相结合的，并指向未来的想象。正确树立理想对少年健康发展非常有益。

小华上初中后有过很多理想，一会儿想成为像杨振宁那样的科学家，一会儿又立志做像杨利伟那样的英雄，后来干脆说当科学家和英雄太累了，不如做个周杰伦那样的歌星，赚钱又多又风光。小华便每天沉浸在对未来美好的憧憬中。

少年期理想发展的主要特点为：理想具体形象，但与现实常常脱离，理想变化大，稳定性差。

提示：家长应在以身作则的基础上，主动与孩子谈论理想问题，帮助孩子正确地分析和理解一些社会现象，了解孩子的想法，帮助孩子根据自身的特点，树立适当的、正确的近中远期的理想目标，并要引导孩子把理想和自己的学习、各方面能力的培养紧密联系起来。

4. 自我意识发展特征

自我意识就是个体对自身的认识和态度，包括自我观察、自我评价、自我体验和自我控制等。少年期是自我意识发展的重要时期。在少年期，自我意识发展迅速，自我观察比较全面、客观，自我评价的独立性、批判性以及稳定性都有较大的发展。但自我意识发展仍有局限，易过高评价自己；自我体验有封闭性，心里秘密增多，易走极端；自我心理和行为的控制能力逐渐增强，但持久性不高，自控能力强弱变化较大。因此，生活中道理全都懂，而行动上常出纰漏的少年随处可见。

提示：家长应避免对孩子武断评价，而应该采用讨论和建议的方式，以充分理解和信任的态度与孩子进行心灵沟通，积极帮助孩子提高自控能力，也可以在实际生活中创设适当的情境，对他们进行实际训练。

三、促进孩子的心理健康

（一）健康的定义

在实际生活中，一些孩子存在某些心理不适。有的学生经常担心同学们瞧不起他，怀疑有人背后议论他；有的学生考试时心情紧张、焦虑，总发挥不出应有水平；有的学生自卑，对什么都不感兴趣；还有的学生在学校是公认的好学生，回到家里却打骂父母。目前，存在各种各样心理卫生问题及心理障碍的学生已占中学生总数的 13% ~ 16%。中学生的心理健康问题已引起全世界的关注，2004 年世界精神卫生日的主题就定为了"儿童青少年精神健康——快乐心情，健康行为"。

生活中，很多家长只关心孩子是否吃好、喝好、长高、长壮，而往往忽略了对孩子心理需求的了解和心理发展的正确指导，所以，在此先要强调一下健康的定义——健康不仅是没有疾病和虚弱状态，而是身体、心理和社会适应力的完好状态（WTO，1948）。只有同时具备健康的身体和健康的人格才是真正的健康。因此，我们每位家长在讲求身体健康的同时，还要关心孩子的心理健康。

（二）心理健康的标准

很多家长不禁要问："心理健康究竟有没有具体的标准，我们如何判断孩子的心理健康水平呢？"

根据国内外最新资料以及我国心理卫生工作者的经验，归纳出心理健康的三条标准。

1. 有较好的社会适应性

主要表现在：具备适应各种自然环境的能力；具备建立良好的人际关系的能力；具备能处理和应付家庭、学校和社会生活的能力。

2. 善于调节与控制情绪，具备保持良好心境的能力

情绪在心理健康中起核心作用，它对人的心理活动常起着推动或阻抑作用。乐观、开朗、兴奋使人思维敏捷，记忆力增强，充满信心；忧郁、悲观、沉默导致思维抑制、记忆困难、悲观失望。

心理健康者能经常保持愉快、开朗、自信、满足的心情，善于从生活中寻求乐趣，对生活充满希望。更为重要的是情绪稳定，能具有自制、自控，保持与周围环境动态平衡的能力。心理不健康者，经常情绪波动，反复无常，对人或物无动于衷，冷漠无情，焦虑忧郁，情感不协调，无法自制、自控。

3. 有较强的意志品质

意志是指人自觉地确定目标、支配行动、实现预定目标的心理过程。

健康的意志品质有以下三个特点：目的明确合理，具有自觉性；善于分析情况，具有果断性；意志坚忍不拔，具有顽强性。

心理不健康者常表现出意志过强或过弱两种极端状态。前者表现为武断独行、我行我素、固执己见；后者表现为犹豫不决、畏惧退缩、缺乏信心和决心。

（三）影响孩子心理健康的因素

不少家长来到心理咨询室常常提出一个问题："孩子的心理障碍是怎么造成的？如何注意和预防？"

我们说："孩子心理问题的产生是受多种因素影响的，主要包括生物学因素、家庭因素、社会因素和学校因素。"

1. 生物学因素

在孩子成长的过程中，大脑健康发展的各种因素都可能影响到孩子的心理健康水平。

（1）遗传因素

坐在医生面前的小杰长得眉清目秀，但眉宇间透着呆滞，经检查，小杰被诊为精神分裂症，询问家族史时才得知，小杰的两个孪生哥哥也患有精神分裂症，现仍在住院治疗，小杰的爸爸也曾被诊为癫痫性精神障碍。

遗传是指父母亲把自己家系即父系及母系的结构和机能特点，由个体生殖细胞中染色体里的脱氧核糖核酸（DNA）片段所构成的基因负载着，一代代往下传递信息的现象。

科学家从大量的研究中发现：有心理健康问题的学生，其家族中患有各种精神病、癫痫、精神发育迟滞、学习困难、多动症等病史者所占百分比明显高于正常学生的家族。这说明：遗传因子在心理发展方面肯定有作用，不可忽视，更不容否认。

（2）母亲孕期及分娩因素

母亲孕期若患流感、肾炎、贫血、关节炎、高血压、风疹，遭受严重的外伤，或接受 X 射线照射等，对胎儿的生长都会有不利的影响。

科学家们还研究发现，孕期母亲的情绪对胎儿的生长有直接的影响。在"二战"期间，新生儿神经系统畸形率增加的一个重要因素是孕妇的情绪忧虑和惊恐。所以，在妊娠期间保持乐观的情绪，避免过度紧张劳累，对促进胎儿身心健康成长有着十分重要的意义。

"十月怀胎、一朝分娩"，在分娩过程中可能会有很多不确定性因素或意外发生，如早产、难产、新生儿窒息等，都有可能对婴儿的神经细胞造成严重损害，为日后心理功能的健康发展埋下隐患。

（3）出生后因素

①营养因素。营养不足可使孩子发育落后，在幼年时期表现为说话晚、走路晚、环境适应能力差、运动不协调等，长大以后则更容易出现智力发育受损、学习困难及各种各样的情绪和行为问题。因此，家长要注意孩子的营养吸收及生长发育情况。偏食、厌食、异食等不良饮食习惯都要及时予以纠正。

②躯体疾病或损伤。各种原因所致癫痫病、传染病、脑震荡、脑挫伤、颅内血肿、脑血管病、脑肿瘤、一氧化碳中毒（煤气中毒），以及一些内分泌疾病等因素，也可直接影响脑功能而造成心理障碍或疾病。

2. 家庭因素

孩子最初的教育是由家庭提供的，父母是孩子的第一任教师，孩子是在怎样的环境中成长起来的，接受什么样的教育及父母的教养态度，都对他们的心理发展产生直接的影响。

（1）家庭环境因素

①居住环境。拥挤、嘈杂、闭塞的环境会影响孩子心理健康发展。

②家庭成员组成。三世或四世同居的大家庭有可能产生教育观念的不一致，影响到对孩子的正确教育。单亲家庭问题多，一个家庭缺少父亲或母亲均会对孩子的心理发育造成有害的影响：缺乏母爱的孩子会产生不安

全感、不稳定感，孩子易孤僻、冷漠、粗暴、内向；失去父亲的家庭其教育职能被削弱，男性应给予孩子的勇气、力量和信心（所谓阳刚之气）将大大减弱。这些都不利于成长中孩子的社会化，不利于培养孩子的良好品德和素质，不利于培养孩子与他人和睦相处及合作的能力，也不利于培养利他主义、集体主义、人道主义等品质与特征。

③经济条件差。一般来讲，为生存问题苦苦奔波的父母首先不容易保持自身情绪的稳定，也不容易给孩子创造更多有利于心智发展的物质基础。因此，在经济条件极差的家庭中成长起来的孩子得到的负面影响相对更多一些。

（2）家庭教养态度

不同的教养态度会对孩子的心理品格有不同的影响。很多心理学、教育学研究工作者已有很多研究，本书第四章中将有详细论述，在此从略。

需要指出的是，尽管孩子的行为由父母塑造，但孩子也在影响父母的行为。父母与孩子之间是双向互动的关系。只是父母在其中起主导作用，是孩子成长环境的直接构建者。父母需结合孩子自身特点，如气质、能力、性别、年龄和发展水平来考虑教养方式，这才能体现父母的教养艺术和水平。

（3）家庭教育方法

家庭教育方法是指家长在对子女实施教育时所选择和运用的具体措施和手段。科学正确的教育方法对孩子心理健康成长具有促进作用；反之，则起到负面效应。

总结起来看，对孩子心理健康能起到积极的、有效的促进作用的教育方法有：身体力行，重视家庭环境的熏陶及榜样的力量；学会倾听与交流，掌握分寸，以理服人；正确地运用表扬与奖励；批评惩罚要讲究方式方法；学会用"暗示提醒"这个简便易行的方法；多鼓励；以理解、尊重为基础；帮助成功，多教给具体方法。

无效的、错误的、对孩子心理健康具有负面作用的教育方法有：唠叨；讽刺、挖苦、不信任；只指责而不给予方法；武断、专横，不公正地评价；只重视金钱、物质刺激；不顾及孩子自尊、当众羞辱；冷漠，对孩子的要求及言行无明确反应。

因此，少年期家庭教育应注意以下两个问题：

第一，家庭教育要适应青少年的年龄特征：既要尊重理解又要严格指导；要注意听孩子的呼声，主动与他们沟通；要深入了解孩子，"对症下药"；要更新观念，依法保护孩子的权益。

第二，家长需要不断地学习和提高：要深入学习与青少年和家庭教育相关的科学知识；要努力提高自己的思想意识水平和家庭教育修养；要向孩子学习，亲子共同发展。

3. 学校因素

央视的《焦点访谈》栏目曾有过这样一则报道：一名品学兼优的女孩被一名处于更年期的女老师恶语中伤后，愤然从教学楼上跳下，当场身亡。

另外还有一则报道，某县城小学中，一名学生的50元钱在教室中不翼而飞，学校便武断地认为是班上纪律最差的那名男生所为，于是便采取了威胁、恐吓等手段逼供，致使该男生不仅无法上学，并且出现了明显的精神障碍，住进了精神病院。

但也有一则报道令人欣慰与振奋。北京市某小学特级教师将弱势学生（成绩差，爱捣乱）组成了一个班，用爱心、耐心和科学的教育方法使这些孩子不仅改掉了自身的坏毛病，还有不少学生考上了市重点中学，成了品学兼优的好学生。

由以上三个事例可以看出，学校、老师在孩子成长中的作用是不可小觑的。如果学校的教育理念正确，方法得当，就可以源源不断地向社会输送身心健康的人才。反之，如若教育理念、方法上存在问题（具体可表现在教育水平、学校的教育结构、学校教育指导思想、教育方法、教师素质、教育态度、学校人际关系、校风等方面），就会阻碍学生的心理健康发展，甚至会导致各种心理障碍的发生。

4. 社会因素

社会心理学家研究结果表明：一定社会的文化背景、社会环境、社会经济状况、风俗习惯等因素都对学生的心理健康产生影响。

例如，随着经济和科技的发展，网络越来越发达，网上世界的丰富多彩、光怪陆离在为生活提供信息和方便的同时，也不可避免地带来了有害于青少年心理健康的不良信息。

小可本来是个品学兼优的好学生，老师和家长都对他寄予了很大的希望。一次偶然的机会，小可到一家网吧上网，从此便一发不可收拾，暴力、血腥、色情场面使小可充满好奇。很快，小可的成绩一落千丈，不得不到了休学的程度。即使这样，小可仍然要每天上网 10 个小时以上。小可患上了网络成瘾症，不仅从此告别了校园，而且对其心理造成了极大的伤害。

目前，我国已经加大了对网吧的治理力度，我们也热切地盼望绿色网吧为孩子提供安全、健康的上网环境。

家长负载着社会环境中的一定的原则，如规范、准则，并灌输给子女，与子女在社会环境中所接受的影响共同起作用，影响子女的理想、信念、价值观、需要、动机、兴趣等心理品质的形成。社会风气对学生理想的形成和优良品质的塑造等都会产生很大影响，单靠老师、学校及家长的力量培养孩子显然是不够的。因此，如何抵制这些社会不良因素的影响，以保证孩子心理健康发展，需要社会、学校、家庭三个方面的综合力量。而家长在这方面起到一个过滤作用，家长首先要树立正确的思想观念，以帮助孩子抵制社会不良的影响。

（四）常见的心理问题及应对

初中生处于心理发展的过渡时期，内心充满矛盾，社会经验少，自控及自我调节能力还不完善，因此，在一些选择或竞争面前常常犹豫不决，或感到挫折和困扰，正所谓"成长的烦恼"。这在人生成长道路上是必经的旅程，一般情况下，孩子在老师、家长、朋友的携伴下都能一步步走过烦恼，走向成熟。在这个过程中，孩子出现短暂轻微的情绪波动或适应不良都在所难免，但是以下几种情况就应引起家长的重视了。

1. 情绪障碍

情绪障碍是少年期最常见的心理障碍，常以焦虑、抑郁、恐怖、强迫症状等为主要表现，其间也可能伴有一些类似精神分裂症的症状。

少年期的情绪障碍往往有其独特性，与成年人不同，由于认知的不完善及主观体验的缺乏，他们往往难以比较到位地表达出他们正在经历的情绪障碍，所以病状往往达不到诊断标准。另外，上述症状表现常同时存在，不好截然分开，因此在心理门诊，我们常以"青少年情绪障碍"作为权宜诊断，或以状态，如焦虑状态、抑郁状态或强迫状态等来描述孩子的情绪表现，似乎更能贴切地反映出青少年的特点，并易于被家长和患者所接受。

（1）抑郁状态

小雨15岁了，是某市重点中学的初三学生，平日活跃开朗，爱好广泛，学业成绩优秀。近几个月，他却渐渐变得郁郁寡欢，常一个人独处，老感觉疲乏无力，不再参加集体活动，对以前非常喜欢的事情也变得毫无兴趣，并且经常头疼、胃疼、恶心，没有食欲，夜里翻来覆去睡不着，或有时一躺就是一天，对同学的邀请、老师和家长的好言劝告，颇为反感，常发脾气。他对学习失去兴趣，经常不上学，期中考试竟有两门课没能及格。而且他天天把"活着真没意思，还不如死了算了"挂在嘴边。急坏了的家长最后找到精神科医师，方知孩子出现了情绪障碍，主要表现为抑郁状态。

青少年抑郁，除因心理应激而起病会较急以外，大部分发病较缓慢。该病以情绪低落、抑郁悲观为其中心症状，而自杀企图和行为则是其最严重和最危险的症状，必须引起高度重视。

该病的病因十分复杂，目前研究成果认为与遗传、神经及内分泌等多种因素有关。社会心理因素的研究提示，儿童早期与父母分离在发病中起到一定作用。父母不和，缺乏家庭温暖，给予儿童过多的惩罚、虐待，抛弃儿童及青少年学业失败或不能实现自己的目标，均可触发此病。

建议家长：

①注意观察，如果孩子唉声叹气、眉头紧锁，对学习、娱乐毫无兴

趣，厌学、独处、话少、烦躁、敌意等，应想到抑郁的可能。

②加强看护，严防孩子出现自杀行为。对于有明显自杀观念和企图者必须住院治疗，以防意外。

③对于青少年抑郁状态，不但具有抑郁情绪，行为活动减少及兴趣下降的患者要及时看医生，仅有抑郁情绪、无明显行为改变的病人也应及时看病，以期早期诊断和治疗。

④多给予孩子温暖、照顾和关心，心理治疗对于解除患者心理负担、增强自信、调整与他人的关系很有助益。

⑤注意调整自身情绪，尽可能营造和睦、融洽、温馨的生活和学习环境。

⑥对于孩子逃学、逆反及一些破坏性行为，不要简单盲目斥责，要尽可能挖掘出背后可能的原因，有可能它们正是由抑郁情绪所致。

（2）焦虑状态

楠楠是个胆小、听话、容易害羞的温柔女孩，可是在上初二之后，楠楠却变得特别敏感，容易心烦，经常坐立不安，一点儿小事就大发脾气，对同学和周围人十分不友好，上课不注意听讲，经常啃指甲，啃得秃了还要啃，考试前常出现头疼、头晕、心慌、失眠做噩梦、手脚出汗、腹泻等，总担心家里会发生不好的事，比如父母出意外、家中被盗、失火等，以至于无法坚持上学。老师找到楠楠家长说，楠楠每次被提问时，总是显得特别紧张，浑身不停地抖，建议带楠楠去看看心理医生。经医生检查，楠楠出现了焦虑状态。

该病是以烦躁不安、整日紧张、无法放松等症状为特征，焦虑的程度及持续时间和刺激极不相称，患者出现过分及不切实际的担心，总感到有不祥的事要发生，有如大祸临头一般而惶惶不可终日。症状持续时间超过六个月即为焦虑症。

以焦虑症为主的情绪障碍常常与抑郁、恐怖、强迫等症状同时出现。这一点在青少年中表现更为明显。

青少年焦虑症可表现为脾气变得暴躁、敏感、易怒、敌意，难以与人交流；说话变调、发颤，甚至全身发抖；眉头紧锁，辗转反侧，动作不灵活；对学习、娱乐、交往毫无兴趣，好独处，不愿见人，缺少同情心，厌学，学习成绩下降等。孩子还可以伴有一些躯体不适，如头痛、头晕、头皮麻木、头部紧压不适感，乏力、憋气、心慌、胃部不适、食欲下降、失眠等。

建议家长：

①焦虑症的躯体表现几乎遍及人体各个系统，患者经常可能以其中之一作为主诉，不提及或是不会描述自己的焦虑体验，而被误认为躯体疾病，由家长带领反复地去各综合医院内、外科检查，有的孩子长期有"症状"而得不到确诊，应引起家长的注意。

②焦虑症状和抑郁症状经常同时存在，对孩子而言，焦虑症的外显性行为（如啃指甲、搓手、揪头发等）表现更为明显，家长和教师要注意观察情绪变化，判别心境状态，善于从孩子的躯体不适主诉中考虑到有可能为情绪障碍。

③有许多疾病可同时伴有焦虑表现，如甲亢、低血糖症等。焦虑还可以是其他精神疾病的表现之一。因此，病情较复杂的患者，要注意请专科医师检查确诊，以免延误诊断及治疗。

④不要过分关注和反复询问孩子的症状体验，以免强化症状或引起孩子反感加重症状，应及时请专科医生进行正规的药物及心理治疗。

⑤明确情绪障碍之后，要及时进行心理咨询或请专科医生确定诊断，以准确地对疾病类别、合并症、严重程度，有否自伤、自残、自杀及暴力的可能进行确定，及时治疗，防止意外情况的发生。

（3）强迫状态

由妈妈陪同来到心理门诊的小强面色白皙，文文静静，戴着一副树脂打孔镜，眉宇间透着焦急和无助。小强妈妈说："这孩子小时候挺听话的，自己的事情自己做，每天睡觉前都把脱下来的衣服叠得整整齐齐，学习成绩也很好，没让我们操过什么心。可自从上了初一就不一样了，洗脸要半小时，洗澡得两个小时，写作业更是没完没了，每天都要写到半夜，一道题反复检查四五遍还不放心，每晚睡觉前还要反复检查门窗是否关好，明明已关好的门窗非要打开后再使劲地关上，搅得我们没法休息。那天，家里来了几个农村亲戚，看上去挺脏的，坐在我们家的床和沙发上，等人家刚出门，小强就立刻把床单和沙发罩撤掉，逼着我们洗。从那以后，凡是家里来了人，不管脏不脏，一律得大洗一通。其实，他也知道没必要，可是不洗他就特别难受，我们嘴皮子都快磨破了，也没有用，他自己也挺着急的，有时急得撞墙，揪头发，大声哭。大夫，您看看这孩子是不是得病了？"

强迫症是指以强迫症状（强迫观念、强迫行为）为主要表现的神经症。强迫症状的特点是有意识的自我强迫与有意识的自我反强迫同时存在。二者的冲突导致病人紧张不安，十分痛苦。病人知道强迫症状是异常的，但无法摆脱。小强的症状特点正是强迫状态的典型表现。

在青少年中，中学生强迫症患病率为1.9%，小学生患病率为0.3%，男性多于女性。

该病有遗传倾向和个体素质易感性，即具有过分追求完美、对自己要求严格、胆小等个性特征的青少年易患此病。

最常见的强迫症状有强迫怀疑，如怀疑自己沾上病毒、癌细胞了，两手不敢碰周围的东西或反复洗手等。强迫洗涤常与强迫怀疑同时存在。患者因怕不清洁传染上疾病而反复洗手，明知不需再洗但无法控制，有的还扩大洗涤范围，如洗书包、文具盒、被褥等。有的孩子常常要父母参与他们的强迫性动作中来，常常命令性地摆布他们，要求父母回答同样的问题或做同样的强迫动作。

建议家长：

①强迫症状本身不难辨认，但因其有可能是儿童精神分裂症早期阶段的主要表现形式，或是焦虑、抑郁的并发症状，或为抽动—秽语综合征的合并症状之一，故应及时请专科医生帮助给予鉴别后及早确诊，以免延误治疗。

②不要采取强行制止或硬板过来的方法，否则可使患者情绪更加烦躁。

③家长应同情和理解患者，正确认识强迫症状不是"有意"而是"无奈"，要注意强迫症患者的特点是：明知不合理、不必要而不能控制，

企图摆脱而无法摆脱，为此十分痛苦。其思维过程过分强调情境的不确定性、不安全感和不完善感，表现出过分的责任感。在这里提醒家长千万不要将病症与品行不端混为一谈。

④需要提及的是，正常儿童在生长发育过程中，一般会出现一些强迫性行为，如：走路时专走边道的边缘，或一定要踩在地砖的格子内走路；睡觉前一定反复地摆好鞋或毛巾、衣服等；走路时边走边敲打马路旁的每一棵树。这些行为一般持续一段时间就会自然消失，不会造成儿童强烈的情绪反应，不影响他们的正常生活、学习和活动效率，不影响学校生活的适应，不能称作病态。

2. 行为障碍

（1）注意缺陷多动障碍

鹏鹏是某校初一男生，上课经常左顾右盼，与同学说话，接下茬或搞小动作，比如画小人，叠飞机，书箱里经常有大量他撕的碎纸片，有时趁老师不注意，离开座位去招惹别的同学，下课后胡打乱闹，常常搞恶作剧或破坏游戏规则，同学们都不愿意和他玩。家长也反映，鹏鹏在家里不收拾桌子和书包，常丢三落四，写作业边写边玩，有时耗到夜里一两点钟才能写完，经常出现抄错数或丢字落字现象，准确性极差，都这么大了，连鞋带都系不好。按理说，这么好动，体育成绩应该不错，可他连跳绳都不会。经过专科医生检查，发现鹏鹏患有注意缺陷多动障碍。

注意缺陷多动障碍简称多动症，是发生于儿童时期，与同龄儿童相比，表现为同时有明显注意集中困难、注意持续时间短暂及活动过度或冲动的一组综合征。症状发生在各种场合，男孩多于女孩。该病发生与遗传、剖腹产、爬行训练不足、父母教养态度及脑功能发育不完善等因素有关，如治疗不及时未彻底，可延续终生。

由于多动症患者自我控制力不足，行为冲动，好攻击他人，易造成同伴关系不良，易脱离集体。由于上课注意力不集中，学业成绩很难提高，加之常有小动作而干扰课堂秩序，他们常受老师及家长斥责或体罚。在难于管教、成绩不好及学校片面追求分数及升学率等情况下，这类少年常被下逐客令而转学或"分流"。在脱离管理、教育之后，他们反而会感到

"自由自在"，行为更加放荡不羁，加上家长的责骂、放弃有效帮助，有些孩子会感到自己被社会遗弃，屡遭挫败易产生反社会行为，走上违法犯罪道路。

建议家长：

①不要因孩子好动，便随意给孩子扣上"多动症"的帽子。

②如果发现孩子自幼好动，上课走神，爱捣乱，情绪不稳定，应想到多动症的可能，应及时带到正规医院，经过专科检查方可确诊。

③加强亲子间感情交流，帮孩子建立起对父母的信赖感。这样，他们的行为才会力争合乎父母的要求。

④对多动症患者不要随意惩罚、处分、批评，防止伤害他们的自尊心导致自我评价过低，继而产生情绪改变、行为障碍，使孩子陷入恶性循环之中，给治疗带来困难。

⑤对孩子教育应多从正面肯定，及时表扬与鼓励。帮助孩子建立自尊感、羞耻感、责任感，增强其认知能力及自我控制能力。

⑥遵医嘱对孩子加强有氧运动及有针对性的训练，促其大脑功能完善。

（2）对立违抗性障碍

卓卓自幼就是个比较难带的孩子，脾气大，挑食，很难入睡，经常尿床或随处大便，不合群。上学以后，他经常不完成作业，还撒谎说忘带了，对学习毫无兴趣，学习效率低、成绩差。上初中之后，他经常和老师、家长对着干，不服从管教，对于自己做的错事常敢做不敢当，往往把责任推到别人身上。一次同桌向老师告了他的状，他便怀恨在心，找机会在该同学的自行车胎上按了八颗图钉。父母束手无策，带卓卓来到了心理门诊，经检查，卓卓被确诊为对立违抗性障碍。

孩子的上述表现，常被大家称之为"逆反"，顾名思义，就是"叛逆和反抗"。在人生的特定时期出现这种行为表现是可以理解的，但如果这种逆反的程度过于严重，已影响到孩子的学业及社会功能，那么就要引起高度重视，孩子可能是患了对立违抗性障碍这一疾病。

对立违抗性障碍（Oppositional Defiant Disorder, ODD），其主要特征

为对抗、消极抵抗、易激惹以及令人厌烦的行为等。患病率为8%，男孩多于女孩。目前一致认为 ODD 的产生，除了与儿童本身的神经、心理发育过程以及个性、气质特点有关外，父母与老师的心理状态和教养教育方式起着不可忽视的作用。

学龄前的 ODD 儿童倾向于以隐蔽的方法和被动的方式表达他们对权力的挑战和敌对的情绪。但学龄前的 ODD 儿童往往是在不如意时出现这种行为，当要求得到满足或经过一段时间后常会自然恢复。

学龄期以后，尤其是进入青春期的 ODD 儿童，则经常与老师或父母对着干，不服从管教，常因一点小事而发脾气，与大人争吵，时常为了逃避批评和惩罚而把因自己的错误造成的不良后果或自己所做的坏事归咎于旁人，甚至责备他人。ODD 女孩则较男孩更加不合群、不愉快，有更多的内向问题（如焦虑、抑郁、退缩等）。

ODD 常与多动症和学习困难相伴发，在某些执行功能方面存在明显缺陷，比如意志力薄弱，行为缺乏目的性、计划性，工作学习没有效率，没有上进心等。

由于患者常烦扰、怨恨、敌视他人，所以他们与同伴相处困难，孤僻，不合群，不愿或较少参加集体活动，与父母、教师等缺乏交流，社会适应不良等。所以 ODD 儿童随着年龄的增长，常有可能合并或发展为焦虑症状及情感性精神障碍，少数还可能发展为人格缺陷等。因此，ODD 的危害是显而易见的，它不仅不同程度地影响了患者的社会功能和心理发展，而且同时也影响着与之相关的各个领域，包括社会、学校、家庭以及教师与父母的心理状态和生活质量。

建议家长：

①不要认为孩子在青春早期出现逆反是理所当然的，如果逆反程度过于严重，且持续六个月以上，应及时咨询或就诊。

②多与孩子做朋友式的交流。

③注意调节自我情绪，不要给孩子负性情绪的影响。尽可能营造宽松及温馨的家庭环境。

④多鼓励，多表扬，少命令，少唠叨。

⑤父母双方应采取协调一致的教养方式，切忌一个对孩子批评，另一个替孩子辩解。

⑥加强法制教育，让孩子知法、懂法、守法，做好学生、好公民。

3. 精神分裂症

一直成绩优秀的晓颖从初二下学期开始，成绩明显下滑，且经常发呆愣神。近一个月，她经常自言自语，或莫名其妙地大笑，竟然有一天一丝不挂地跑出家门，幸好被家人阻拦住了，才没有出现什么意外，晓颖说是神仙告诉她这样做可以免除一切灾难。

晓颖被诊断为精神分裂症。

精神分裂症是一组病因未明的精神病，常缓慢起病，具有思维、情感、行为等多方面障碍及精神活动不协调。通常意识清晰，智能尚好，病程多迁延，呈反复加重或恶化，但也有部分病人可达临床痊愈水平。类神经衰弱症状或强迫症状常是该病的早期表现，应引起家长重视。

建议家长：

①如发现孩子出现幻觉、自语、语乱、自笑或明显偏离正常的行为，应及时到专科医院就医，尽早接受系统治疗。

②如发现孩子睡眠障碍持续时间较长，并伴有很多躯体不适，或性格明显改变，也应提高警惕，及时就诊，以期早发现、早治疗。

③督促孩子遵照医嘱服药。

④在症状有所好转后，加强心理治疗和行为矫正，促其社会功能尽快恢复。

本章作者：

张　嫦　天津市精神卫生中心儿童青少年心理科副主任医师、中国心理学会科普委员会委员

孙　凌　天津市精神卫生中心儿童青少年心理科主任、主任医师、国家二级心理咨询师

第四章

亲子关系与少年成长

许多初中生的家长都反映：孩子上初中后一夜间变了个人似的。"女儿上小学时很听话，叫她做什么就做什么，母女俩就像朋友一样无话不谈，可是上初中后，老说我唠叨，多说一句就厌烦我，摔门走开，而在电话里和同学聊天，一聊起来就没完。真是话不投机半句多。""儿子13岁，现在越管越不听，老跟我顶嘴，和我对着干，求他也不是，骂他打他也不是，我真没招了。为什么以前的小绵羊变成现在的小刺猬了？"有的孩子却说："我根本无法和爸妈说话。我已经长大了，对我的话，他们不当回事，总认为是狡辩，找借口，许多事情他们根本不征求我的意见，不愿听我的解释。"为此，父母感到十分焦虑，孩子也非常烦恼。这主要是因为父母与孩子都没意识到孩子上初中，进入了"亲子关系的危机期"。什么是亲子关系？当前少年与父母的亲子矛盾有哪些？亲子关系对少年成长有什么影响？如何才能建立和谐的亲子关系？父亲对少年成长有什么作用，如何加强父亲的作用？这是本章要和家长们共同探讨的主要问题。

亲子关系，在这里是指父母与子女之间的相互关系。亲子关系最重要的是靠血缘关系与法律关系（如领养子女）形成。血缘的亲子关系是不能选择和改变的。家庭教育是以亲子关系为中心的教育，家庭教育能否顺利进行依存于亲子关系处于何种状态，而且亲子关系是影响少年成长的极为重要的因素。当前许多初中生家庭的亲子关系面临诸多矛盾甚至冲突，修架亲子心桥成为当前家庭教育迫切需要解决的关键问题。

一、为什么孩子与我们的心理距离远了

（一）孩子已经长大，父母仍然把他们当小孩

初中生已进入少年期，他们认为自己已经长大，希望摆脱父母的管束，已不像儿童期那样对父母顺从、听话，处于"心理断乳期"，即是对父母的依恋与独立两种倾向暂时冲突和对立的阶段。而许多父母不了解少年期孩子的心理特点，把他们当儿童期的小孩看待，因而产生激烈的矛盾冲突。国外有学者称少年期为"亲子关系的危机期"。

少年的发展正经历着"充满内外冲突的浪漫主义时代"。他们渴望独立，但因其知识、社会阅历所限，还缺乏真正的独立性与独立处理问题的能力。他们思维的独立性、批判性显著发展，但有很大程度的片面性与表面性，缺乏辩证思维能力，容易偏激。他们开始对自己最亲近的、紧紧依赖过的父母产生最强烈的"重新认识"的念头，发现了儿童时期最崇拜的父母的缺点。当发现父母不能满足他们的要求或违背他们在学校所接受的道德观念时，他们往往否定父母的一切，表现出不可容忍的愤怒，对父母缺乏理解和宽容。当父母教子态度问题严重时，这种不满和对立就会更加严重。

少年情感的发展处在"疾风怒涛时期"，他们非常热情，但情绪容易激动，不善于控制自己，往往因为小事情与父母发生冲突。如果父母正处于情绪容易激动的更年期，则亲子间更易发生矛盾与冲突。所以有人说："14＋40＝坏消息。"

少年喜欢假设和推理，喜欢首先考虑问题的可能性，而不是问题的现

实性。如他们参加各种活动热情积极，但有时不讲方法，不计后果，往往把冒险当勇敢，把轻率当果断。如有的少年以为"外面的世界很精彩""出去可以赚大钱回来"，背着父母结伴离家出走，出去之后又觉得"外面的世界很无奈"，而不得不狼狈归来。这类幼稚行为，父母不理解，感到十分焦虑。

父母仍然把少年当儿童看待的主要原因是：少年期最初阶段的外貌、举止以及心理上仍保留某些儿童期的特点；父母缺乏发展心理学的知识，不了解少年期的心理特征；也有少数父母虽知道少年期的心理特征，但要改变长期以来对待儿童的心理定势是很困难的。

（二）少年期的独立意向与父母教子态度的矛盾

在少年的自我意识中产生了自己已经不是孩子的"成人感"，他要求在平等的基础上，建立新型的亲子关系。可是父母往往不自觉或不善于让孩子取得和自己平等的地位。在父母心里存在"主观子女"与"现实子女"之间的偏差，把孩子看得比实际年龄小，孩子则把自己看得比实际年龄大得多。父母仍像对小孩一样对少年过分地干涉、保护，因而引起少年的不满。受中国传统家庭观念的影响，不少父母把孩子看成是家庭的隶属品，把"听话"当作好孩子的最重要标准，对孩子爱发表自己的独立见解、不听父母的话很反感。

如果父母长期不改变态度，孩子的抗拒性会越来越顽固，自然与父母的心理距离会越来越远。而如果父母能按照朋友式的关系尊重、信任、关怀与帮助孩子，鼓励并培养孩子自立，那么，父母和子女的交往就可能没有特殊困难了。

（三）现代社会日益明显的代际差异

代际差异就是两代人因为生理的、心理的、角色和社会地位及社会经历不同，在行为和认识上产生的差异。在我国改革开放之后，随着现代科学技术的迅猛发展，社会文化的急速变迁，两代人在人生价值观念、政治原则以及服饰、交友、异性交往和音乐欣赏等方面的差异日益明显，这是不可避免的。

代际差异是客观必然的，并不意味着代际对抗的不可避免。在我国少年亲子间并不存在根本利益的冲突，双方通过学习，提高认识，加强沟通，是可以做到互相理解、互相促进的。

（四）父母对子女学业期望值过高与孩子自身愿望和实际能力的矛盾

据调查，中学生认为和父母的主要矛盾是"父母对孩子学习成绩、考上哪所学校期望值过高"，居多项矛盾的首位。许多家长期望子女上大学，读硕士、博士，出国留学，成为从事脑力劳动的专门人才，而不考虑社会对人才的需要状况与孩子自身的愿望、兴趣和潜能。这使孩子承受了巨大的压力，加剧了亲子矛盾。当孩子未能实现父母的主观期望目标时，有的父母一气之下，棍棒相加，把孩子打伤甚至打死。也有个别的孩子不堪忍受父母的硬、软暴力，情绪激动，将父亲或母亲打死。

家庭是一种凝聚力很强的特殊的社会心理群体。中国的父母对子女的成长倾注了极大的关心和爱护，子女对父母也满怀依恋和信任感，因此父母对子女的期望往往成为子女上进的强有力的激励力量。但心理学研究结果表明，只有当期望目标为孩子所接受，并通过一定努力可以达到时，才会有激励作用。违背社会发展的客观需要和孩子身心发展内在规律的期望目标，只能给孩子带来沉重的心理压力，阻碍其健康发展。心理学中的一个激励公式为，激励力量＝目标效价×期望概率。就是说，一个目标是否能对人产生激励力量，不仅要看该目标对社会、对集体、对个人的价值大小，还要看实现这个目标，在主观和客观上的实际可能性有多大，二者之积才是该目标所产生的激励力量。

由于上述矛盾，特别是父母教子思想、态度的失误，加深了少年期亲子的矛盾，拉大了亲子之间的距离。

我们多次运用有关亲子关系的测验手册测验表明，我国城市初中少年亲子关系存在的主要问题是家长奢望、溺爱和教育态度不一致。导致亲子关系出现问题的主要原因有：家长教育观念陈旧，教育、心理科学知识匮乏，教育方法、心理健康、性格修养方面存在问题。（此部分内容将在后面详细论述，在此不赘述。）

二、亲子关系对少年成长有什么影响

（一）亲子关系影响少年健全人格的形成

下面根据我国华东师范大学周步成等修订的日本品川不二郎教授等制定的《亲子关系诊断测验手册》（和我们的实验结果基本一致），介绍几种主要的亲子关系类型对少年人格的影响。

1. 奢望型

这种亲子关系中，父母把自己的心愿和希望投射在子女身上，而忽视子女的愿望、天赋和潜能，对子女期望过高，希望子女完全按照父母的要求和标准去做。当子女达不到父母的要求，他们就容易变得意志消沉，冷淡，没有活力，生活缺乏自治的能力，最后造成自卑感或不良适应。有的孩子甚至因而离家出走，个别严重的更是造成亲生父母杀死子女（如青海女工吴玉霞打死儿子夏斐）和子弑母（如浙江金华中学生徐力打死母亲）的惨剧。

2. 溺爱型

溺爱型的亲子关系就是，父母对子女的要求、主张、意见都无条件接受，对子女过分喜爱，想尽一切办法迎合子女的要求，即使子女做了坏事也为其申辩。这种以孩子为中心的亲子关系容易使子女的人格发展受阻，情绪发展有障碍，即使微小的要求未能得到满足或稍遇挫折就哭泣、叫喊或胡闹，缺乏自我控制能力。此外，这种亲子关系下孩子以自我为中心，与周围不协调，缺乏独立性和创造性，缺乏忍耐力，不负责任，经常期待

亲子携手 走出成长困境

他人的帮助。他们追求某些强烈刺激，受不了有规律的生活，性发育过早，而且缺乏性抑制力。

溺爱对孩子的危害已为大家所熟知。这里介绍一个虽属极个别现象但反映出来的问题并非个别的实例。

卢刚从小学到高中学习成绩在学校一直领先，考取北京大学后，成为物理系的高才生。后来他考入美国爱荷华大学物理系攻读博士学位，曾被认为是"爱荷华大学博士之花"。当卢刚知道自己的论文在该校博士论文学术荣誉奖竞赛中落选时，他难以接受这个事实，枪杀了在全球享有盛誉的四位物理学家、教授和获奖者——自己的同胞和同学单林华。卢刚认为，这几个人都与他的论文落选有直接关系。最后，他举枪自杀。有人经了解分析认为，卢刚从小学到大学一直受到家长和老师们的娇宠，使其个人英雄主义恶性膨胀，自尊心和自信心畸形发展，最终酿成悲剧。

正如我国《古文观止》中所言："宠子未有不骄，骄子未有不败。"溺爱的子女没有不骄横的，骄横的子女没有不败坏的。

3. 严厉型

这种亲子关系是指父母虽然爱子女，但常以严厉、顽固、强迫的态度或禁止、命令的方式监督子女。这种态度容易激起子女对学习和各种训练的反抗，或只是表面上唯命是从，做得很好，其实逃避现实，一旦假面具被拆穿，原形就显露出来。

众所周知，过于严厉，动辄就体罚孩子，是错误的教育方法，但还有一种未被人们所重视的惩罚，则是"心罚"或称"心灵施暴"，是一种"看不见的灾难"。父母严格控制孩子的一举一动，要求他们绝对服从父母的意志和愿望，如达不到父母的要求，就对孩子态度冷漠、讽刺。它所造成的恶果要经过较长时间才能表现出来，不易引起人们的注意，是一种隐性的灾难。这种"心罚"往往给孩子造成沉重的心理负担，使孩子产生厌学、无责任心、不合群等行为，进而导致他们的非社会行为或反社会行为。

过分严厉还会使孩子误以为父母不爱他（因为少年儿童还不善于认识父母严厉的教育态度背后的爱心），进而认为没有人爱他，他也就不爱别人，感觉生活没意思，因而轻生或产生反社会行为。

天津市一个初中男生，自幼其父对他精心培养，无微不至地关怀照顾，陪他锻炼身体。但如果考试成绩不好，父亲就训斥甚至打骂他。随着孩子渐渐长大，父亲不打他了，但凡事要求过严，孩子的一切都由父亲支配控制，从未想到要听听孩子的心声，结果使孩子心理受到极大的压抑。有一次父母不在家，他独坐月光下，甚至想到天堂去，看看那里是否有欢乐。父母后来知道后，感到很后怕，很难过。另外，华东工学院两位老教授王克冲夫妇对其独子要求过严，竟然导致双双被亲生儿子勒死。

这样的事例终究是个别的。但它说明父母对少年过于严厉，使他长期处于逆来顺受、唯命是从的境地，不仅压抑了他健康的个性与创造性的发展，而且最终可能迫使孩子内心产生一种势不可当的敌对情绪，导致反社会行为。

4. 干涉型

干涉型大致与奢望型相同，父母为了能使孩子变得更好，而细心地去照顾孩子，尽量给予帮助和嘱咐。在干涉型父母教育下的子女，身心发育迟缓，情绪不稳定，遇到挫折容易失去心理控制，忍耐力差，总想推卸责任。因受大人过多照顾与保护，影响了他们和同龄孩子的接触，因而他们的社会性成熟也较迟缓，依赖性强，易于冷淡、孤僻，对社会不适应，做事敷衍，缺乏远大目标和理想。

5. 矛盾型

父母当中的某一方，在不同时间和不同场合对孩子的教育和态度前后矛盾，或者父亲与母亲的态度不一致时，孩子就会陷入激烈的混乱中。

对于子女的同一行为，父母有时斥责、禁止，但有时却宽恕、勉励，这种缺乏一贯性的态度称为矛盾态度。在这种教育态度之下的子女，日常行为没有规律可循，不得不一直处于紧张状态。他们虽然有时受到优待，但不知什么时候又要被训斥，因而感到不安。受到训斥时，他们也不知道为什么，所以，情绪极不稳定。长期处于这种关系中的孩子，会产生不同类型的心理障碍，不能适应日常生活。

父亲与母亲的教育态度不一致。例如，父亲严厉，而母亲放纵；父亲斥责子女时，母亲却阻止；父亲已这样决定了，但母亲还要反对。例如，有位父亲要求孩子少花零花钱，母亲却背着父亲多给孩子零花钱，而且说"别告诉你爸"。在这种分歧态度教养下的子女，就被两种权威、两种命令夹在中间，容易造成精神上的极度不安。特别是父亲严厉而母亲过于保护时，孩子大多有强烈的反抗性，出现反社会的倾向。此外，有的孩子把攻击性隐蔽起来，表面上很老实，畏首畏尾，但是一旦假面具被揭开，就立刻变得残忍冷酷。

6. 民主型

民主型的父母对子女教育的主要特点是：对孩子温暖、接纳、关心，给孩子必要的帮助和鼓励；能够设法了解孩子，和孩子经常沟通；尊重孩子的人格和权益，给孩子适当的独立和自由，鼓励子女发表自己的见解和学会解决自己的问题；让孩子感受到对家庭的责任；亲子关系和谐，父母之间感情亲密，家庭气氛融洽。民主型的亲子关系是"指导而不支配，自由而不放纵，尊重而不溺爱，鼓励而不怂恿"。在民主型的亲子关系影响下，孩子会变得更合作、友善、自控，有较好的适应社会环境的能力，能最大限度地促进孩子独立性、积极性、首创精神和社会责任感的形成，孩子会更活跃、开朗而外向。

中国科学院心理研究所王极盛教授曾对考入北京大学、清华大学的60余名文理科状元进行家庭调查，结果显示，他们的亲子关系都属民主型。他们大多是工人、农民和小职员家庭，其中有不少来自偏远的农村，家长文化程度较低甚至是文盲。他们中半数曾就读于普通中学，均未请过家庭教师。但是他们的父母以自己的人格力量感染孩子。一位浙江省的文科状元说："我父母没什么文化，但人格伟大，给我奋斗的精神和力量。"北京市一文科状元的父亲说："孩子如果没考好，我不会责备他，而是与他一起分析问题出在哪里，进而鼓励他，别人能做到的，你也能做到！"一位父亲高考前对孩子说："以平常心态去考试，尽力而为即可。"这使孩子轻装上阵，发挥出最佳水平。河北省一文科状元说："我和我爸是朋友，我什么话都跟他讲。"状元家庭的父母都常与孩子讨论问题，以心交心，尊重孩子的选择，但也注意引导。

以上为分析方便，把亲子关系分为几种类型，但在实际生活中，往往是两种或三种类型混合在一起。

（二）亲子关系影响少年的心理健康

影响少年心理健康的因素很多，诸如生理因素和学校因素、家庭因素、社会因素等，其中家庭因素具有特殊的意义。而影响少年心理健康的家庭因素中，亲子关系是一个极为重要的因素。据有关调查，有心理健康问题的学生中，家长采取不良教育方式的百分比均高于正常学生的百分比。民主型的亲子关系，严格有度，子女心理问题较少；严厉、溺爱型的亲子关系，严格失度，子女的心理问题较多。

不正确的家教方式导致孩子形成的一些个性品质，如易激动、情绪不稳定、内倾性格等，往往是引起许多心理障碍的基本原因。值得指出的是，亲子关系、家庭教养方式的缺陷不仅对孩子的身体发育和心理发展都有害，而且不可避免地要在下一代建立家庭时反映出来。因为他们在父母一辈家庭的生活过程中，这些缺陷就在他们身上埋下了大量病态的种子。因此，这种恶性循环表明，亲子关系的缺陷远非只是对一代人的心理健康发生不良影响，而是关系到几代人的健康发展问题。

（三）亲子关系影响少年的智力与学习成绩

少年学生的学习成绩是由多种内外因素决定的。研究表明，亲子关系对学生的学习有显著的影响。

美国小乔治·盖洛普对成功者的调查表明，对将来获得成功起着最重要作用的家庭因素，是幸福的家庭生活。盖洛普分析说："成功的种子似乎不是播种在财富的土壤中，而是播种在爱、理解人的家庭生活的优良土壤之中。"

我们多年来在中小学进行的调适亲子关系实验证明，在亲子关系改善的基础上，再加强指导帮助，学生的学习成绩都提高了，有的由四五门不及格达到全部及格，由初中不能毕业到升入上一级学校。

为什么良好的亲子关系有利于学生学习成绩的提高呢？这是因为：

第一，民主温馨的亲子关系能促使孩子产生积极的情绪体验，对父母更亲近，从而使家长的正确期望容易转化为孩子的学习动机，激发其学习的积极性。

第二，民主温馨的亲子关系使孩子感受到父母的爱、尊重和家庭生活的舒心、欢乐，能给孩子以归属感、安全感和幸福感，因而使孩子容易情绪稳定、愉快，性格开朗，多些自尊、自信，对未来生活充满兴趣，富于进取心，这些都是有利于提高学习成绩的重要心理因素。

第三，民主温馨的亲子关系可以积极地促进孩子智力的发展。如苏联心理学家赞可夫用大量实验结果证明：好的情绪使学生精神振奋，不好的情绪则抑制学生的智力活动。

因此，亲子关系作为一种情感方面的因素，不能直接决定学生学习成绩，但它对学生的学习动机、态度、情绪、性格等产生重要作用，而这些是对学习有重要作用的因素。因而，亲子关系成为间接影响学生学习成绩的不可忽视的重要因素。

三、改善亲子关系，家长必先改变自己

改善亲子关系，家长必先改变自己，关键是提高自身的思想道德和文化、教育科学素质，更新教育观念，懂得教育规律，掌握亲子沟通的方法，提高心理健康水平，加强性格修养。要转变教育观念，逐步树立现代人才观、儿童观、亲子观和教育观。具体可以从以下方面做起。

（一）调整对孩子的期望值

父母对子女的期望是父母价值观与教育观念的集中反映，它决定教子态度与方式，直接影响亲子关系。目前，我国相当多的父母对子女期望过

高，脱离社会需要与子女本身的愿望和能力，是造成少年亲子矛盾冲突的首要因素。实验证明，家长更新人才观、儿童观，根据社会与子女的实际情况，调整期望目标与水平，科学地进行升学与择业指导，是调适亲子关系，促进孩子健康发展的关键一环。

上海市闸北八中楼老师培养学生小张成功心理的实例对家长很有启示。小张在小学五六年级时，数学成绩几乎没及格过。她在小学留级过三次，是一个典型的"失败心态者"。上初中后，初二第一次物理考试她只考了7分。楼老师这样描述道："当时我心里焦急万分，按我以前的脾气，一定会训斥她一顿，并把她丢在一边。但现在我不这样做了，我想她的自尊心已经受到很大的损伤，再也经不起任何伤害了。著名教育家苏霍姆林斯基说过：'儿童的尊严是人类心灵里最敏感的角落。保护儿童的自尊心就是保护儿童的潜在力量。'我意识到自己有责任保护小张的自尊心，于是安慰她：'物理是本学期新开的一门课，全班同学都没有基础，第一次考不好不要紧，只要你认真找出考不好的原因，认真学习，相信你下次一定能考好。'她听了我的话，很激动，对我说：'老师，我对不起你，我很笨，我怕是学不好物理这门课了。'我鼓励她说：'不会的，下次你能考8分、9分吗？'她低声说：'那还不是不及格？'我又说：'不要紧，慢慢来，相信你会及格的，会成功的，老师和同学都会帮助你的。'事后我动员一位同学帮助她，同时请家长配合督促她。经过努力，她第二次考了37分。当时她看到我脸都红了。但出乎她的意料，我非但没有批评她，相反，还在班上公开表扬：'失败时不气馁，而且进步幅度很大，相信她下一次会考得更好。'我的鼓励激发了她的成功心理。她终于在上海市初二物理抽样测验中，取得了74分的好成绩。她说：'我之所以能考出这样好的成绩，是老师给了我信心，给了我学习下去的勇气。我一定不辜负老师的期望，再接再厉。'这件事给我的教育也很大，像小张这样带着严重失败心态进入八中的学生，由于我们教师教育思想和教育态度的改变，竟奇迹般地变成了另一种心态的学生。"

这件事对我们家长不更具有启发意义吗？

下面这个例子对家长也很有借鉴意义。

天津市一初中女生小英，独生女，初三上学期6门功课考试平均40分左右，行为表现也欠佳，老师估计她初中不能毕业。但她有体育特长，多次在市、区运动会上获得名次。她的父亲为某单位领导，母亲为工人。他们把自己未能上大学的夙愿投射到孩子身上，终日要求她考上重点中学后考大学、出国留学，反对她学体育，又忽视思想品德教育，百般宠爱。当发现她学习成绩上不去，父母又由溺爱转变为打骂、体罚，致使她离家出走。通过调适亲子关系实验，老师采取多方面措施，并请体育教练多次协助说服其父母，终于使其父母心悦诚服地支持她报考师范学校体育专业，并逐渐改变了管教态度和方式。小英心情舒畅起来，学习情绪高涨，主动克服缺点，最终考上了师范学校体育专业。她母亲说，到师范学校后，小英非常高兴，简直像变了一个人一样，而且准备继续考大学呢！

（二）尊重孩子的人格尊严与权益

少年时期的孩子正处在塑造和完善自己人格的关键时期。他们渴望理解、信任和尊重，能在轻松愉快的家庭生活中发展他们的才能。孩子们说："体谅理解的父母我求之不得，言行示范的父母我佩服至极，民主开明的父母我喜不自禁。"

在现实生活中，有不少父母不同程度地对孩子实行家长制的作风。但如果父母认识到后敢于真诚地向孩子检查，孩子会对父母理解、宽容，并深受父母严于律己的精神感动，会起到皮鞭与棍棒起不到的教育作用。

天津市109中学初中女生小珍，父亲是工人，母亲曾任幼儿园园长。母亲因患病冒着生命危险生下了小珍。小珍在外祖母家生活了7年，与父母不大说心里话。初二时小珍曾6门功课不及格，父母不了解其内心，只是严厉地打骂她，可是她并不悔改，且在日记中写道："我恨死爸爸妈妈了，快死吧！"母亲对孩子的一线希望破灭了，曾几度想自杀。通过参加亲子关系调适实验，父母教育思想发生很大变化，破天荒地召开了第一次家庭会议。父亲激动、真诚地检讨了自己家长制作风并请孩子原谅。平时拳脚相加都不屈服的女儿感动得眼泪夺眶而出，表示以前对不起父母，决心悔改。后来在亲子谈心中小珍才说出为什么不好好学习的内心苦恼。一次上美术课老师让她当模特，有的男同学把她画成黑猩猩的模样，她特别伤心。还有一次同学误以为她拿了别的同学的东西，冷言冷语地讽刺她。于是她感到在班级里很孤独，以看课外书、听评书来解脱，时间一长，看课外书上了瘾，学习成绩下降。了解情况后，父母经常和她谈心，老师同学也加强对她的关心帮助，从此剑拔弩张的亲子关系向和谐亲密转化。在老师与父母的关心帮助下，小珍逐渐愉快、开朗起来，通过努力各门功课均及格了，终于考上了中等职业专科学校。小珍的父母深有感触地说："亲子关系的调适挽救了孩子，造福了我们全家。"

《儿童权利公约》和《中华人民共和国未成年人保护法》等都明确地规定了儿童应享有的合法权益，如儿童的生存权、受保护权、发展权与参与权。

其中，儿童的参与权，是指儿童有参与家庭、文化和社会生活的权利。《儿童权利公约》中规定："缔约国应确保能够形成自己看法的儿童有权对影响儿童的一切事项自由发表自己的意见，对儿童的意见应按照其年龄和成熟程度给予适当的重视。""儿童应有自由发表言论的权利"，可是我们许多家庭忽视或剥夺了孩子的这项权利。凡事由父母越俎代庖，如在孩子上什么兴趣班和升学志愿的选择上替孩子做主。有个孩子喜欢学习文科，成绩也好，可是父母根据自己的社会经验，非要孩子学理科不可，结果孩子不感兴趣而留级。有些家长在孩子中考时，不考虑孩子的实际情况，轻视职业学校、技校，只让报普通高中，结果没考上，导致无学可上，而许多中专与技校却空额很多。少年是独立的个体，有自己对事物的看法，给予他们应有的适当的尊重和支持，有利于做出符合实际的决策。在中国传统文化观念中，少年儿童不是一个独立的个体，只是一个隶属家长的弱小的人，因而许多家长漠视孩子的权利，结果严重影响了他们的成长和亲子关系。父母应尽量让孩子最大程度地参与和自己有关的事情，使他们在参与的过程中，不断提高处理多种问题的能力，既有利于良好亲子关系的建立，也有利于孩子身心的健康发展。

（三）提高情绪智力

专家研究发现，对子女感情的忽视多半是由于父母的情绪不稳定或心理不健全造成的。在家里亲子间情绪往往最难以控制。因为在充满竞争的压力和成功的企望的现代社会中，人们把家庭当作"安乐窝""避风港"，在家中的行为往往受社会规范约束相对较少，在外面有了委屈和不满，常常回到家里向家人与孩子发泄情绪，以达到心理平衡。特别是当思维片面、情绪激动的少年顶撞父母、屡教不改，使父母失望时，父母往往难以驾驭自己的情绪，而以尖刻的语言斥责或打骂孩子，亲子间心灵的联系遭到破坏，父母的一切教育努力注定失败。因而情绪的调节控制是调适亲子关系最不容易突破的难点。在我们调适亲子关系的实验中，有的家庭亲子矛盾严重，通过实验，孩子已取得进步，但当旧病复发、出现反复时，家长专制粗暴的教养态度也再度重演，经过几次反复才取得新的进步。因此，提高家长的情绪智力是调适少年亲子关系的极为重要的因素。它包括：认识自身的情绪，妥善管理自身的情绪，自我激励和感受，认识孩子的情绪，建设良好的亲子关系。一个人的内在信念是其外显情绪与行为的操纵核心。调节控制自己消极情绪的较好办法是调整对孩子的看法，培养对孩子的同理心，并要学习调控情绪的具体方法，如注意转移法、暗示调节法等。

下面的案例可以给家长一些启示。

在俄罗斯辛比尔斯克，有那么一个淘气的小男孩。他未经大人允许，就径自跑到街上，坐在马路中央玩耍。这时有一匹马向他奔来，路上的行人见此情景都惊呆了。幸好，奔马飞驰而过，竟未踏在小男孩身上。人们松了口气，都认为这个孩子顽皮过了头。作为孩子的家长，遇到诸如此类令人担忧和气恼的事情，该怎么教育孩子呢？

也许，有些家长发现孩子淘气出了格，往往火冒三丈，轻则大发雷霆，斥责孩子，重则对孩子体罚，搞棍棒教育。可是，这个小男孩的家长，从不用责骂、威吓和棍棒惩罚孩子。他们碰到上述情况之后，非常注意控制自己的情绪，防止冲动行为的发生。他们采取的最严厉的措施就是把孩子领到家长的书房里，让他安安静静地坐在大皮椅上，好好想一想自己的行为。孩子想通了，就能注意改正自己的错误，这比棍棒教育更有效。由于家长的克制和忍耐，加之教育有方，这个小男孩长大以后，在俄国革命和国际共产主义运动的惊涛骇浪中，表现出非凡的才干和坚强的意志。他，就是全世界无产阶级崇敬的革命导师——列宁。[1]

（四）调准亲子沟通的频道

上面讲到的天津市 109 中学学生小珍的父母一年多对女儿学习不专心的真实原因、内心的苦恼茫然不知，只知打骂孩子，造成亲子关系剑拔弩张，小珍 6 门功课不及格，异常痛苦。其主要原因是亲子间缺乏有效及时的沟通，随着亲子沟通的改进，亲子间的障碍才扫除。据有关调查，87% 的家庭中沟通存在问题，62% 的中小学生平均每周与父母倾谈时间在 1 小时以下，平均每天不足 10 分钟。有位母亲伤心地说："我们孩子有什么话都不肯对我说，问都问不出来。真叫人寒心呀，孩子和我们像陌生人一样，说一句话他都喊烦……"亲子间沟通不畅严重影响亲子关系，影响孩子身心的健康发展。家长们不能只盯着孩子的分数，更要密切关注孩子的内心感受与需要，无论怎么忙，都要找出一定的时间和孩子一起活动，设法进行心灵的沟通，经常向孩子传递爱与关心，鼓励孩子坦诚表明自己的感受与想法，构建和谐亲密的亲子关系。那么，怎样才能进行有效的亲子沟通呢？良好的亲子沟通应遵循哪些原则，运用什么技巧？这些内容将在下一章"少年期的亲子沟通"中讨论。

（五）教育孩子孝敬父母和自立

孝道是中华民族传统文化的核心和基石，是对中华民族影响最为持

---

① 秦童珍，李家池．中外名人家教故事［M］．西宁：青海人民出版社，1985．

久、最为深远的传统道德之一，也是调节亲子关系、实现家庭和睦、构建和谐社会的一剂良药。父母对儿女的爱无与伦比，儿女应该对父母有知恩、感恩、报恩的情感。中国古代先哲孔子和孟子把这种情感提升到"道"的高度，提出"孝"是一切人伦道德的根本，是所有"教化"的出发点。孝是爱国主义教育的起点，爱国主义是从热爱父母和身边的人开始的。如果一个人不爱含辛茹苦、一把屎一把尿把自己养大的父母，他怎么可能去爱那些素不相识、犹如大海中一滴水的某个同胞呢？

可是现在一些少年身上，孝成了稀有品质，许多独生子女不孝顺父母，其主要表现为：不体谅父母，自己提出要求，一旦父母做不到，就不讲道理，胡搅蛮缠；随意顶撞父母，常惹父母生气；独占好的东西，如好吃的不让父母吃。

孝敬父母的要求：了解父母，特别是父母养育自己的艰辛；尊敬父母及长辈，恭敬有礼；亲近，关心，体贴父母；听从父母的忠告和教诲；努力学习，奋发向上；生活自理，帮助父母，为父母分忧解难。

有一位模范家长重视在孩子小时候从细节培养孝心。一次，一个朋友送来一筐特好吃的橘子，母亲要求女儿每次先把大的给父母，再给自己。到最后，只剩下三个橘子了，女儿就舍不得再给父母了。母亲还坚持要求她照样给父母，女儿眼泪汪汪地勉强把橘子给了父母，母亲暗示父亲一定都吃下去。从此，孩子干什么都首先想到父母。在她过生日时，她首先向父母深深地鞠了躬，感激父母培养教育了她。参加生日宴会的朋友与孩子都反映受到了深刻的教育。当她考上大学时，她把别人送给她的钱全部送给了她的奶奶。

此外，要培养孩子自立。自立是现代社会人才的基本素质，教育的最终目的是要让孩子自立。孩子从小不能养成自立的习惯，也就体会不到父母劳动的艰辛，对父母为自己的付出不以为然，这就为亲子间的体谅设置了障碍，最终会使父母为孩子所做的一切付诸东流。

"他山之石，可以攻玉。"在发达国家，家长十分重视从小培养孩子的自立能力。例如，在美国，孩子从小的时候开始，不管家里多富有，男孩12岁以后就会给邻居或自己的父母剪草、送报，赚些零用钱，女孩子则做小保姆去赚钱。在德国，家长不做代替孩子的事情，法律规定，6 岁以上的孩子必须帮父母做家务，孩子到 14 岁就要在家里承担一些义务，比如要替全家人擦皮鞋，帮助父母洗餐具、收拾房间，为家中花园浇水、翻土和除草等。

美国的小洛克菲勒是世界上第一个拥有 10 亿美元的头号亿万富翁，尽管他富甲天下，富可敌国，但他非常重视从小培养孩子的自立能力。在孩子童年时期，他没让孩子们享受亿万富翁家庭的设施和条件，如没有游泳池、网球场和棒球场，他们只是玩简单的游戏，或跟着父母去远足、野营或骑马等。他让孩子们在自己办的菜园里种菜。有一年，他们种的西葫芦、南瓜等获大丰收，小洛克菲勒笑嘻嘻地按市场价格向 6 岁的四儿子买他种的黄瓜。而其他的孩子则把他们的产品用儿童车推到市场上，卖给当地的食品杂货店。小洛克菲勒还亲自教男孩们缝补自己的衣服。正因为小洛克菲勒对子女们的严格有效的教育，为他们后来的人生和事业都奠定了很好的基础，5 个孩子个个成才有为。

这些做法对我们如何培养孩子自立是很好的借鉴。当今许多父母对独生子女百般溺爱，结果孩子事事无能。不难想象，如果在少年儿童时期事事依赖别人，缺乏自立能力的锻炼，在成年之后是难以成为现代社会所需要的人才的，也不可能实现父母望子成龙的梦想。

四、重视发挥父亲的作用，父母协同教子

（一）孩子的父亲去哪儿了

社会学研究表明，在儿童期，母亲对子女的教育具有至关重要的作用。如果失去母亲，就会使子女的情绪波动大和不安宁。在少年期，由于子女的社会性有所发展等原因，与父亲的关系显得十分重要。这是因为：

首先，少年随着社会性发展，认识水平提高，自我意识增强和心理需要的扩大，他所要求、关心的已从吃喝玩、学习课本知识转向社会的存

在、发展和人生的意义等一些问题。他们向往参与社会活动，学习社会生活知识和经验，发展人格的独立性和自主性。当母亲不能满足他的需要时，他就希望从父亲身上获得。

其次，我国长期以来多数家庭中父亲一般比母亲的文化水平、社会地位高，接触社会广，在家庭对外活动中担任主要角色，家庭重大问题的决策，父亲的意见举足轻重。

再次，一般情况下，在家庭中母亲更多地承担着教育子女的任务，在管教态度上母亲比父亲更易出现问题。据我们多年测验调查，一般母亲存在的管教态度问题比父亲相对严重。母亲的不安、干涉、唠叨、溺爱最使强烈要求独立的少年反感，因而也削弱了母亲的教育影响作用。有部分家庭，母亲文化教养高，采取的管教态度比较符合少年的心理特点和教育规律，对孩子成长的影响比父亲就大。这说明父母对少年成长的影响，关键在于父母自身的思想道德、文化素质及对子女的教养态度。

从儿童期过渡到少年期，孩子在家庭互动的侧重点已从母亲一人身上逐渐移到双亲，这一转移使父亲在家庭教育中的影响作用大为提高。父亲对少年至关重要。他既是教养者，又是纪律执行者，社会化指导者，职业的榜样和参谋或余暇时间的伙伴。父亲的作用是不可或缺的。

可是在我国现实的家庭教育中，多数家庭是由母亲负责教育子女，学校召开家长会，多为母亲参加。孩子的父亲去哪儿了？

父亲"淡出"家庭教育的主要原因：一些父亲受"男主外，女主内"的传统家庭角色观念的影响，认为父亲是一家之主，主要职责是为事业奋斗，养家糊口。有不少父亲以为"严父"就是板着面孔训斥甚至打骂子女，无视少年独立、自尊的心理需要，因而造成孩子对父亲畏惧、疏远或对立，导致父亲失去了教育的权利。

（二）健全的家庭教育是阳刚之美与阴柔之美的天然结合

1. 父爱的特点与教育作用是母亲难以代替的

第一，孩子在体格发育的速度方面，父亲的影响占优势。孩子上学后，父亲常常同孩子到公园、游乐场、大自然中进行游览、跑跳、游泳、爬山等活动，而一般母亲与孩子较少进行这些活动。同时，父亲还同孩子一起做些母亲不便做的带有一定技术和需要一定体力的家务劳动。这些活动对孩子身体的发育速度和健康水平都有积极的促进作用。

第二，父爱是少年儿童个性品质形成的重要源泉。父亲通常具有独立、自信、果断、坚强、敢于冒险、勇于克服困难、进取、开朗和宽厚等个性特征。少年常常有意识地从父亲身上观察学习社会所承认的行为方式、待人处世的道德规范和性格特点。心理学家麦克·闵尼的研究资料显示：一天与父亲接触不少于 2 小时的男孩，比那些一星期内接触父亲不到 6 小时者，人际关系更为融洽，从事的活动风格更开放、更具有进取精神甚至冒险性，更富于男子汉气概。少年常与父亲接触，往往社交能力强，容易与他人友好相处。

第三，父爱是少年智力发展的特殊催化剂。我国教育学和心理学专家经调查分析认为，父亲的文化素质对子女的自制力、思维灵活性产生影响。许多研究还证实，父亲对男孩智力发展的影响要比女孩大。男孩早期失去父亲会导致智商低、认知模式女性化。正是由于父亲性格、智力的一些特点，特别是父亲与孩子交往方式的开放性，常与父亲相处的孩子可以从父亲那里获取更多的知识经验、想象力和创造意识。这对培养和激发少年的求知欲、好奇心、自信心及兴趣爱好与发展智力具有积极的作用。

第四，父亲还是孩子性别角色正常发展的重要条件。孩子最初在家里经常模仿父亲、母亲，进而模仿其他男人和女人的行为，而形成自己的性别角色。父亲提供一种男人的基本模式，是孩子正确认识自己的性别角色和与异性接触的第一任老师和榜样。男孩子往往把父亲看成是发展自己男性特征最现实的"楷模"。如果父亲尊重母亲，对她体谅、爱护、诚实、关怀和帮助，男孩也会以同样的态度对待异性。家庭中没有一个固定的父亲的形象，男孩会缺乏角色认同感和男性特征，易缺乏独立性、自主性、自信心和目标的持久性，易形成男孩女性化倾向。这对孩子未来的发展具有严重的不良影响，他们适应环境能力差，难以为人父、为人夫。女孩，也从观察父亲如何对待母亲的过程中了解到男人应该怎样对待女性。

2. 母爱的特点及其对孩子发展的特殊作用

第一，母爱更加深厚、强烈。母亲将人性最纯洁、最美丽、最深刻、最伟大的部分淋漓尽致地、天然地表现出来。母爱是最真挚、最深厚、最无私的，是其他任何人的爱所不能比拟的。中国的母亲既有中国传统女性的克制、坚韧、含蓄、凝重的气质，又具有温情、善良、勤俭、细心、耐劳、敬业、奉献的品格。母亲在怀孕、生育和哺乳的过程中，付出了大量心血和精力，因此母亲在心理上对子女的眷恋、疼爱比父亲更加强烈。母亲以更多、更浓的情感力量和亲情方式来感染、教养子女。

第二，从婴幼儿到儿童期，母亲对孩子语言能力的发展和性格的形成具有特殊作用。在母亲的精心照料、抚养下，孩子开始认识周围世界，学会和人们的情感交流、社会交往，孩子具有了个性。特别重要的是，母亲对婴幼儿和儿童的语言能力的发展和性格的形成具有特殊的作用。我国专家调查分析认为，母亲的文化素质对子女的思想水平、果断性、求知欲和灵活性等性格品质产生影响。

家庭是一个整体，是一个系统。任何一个完整的家庭都是由被马克思称为人类"刚强的一半"和"美好的一半"的男女两性组成的。健全的家庭教育应是阳刚之美与阴柔之美的结合。苏联著名教育家马卡连柯认为："缺乏母爱的儿童是有缺陷的儿童，失去母爱会使孩子心理发展受到障碍；没有父亲存在，会使母爱向溺爱发展，同样影响孩子心理的正常发展。不健全家庭的不幸就在于缺乏这样天然和谐的正常的爱和教育。"

3. 父母要发挥各自的优势，协同教育子女

第一，母亲要尽量维护父亲的良好形象，引导孩子尊重父亲，为共同教育好子女创造一个和谐、理解、亲密的家庭氛围。现在有些母亲经常在孩子面前贬损丈夫，如说丈夫"窝囊、没本事"，使父亲在孩子心中的权威性没有了。

第二，夫妻双方要彼此承认和尊重对方的角色规范、事业上的追求，承认差别，互敬互爱，取长补短，配合默契，良好的夫妻关系是建设良好亲子关系、成功教育子女的重要前提和保证。

第三，父母的教育思想要统一。父母对子女的要求、期望、评价标

准，要有统一的认识和一致的态度，不能各吹各的号，各唱各的调。教育方法可各有特色，双方角色要配合默契。如果父母对子女的要求、态度发生分歧，应采取"回避政策"，一方暂时妥协，收回自己的意见或者暂时回避一下，事后再统一认识。不可把父母的分歧矛盾暴露在孩子面前，否则会使孩子无所适从或者形成两面性格。

第四，父母要注意与祖辈统一教育思想和教育态度，使之形成教育合力。父母还要实施开放教育，使家庭教育形成一个动态的开放系统，同其他社会子系统建立联系，共同教育孩子。

第五，父母要不断提高自身的思想道德、科学文化素质和教育能力，特别是母亲提高文化素质更加重要和迫切。这是妇女为人类、为子女的未来实施成功家庭教育的根本保证。

（三）我们怎样做父亲

1. 父亲要提高认识，承担起教育子女的责任

作为父亲要充分认识自己教育子女的特殊作用和重要责任，这是对子女、对社会、对国家负责的表现。苏霍姆林斯基说过，父亲教育自己的子女——这是一个公民最重要的、第一位的社会工作，是他作为一个公民的义务。不合格的父亲应停止上班。

2. 要转变观念，尊重孩子的人格尊严与权益，对孩子民主平等，与孩子交朋友

父亲要转变"父为子纲"的传统观念，做一个好父亲，就要成为孩子的好朋友。1919年鲁迅先生在《我们现在怎样做父亲》一文中就写道："开宗第一，便是理解。""第二，便是指导。""长者须是指导者、协商者，却不该是命令者。""第三，便是解放。""子女是即我非我的人"，"因为即我，所以更应该尽教育的义务，教给他们自立的能力；因为非我，所以也应同时解放，全部为他们自己所有，成一个独立的人。"

3. 父亲应向孩子传递什么？

现代人寻找理想父亲的形象，呼唤父爱回归家庭，是在寻找什么呢？

是整天为生活奔忙的工作狂？是像母亲一样围着家和孩子转的保姆？还是学校教师的助教？我们寻找的是几千年来民族文化共塑的那种男人精神，是男人在展示力量、意志和信念的过程中塑造的具有阳刚之气的大丈夫形象和大丈夫精神。正如哲学家 E. 弗洛姆所说的："父亲代表着人类存在的另一极，那就是思想的世界，科学技术的世界，法律和秩序的世界，风纪的世界，阅历和冒险的世界。父亲是孩子的导师之一，他指给孩子通向世界之路。"鲁迅先生说："如何让孩子养成在未来潮流中游泳而不至沉没的能力，这是我们这一代做父亲的责任。要为孩子树立一个榜样，一个正确的价值观、人生观、为人处世、人际交往等方面的榜样，这种榜样最好是父亲本人，那才是真正的好父亲。"

爱因斯坦父亲的做法给现代父亲许多启示。

爱因斯坦很小的时候，父亲海尔曼拿来一个小罗盘给他玩。因为他怀疑孩子可能是低能儿，总是一个人躲在角落里玩，这罗盘也许能让他开开眼界，长长知识。孩子拿到罗盘，摆弄来摆弄去，可中间那根针老是指着北方。爱因斯坦惊讶了！"是什么东西使它总是指着北边呢？这根针四周什么也没有，是什么力量推着它指着北边呢？"他好奇地问父亲，可父亲一时也说不清啊！他只是说："等你长大了，就会懂了。"

父亲送的小罗盘，真的唤起了这位未来科学家的好奇心——探索事物原委的好奇心。

儿子渐渐长大了，父亲替儿子谋划了一条人生道路——机电工程师。可是，当他去问学校训导主任自己儿子将来应该从事什么职业时，这位主任直截了当地回答："哼！做什么都没有关系，你的儿子将会一事无成。"

原来，爱因斯坦除了数学和古典文学外，对那死记硬背的功课，全都不感兴趣，都不及格。老师们都说他"生性孤僻，智力迟钝"。后来，那位断定爱因斯坦将终身一事无成的训导主任，勒令他退了学。

然而，父亲并不认为训导主任的论断是对的。他发现孩子经常在一个安静的角落里探寻自然的奥秘，对孩子这种可贵的好奇心，应当爱护。好奇可以出天才。

学校勒令孩子退了学，父亲还是无忧无虑，没有责怪他，而是把他带到意大利，继续学习。

父亲希望他学工程学，爱因斯坦不愿意。父亲没有强求，他不让孩子干他不愿干的事。他考进了师范系，主攻数学和物理学，因为他对这两门课程是充满信心的。他认为自己对物理学有一种特别的爱好和才能。

可是，学校守旧的教授认为爱因斯坦是个糟糕的、叫人头痛的学生，能不能毕业都成问题。有一次上实验课，教授把操作步骤一一写给学生，爱因斯坦没有听他的，而是照他自己原来的那套操作步骤搞实验，突然"轰"的一声，出了事故，他的右手烧伤流血了。这次，他又受到了处分。父亲知道后，鼓励他说："孩子，你还是信心十足地走自己的路，继续攻读物理学。"当时，父亲海尔曼虽然经济十分窘迫，还是想方设法支持他，让他安心学习，刻苦攻读。

父母的支持和鼓励，使他按照自己的志愿读完了大学，在物理学方面打下了坚实的基础。后来，他终于成为一位伟大的科学家，人们称他为二十世纪的哥白尼，二十世纪的牛顿，受到全世界的尊敬。每当人们称他是了不起的天才时，爱因斯坦总是说："我很清楚，我本人没有特殊的天才，只有好奇心、专心一致和顽强的自信，结合自我批评的精神。"

4. 坚持经常进行亲子沟通与亲子活动

没有任何一个父亲认为沟通不重要，但也没有多少父亲把这当成一件大事来抓。有些父亲更是以工作忙为借口。据有关调查，我国62%的中小学生平均每周与父母交谈时间在1小时以下，平均每天不足10分钟，和父亲交谈则更少。一个学生说："爸爸工作忙，我和他一天说不上几句话。妈妈整天唠叨，我有话也不愿和她说。"与孩子沟通确实需要些时间，可是今日你不愿花这点时间，明日孩子出现问题，想不花时间也不行。每天抽出20分钟或半个小时，洗耳恭听孩子一天的所见所闻，相信你会有意想不到的收获。

父亲最好每天赶回家和孩子一起吃饭。在节假日、双休日，与孩子共同进行一些别开生面的活动，可以寓教于乐，寓知识于游戏，陶冶情操，锻炼身体……这既有利于亲子情感交流，又有利于孩子身心健康发展，激发孩子的潜能，同时也能使你疲劳的身心得到片刻的安宁，享受真正的天伦之乐。

不能与孩子生活在一起的父亲，应经常通过打电话、写信、发电子邮件等方式与孩子保持联系。离婚后的父亲应坚持承担父亲的责任，排除障碍，定期探望孩子。有位母亲虽然因丈夫有外遇而离婚，但为了孩子，她始终支持孩子与父亲交往，使孩子在父母共同关爱下健康成长，孩子说"离异的父母给了我完整的天空"。

5. 把家庭的困难告诉孩子，勇于承认自己的错误

有的父亲下岗后瞒着孩子，非常辛苦地干几份活，省吃俭用，孩子不了解、也不体贴，反而向他要钱置高档物品。有的父亲坦率诚实地把家庭的困难告诉孩子，并带孩子也去体验自己的工作生活，结果孩子切身体验父亲的辛苦，深受感动，与家庭共同渡过难关，激发了吃苦耐劳、刻苦学习的精神。

父亲有了错误也应勇于向孩子承认，使他从中接受教育。

大约在1985年以后，诺贝尔父子都从事硝化甘油的应用研究。1863年，诺贝尔独立地发明了硝化甘油引爆物，并获得瑞典的专利证。然而，诺贝尔的父亲却以为自己是真正的发明人。父子之间产生了矛盾。

其实，在诺贝尔做出这一项重要发明之前，他的父亲也在进行实验。他以为自己已经找到了好办法，就写信让儿子回到瑞典一起工作。整整一个夏天，没有得出结果。诺贝尔还是继续自己的实验，用自己曾经用的办法引爆，从而获得了成功，并取得了专利证。这个情况，老诺贝尔不知道。

不久，诺贝尔给父亲写了一封信，信中说："我根据触发引爆时的情形，从理论上加以研究，于是发现了一条原理。这个原理和你应用硝化甘油炸药的原理，截然不同。"

老诺贝尔读过信之后，了解到真相，坦率地承认了自己的不公正。诺贝尔的母亲给儿子写信说："你父亲容易激怒，他现在已经知道自己的不对了。"父亲这样勇于承认错误，使诺贝尔很受教育。就这样，父子之间的一场误会妥善地解决了，维护了父子之间的感情。①

---

① 秦童珍，李家池．中外名人家教故事［M］．西宁：青海人民出版社，1985：133．

6. 尊敬、爱护妻子

"父亲给孩子最好的礼物是爱他的妈妈"，这是西方人常说的一句话。这样能给孩子很大的安全感，使孩子真正享受家庭的爱和温暖，这比给他们玩具、上好学校和住大房子要重要得多。这还会影响孩子如何对待异性及未来的恋爱婚姻。如果父亲没做到，会给孩子带来长久的伤痛。

父亲爱孩子的母亲，还应在孩子面前维护母亲的权威。父亲与母亲共同制定家规并严格遵守。例如，一对夫妇决定不看电视中播放的恐怖电影。当一天母亲出去购物时，父亲和孩子都在电视节目上发现了一部较喜欢的恐怖片，"看吧！看吧！我们保证不告诉妈妈！"孩子们哀求着。但父亲记着自己对妻子的诺言，"你们的母亲和我都同意不看恐怖片的"。聪明的父亲知道维护母亲的权威，就是在维护自己的权威。[①] 所以做一个好父亲首先应是一个好丈夫。

本章作者：

孟育群　天津市教育科学研究院教育理论研究所研究员、享受国务院
　　　　　特殊津贴专家

① 建国译. 专家教你：怎样做个好父亲［N］. 采风报, 1995 - 8 - 1.

第 五 章

少年期的亲子沟通

少年期是亲子矛盾冲突的多发期。常常是父母苦口婆心、关怀备至，孩子却听而不闻，顽强对抗。为什么父母用心良苦，却难以使孩子打开心扉？其重要原因是亲子间缺少良性沟通。

《中国青年报》2003 年 7 月 9 日刊载了一位母亲的《我始终没走进孩子的心灵深处》一文，大连市一位牟女士谈道："16 岁的女儿非要张国荣的CD，我想孩子马上要考试了，没给她买，她非常生气，回家后和我又吵了一顿，然后去姥姥家在暖气管上上吊了。看了孩子的日记，我才明白原来都是学张国荣。"

"这孩子小学多次当过三好学生，初一期末考试全年级第一名，还有英语与弹电子琴的特长，正当我为孩子的成绩骄傲得不行时，孩子却离我们而去。我付出了多年心血，到最后还是失败了。我就是一刹那没抓住孩子的思想，结果就发生了这样的悲剧！现在看，还是没有和孩子沟通好，始终没有走进孩子的心灵深处，孩子最心里的话并没跟我讲。我希望这样的悲剧不要在别的家庭再上演了。"

这位母亲痛苦的思考真是令人心酸，发人深省！虽然这样的事例终究是极个别的，但是现在少年期亲子间缺少沟通、难以沟通却是相当普遍的。

一、少年期亲子沟通的意义

（一）亲子沟通有利于交流情感与信息，调适亲子关系

亲子间的良好沟通，使亲子双方都能从中获取大量信息，父母可以观察了解孩子的言行、情绪变化，分析判断他的行为意向和内心活动，及时了解孩子的愿望和对父母的意见、要求。同时，亲子间的沟通过程，也是精神感染、人格陶冶的过程，这些都有利于调适亲子关系。

（二）亲子沟通能及时发现孩子身上的一些问题

孩子早恋、逃学、网迷、偷窃，或受到屈辱不表露又难以忍受心理压力等问题，家长都可以在亲子沟通中了解并及时做好后继工作。

湖北省宜昌市某中学初二一学生从一幢19层高楼的楼顶跳下身亡。被问是什么原因时，家长不清楚。后经有关方面调查，才知道是孩子在班级经常受到老师的体罚、心罚，自尊心受到严重损伤，不堪忍受而跳楼自杀。这些情况他从未跟家长说过，父母也未曾发现孩子有什么异常表现。家长下班，孩子放学回家，各干各的事，很少沟通。

如果亲子间经常沟通，总能发现一些迹象，及时引导，是完全可以避免发生这样的悲剧的。

（三）亲子沟通，有利于改进家庭教育方式，提高家庭教育效果

良好的亲子沟通，是良好家教的前提。现在，许多父母的期望、管教与孩子的愿望和实际严重错位，许多错误的家教方式由此产生，家长最常犯的毛病就是误解孩子。

在情人节那天，女儿收到同班同学送的一大束红玫瑰，母亲很气愤，质问女儿："告诉我，你是不是早恋了？"女儿更加气愤地回应："是不是今天没有男人给你送花，所以你嫉妒我？"从此，母女间开始了冷战。以后，母亲改变了教育态度，能够站在孩子的角度考虑问题，和孩子平等交流，她和女儿的沟通也畅通起来。

只有沟通，亲子双方的思想情感、想法意见，才能得到充分的交流，消除感受偏差和误解，达到理解、尊重、共同提高。所以，良好的亲子沟通，有利于改进教育方式，增强家教效果。

二、亲子沟通的基本原则

这里介绍一些亲子沟通的基本原则。父母只要遵循这些原则和要求，就能使亲子沟通顺畅，取得理想的效果；如果违背了这些原则和要求，则会使沟通产生障碍，最终导致家长失去权威，孩子变得越来越不听话，亲子间越来越难沟通。

（一）坚持民主平等，尊重、信任孩子

在我们调适亲子关系的实验中，有这样一个案例：

母亲节来临，母亲让小明去买烧鸡，因为人多排队，较长时间才买回来。一进家门，母亲就气急败坏地说："你怎么去这么长时间！上哪儿去买了？"还没等小明解释，母亲又说："你管保去打游戏机了！"孩子说没去。母亲又说："我看见你去了，别撒谎！"小明气得从口袋里掏出一封信将其撕得粉碎，扔向窗外，说："这是给你写的感谢信，祝贺母亲节，你配吗？你不配！你不配！"然后就跑出了家门。母亲感到很震惊，后来经了解才知是老师建议孩子给母亲写的，而且小明确实因排队回家晚了，母亲后悔不已。后来经老师多次做工作，小明才转变对母亲的态度。

这一事例说明父母要和孩子沟通好，首先必须尊重、信任孩子，否则

必然激起孩子的反抗，严重损害亲子感情。

民主平等，相互尊重信任是两代人沟通的基础。进入少年期的子女，特别要求父母尊重自己，承认自己的存在价值，接纳自己，给予肯定和赞许。避免体罚、痛苦和排斥是人的本性，已成为个体潜意识的社会行为动机，它包括孩子从父母那里得到喜欢、信任，认可自己在家中的地位和权利，参与家庭事务的管理等。这种肯定满足的概率越大，父母的影响力就越大。所以，父母应将孩子当作朋友，民主平等地处理亲子关系。

1. 建立民主平等的亲子关系，其重要的标志是家庭权利结构的变化和角色模式的重新调整

家长要转变蛮横专断、为所欲为的权力欲，接受家庭成员的监督，保证子女在家有发言权和参与决定权。父母要改变角色模式固定、封闭、一言堂的作风，用心理换位体会孩子的认识和感受。

例如，有的孩子初中毕业时从自己的学习成绩考虑，估计考不上大学而想报考职业学校。有的家长就认为，孩子辜负了自己的一片苦心，训斥孩子"没出息"。家长如果能够换位思考和角色转换，想想自己处在孩子同样的境遇，也会有他那样的想法。这样，你就会心平气和地与孩子共同商量，分析具体情况，帮助孩子选择符合他自身的升学目标。

2. 建立民主平等的亲子关系，父母要尊重孩子的人格并具有自我批评精神

少年渴望走进成人的行列，要求独立活动，受到尊重，不希望父母干预和包办代替。作为父母要重视和满足孩子的这些需要，不说不做损伤孩子人格的话和事。你越尊重信任他，他的自我价值感和自强自立的精神越强，你在他的成长中的作用也越大。

家长要有自我批评精神。人非圣贤，孰能无过？孩子在成长的过程中，有过错是难以避免的。父母应反思自己在教育孩子的过程中有什么偏差和失误，分担孩子的自责和苦恼。父母在孩子面前要敢于承担责任，让孩子感到父母严于律己，同时也感到父母对自己的过错分析得合情合理，心悦诚服，决心吸取教训，不再重犯。

（二）体贴、宽容、理解孩子

一位少年说："我很愿意和爸爸妈妈沟通，他们虽然对我要求很严格，但是很民主，他们总是用行动让我信服，用事实和我说话，从不强迫。当我犯错的时候，他们不是指责、训斥，而是安慰、引导，提出建议。他们理解我、尊重我，从小就这样。所以，我很信任我的爸妈，也愿意把我的想法和他们分享，我觉得心里很踏实。"

这个案例说明，他们亲子之间有良好沟通，相互尊重，关系亲密，创造了一个和谐、愉快的家庭氛围。

体贴，要体会孩子的心情和处境，给予同情和关怀。

一个初三的男孩，学习成绩不好，他的父母花钱费力，让他上了一所好高中。但他学习跟不上，非常苦恼、自卑。家长也很苦恼。不改变这种状况，就很可能把孩子压垮，甚至走上绝路。经过学习、咨询，父母从孩子实际出发，体贴孩子，让他转学，重念初中三年级，结果孩子学习成绩好了，心情舒畅了，还被评上了三好学生，当上了班干部。

宽容，是与苛求、束缚、多方限制、强加于人、严厉处罚相对立的一种教育态度，其核心是父母对孩子放开手脚，让他独立锻炼，增强自立能力；孩子做错了，父母能教而不怨，容人改进。

理解，是一种心理体验和接纳的过程。少年有许多需要，但最重要的是理解和自尊的需要。什么是理解？德国哲学家施莱尔马赫说："理解是再体验的同质性，是理解者在心理上重新体验他人的心理、精神的一种复制和重构的过程。"也就是说，父母对孩子的理解，要进行心理换位，设身处地去体验、感受孩子的心理，体贴、接纳、引导孩子的思想和行为。

（三）要多赞美孩子

心理学家说过，人性最深层的需要就是渴望别人的赞美。一个孩子得到赞美，他的心中就充满希望，充满自信，充满灿烂的阳光，他的潜意识里就愿意学习和接受新的建议，亲子沟通自然顺畅。西方孩子在教育中得到的赞美最多。据统计，一个自信、勇敢的孩子在其成长中得到的赞美次数多达 6 000 次。

真诚的赞美是通往孩子心灵的无上法宝，能引导他沿着正确的方向成长，适度的赞美，会增加孩子对家长的信任和爱，也能为沟通扫除障碍。

因此，要求家长做到：

第一，不要要求孩子尽善尽美，只求他在不断进步；

第二，赞美要用心、及时，态度要真诚，不要无中生有，看到孩子进步，要及时地赞美；

第三，用描述式的赞美。比如，"这件事情你做得真棒！""你真能干！这件事你的做法让我们非常欣赏！"

特别要指出的是，多肯定孩子并不代表不批评孩子。孩子是需要批评的，但和肯定不同，赞美要及时，批评却要轻缓。①

（四）解放孩子，让孩子走自己的路

曾就任我国台湾成功大学的校长、美国科学院院士吴京，是三个孩子的父亲。他的孩子们个个事业有成。他在介绍教子经验时说："要让孩子学会自己走路，因为今天我们要走的路，未必是孩子明天要走的路。"这就是说，要让孩子学会自己走路，又要让他走自己的路。

可是，许多家长出于对孩子的爱护，不让孩子走自己的路，怕孩子走错了路，怕孩子出事，一切都包办代替，只许关在屋里读书。这是亲子沟通最大的障碍。

孩子是活生生的生命个体，不仅仅满足于被爱、被保护，更渴望得到个性解放、自由，发挥心理潜能，展现自我价值。

少年期的孩子，有许多心理需求，其中之一就是交友的需要，因为从朋友那里可以得到友情、理解、赞扬。所以，父母一定要抓住敏感期，提

---

① 沃建中.跨越亲子间的沟通障碍［J］.父母课堂，2013（4）.

升孩子的人际交往能力。交往有利于孩子的智能发展，成为人生的一大社会支持系统。一个人的成功 20% 靠能力，80% 依赖于良好的人际关系。良好的人际关系是心理健康的一个重要标志，是实现自己梦想的重要保证。

三、亲子沟通的技巧和方式

（一）重视非言语沟通

一个初中生说："父母对我的生活关怀备至，可是在宽敞的屋子里我却感到被压得喘不过气来，总觉得爸爸那严厉冷峻的目光在背后紧紧地盯着我，妈妈那泼妇似的尖声叫喊时常在我耳边回响，我总是处在紧张焦虑之中，有时甚至失眠。"

类似的例子很多，许多家长可能根本没有意识到自己的目光、声调、动作对孩子的刺激和影响。

非言语沟通是通过听得见、看得着的声音、表情、手势、身体动作与姿态来表达思想情感和意愿要求的。面部表情是人的思想情感最复杂、最准确、最微妙的"晴雨表"，正如法国作家、音乐家罗曼·罗兰所说，"面部表情是多少世纪培养成功的话语，是比嘴里讲的更复杂千万倍的语言"。有学者统计人们表达思想情感时借助动作、姿态、表情的占 55%，借助声音的占 38%，只有 7% 是借助言语。

非言语沟通是多渠道的。它们在言语沟通中，具有重复、强调、补充、矛盾等功能。比如，父母内心并不相信孩子，尽管对孩子说"相信你"，但表情和声调都说明，心里并不相信他，这一点根本瞒不过孩子。人不单是用嘴巴说话，其姿态、表情也会说话。眼睛是没有声音的嘴巴，嘴巴能说的，它统统能说，它能说得比嘴巴更多、更响，更有情意，更能触及心灵。

父母对子女不良的非言语表现，会给孩子留下"刻骨铭心"的痕迹，极大地破坏亲子关系，严重影响孩子身心的健康发展。所以，父母切记要言行一致，表里如一，对孩子进行积极的非言语沟通。

（二）与孩子沟通重在倾听

一位母亲抱怨说："孩子什么事都不愿和我们讲，还动不动就发脾气……"而孩子却说："父母根本不理解我，不知道我需要什么，他们想说就说个没完，而我说的他们却心不在焉。"这种情况比较普遍，其实，孩子有许多感受、想法是想和父母说的，可是父母却不善于倾听。

场景1　爸爸正在看报，孩子过来想和爸爸说点什么，可爸爸却表现冷淡，不屑一顾，照样看报。

场景2　在饭桌上，一个初二的孩子对父母说："我们的数学老师体罚一个没交作业的同学，让他……"这时母亲说："快点吃饭，少唠叨你们学校那点破事儿。"

场景3　孩子向爸爸坦诚表明，自己犯了一个错误，没等孩子说明情况，这位父亲就严厉地训斥孩子，结果孩子哭了，而且不愿意再说话。

如果父母不能耐心地听孩子讲话，不能和孩子谈心，那怎么能了解孩子的内心世界？如果不了解孩子，又怎么教育孩子？因此，家长要创设宽松、平等、关爱的环境氛围，要让孩子愿意向你倾诉，让他们有机会表达、倾诉自己的思想情感，以正常、安全、健康的宣泄方式，排解心中的烦恼。

怎样做才是善于倾听呢？建议做到以下几个方面。

第一，父母要消除对孩子正负评价的心理定势。父母对孩子过去的看法会影响现在对孩子所说的话的理解，甚至误解和歪曲。同时也要防止晕轮效应，不是一好百好，爱屋及乌，也不是一坏全坏，以偏概全。孩子是发展变化的，要排除主观偏见，以发展的眼光看待孩子。

第二，一定要认真听孩子讲话，应表现出热情，有兴趣，高兴和孩子交流，正确理解孩子的想法和感受。他讲话时不打断、不批评，能从孩子的角度去理解他说话的内容，让孩子感到他被理解、重视和接纳。

第三，父母要重视孩子内心的需要和感受，体会他的苦恼和心理矛盾，鼓励他坦诚地表明自己的想法和感受，有时可以做些恰当的引导，使自己的心更靠近孩子的心。你不赞成他的某些行为，但不能不理解他的感受。

一个孩子的堂弟把他心爱的计算器弄坏了，他一气之下打了堂弟。母亲批评他打人不对，但对他生气、心疼的感受给予同情和理解，说："弟弟弄坏了你心爱的东西是可惜，他不对，但你不应打他，看能否修好，不行再买一个。"这样，孩子感受到了同情和安慰，也认识到了打人不对。

（三）多接触孩子，并共同活动

江西家庭教育专业委员会对 104 个良好亲子沟通与 65 个不良亲子沟通的学生家庭比较分析指出，良好沟通的家庭相比不良沟通的家庭，家长与孩子相处的时间更长。调查中，104 个良好沟通家庭中有 59% 的父母每天与孩子相处超过 1 小时以上，而后者仅为 35%，相差 24 个百分点。父母多和孩子在一起，亲子共同活动，是亲子交往和沟通的有效方式。在亲子活动中，家长的教育者身份转变为平等的活动伙伴角色，情绪较轻松愉快，沟通较自然，效果自然更好。

亲子共同活动，是传递社会文化，促进孩子社会化的桥梁。在共同活动中，如社会公益活动，为民服务活动，春游、采集动植物标本、野炊等活动，不仅能锻炼孩子的动手能力，而且有利于培养现代人的一些心理素质，如爱心、合作精神和服务意识，体验劳动的愉快、道德感和个人价值感，进一步促进孩子的社会化。

同时，孩子参加社会公益活动是将孩子的交往活动推向高层次的有效手段。交往是发展个性所必需的条件。少年的交往方式有三种类型，即个人亲密型、自发群体型和社会定向型。前两种类型多半是从事娱乐活动或消遣活动。而诸如救灾助民活动、扶贫助学活动则是属于社会定向型活动。如有的孩子在父母的带动下积极捐款捐物，支援灾区群众，他们尽到了社会责任，获得了道德上的自我肯定，增强了热爱人民的高尚情感。

（四）说话要切合实际、合情合理

父母和孩子交流思想情感要切合实际，无论是批评、表扬或评价，都要实事求是，不能跟着感觉走，随着性子来。比如，父母批评孩子一件事情没有做好，不应说："笨蛋！我说过一千次了，你为什么还不改？"这种表述，孩子听了会很反感。又比如，孩子考试得了"优"，父母不能这样说："你真聪明，好孩子，你为家长争了光！"父母只说他聪明，就否定了他的刻苦努力，说他为家长争了光，就把他努力学习的动机和动力引偏了方向。再如，一位父亲说："听说你逃学，我感到非常伤心和愤怒，我当时已有些绝望了，但我想我们一定可以找到解决这个问题的办法，在我和你妈还没有想好之前，想听听你的想法。"这样说既表达了父亲真实的思想感情，又给予了孩子进步的信心，启发了孩子自身的积极性。

经常运用切合实际、合情合理的沟通方法，可以培养孩子的理智感、自信心，增强教育效果。同时，父母可亲可敬，可以依靠和求助的形象会在孩子的心中树立起来，亲子的良好沟通就有了保障。

（五）言语要具体、明确

第一，沟通要用语清楚、具体，避免模糊不清、一语多义，否则孩子会按自己的意思来理解，容易产生误解和矛盾。如一位母亲对孩子说"玩一会儿，就回来做作业"，这"一会儿"是多长时间，没说明确，母亲与孩子想的不一致，必然引发争吵。同样，家长也应要求孩子言语明确，否则会带来麻烦。如孩子说："妈妈，这个双休日我们几个同学到盘山去玩玩行吗？"活动怎么安排、和几个什么样的同学去、什么时间回来都没说清楚，要让孩子说清楚后才能表态。

第二，对决定、要求，要向孩子说明理由，否则孩子不会有自觉性和坚持性。只是"我说你做"，孩子会认为是强迫命令，容易产生反感。

第三，孩子出现问题时，父母要客观地分析原因，属于自己的问题，要勇于自我批评，不能对自己的问题敷衍带过，却具体地指责孩子的不对。那样孩子会认为父母没有责任心，不可依赖。例如，一个初三的女孩跟爸爸一起去买送给姥姥的生日礼物，结果姥姥不喜欢，这时爸爸便埋怨女儿说："你看，你也不好好选择一下！"把责任全推到孩子身上，她心里能舒畅吗？

（六）选择适当的沟通时机

关于父母何时主动与孩子沟通，美国心理学博士马文·西尔沃曼等提出五条：当孩子同你讨论某种个人问题的时候；当孩子看上去非常激动而又没有说到底是怎么回事的时候；当孩子为某件事而兴高采烈的时候；当孩子需要人帮助他做出决定的时候；当父母让孩子解释某种事情或同自己讨论某件事的时候。

此外，当孩子有了某种过错或不良行为时，要注意选择适当时间和场合进行沟通。孩子吃饭时、上学前、就寝前，与同伴在一起或亲友在场时，都不宜批评孩子，否则会损伤他的自尊心，并使后续的学习和活动受到干扰。

这里家长要特别注意以下几点：

第一，家长心情不佳、过于疲劳或工作不顺时，不要谈孩子的过错问题，以免情绪过激出现偏差。

第二，处理孩子一些较严重的问题，如逃学、欺骗、早恋、偷窃等，要营造一个理智的氛围，双方都有思考的时间，抓住时机，集中精力和时间进行教育。

第三，坚持"单兵教练"与"回避政策"，处理孩子的重要问题，要避开他人，而且要考虑父母由谁出面或一起出面更合适。

此外，家长要特别注意，当孩子以学校名义经常要钱，或一段时间沉闷不语时，要及时了解情况，主动沟通，发现问题，及时处理。

（七）不要唠叨

13 岁的丽丽上初中后，喜欢看课外书籍，放学回家，就迫不及待地拿起《少年文艺》《故事会》看起来，她也感到内疚，作业还没写呢，她下决心看完最后一章就写作业。这时她妈妈过来了，见她看课外书，生气地说："还看，还看，还不快写作业！"女儿心虚地回答："看完了就写，也就 10 分钟。""10 分钟，这可是你说的。"妈妈刚走了 10 分钟就回来了，"看完了吗，快点写作业！"女儿没理她，心里有点烦，继续看书，后来听妈妈在客厅里抱怨："人家的孩子，一回家就写作业，你倒好，拿着课外书瞎看，作业写到深夜，时间不够就胡乱应付，成绩当然好不了。"孩子说："烦死了，烦死了，我就要看！"母亲的性急、唠叨，刺伤了孩子的内疚感，代之以逆反心理，和母亲对着干。

唠叨是母亲的常见病、多发病，使少年期的孩子很反感。可是许多母亲并不承认自己唠叨，而认为是经常提醒。唠叨和经常提醒是有很大区别的。

第一，提醒，无论频繁与否，都是抱着友善、尊重的态度，口气没有生气、责备或警告之意。而唠叨是多次重复地要求，不耐烦地指责和嗔怪。

第二，提醒，是仅就当前一件事情说明强调，而唠叨常常是转移话题，由一件事情扯到其他事情，数落一堆旧账，旧账新账一起算。

第三，经常提醒，能增长经验，减少失误，有利于提高孩子的自控能力。而唠叨的效果是烦扰对方，使其烦躁、疲沓，破坏沟通和教育的效果，同时还污染了家庭温馨祥和的气氛，不利于各方的身心健康。

为什么那么多母亲总爱唠叨呢？主要是因为：

第一，母亲性格特点所致。女性具有敏感，细心，注意眼前事情，易动情感的特点，加上工作繁忙，还要操劳家务，易引起情绪紧张，心情烦躁。

第二，"男主外，女主内"的传统观念的影响，母亲在家里常有第一主人的意识，想事多、管得多、做得也多，不自觉的权威意识也就较多，所以对孩子要求得多、管得多，不耐烦的说教就多，就易变成唠叨。

第三，不了解少年期孩子的心理特点，特别是更年期的母亲难以控制自己的情绪，不顺心就唠叨。

那么，如何才能防止唠叨呢？母亲要认识到唠叨的危害，加强自我修养，提高自控能力。

第一，教育孩子，要强调主要的，忽略次要的。重要的要求要明确、严格而坚定，抓住不放，不重要的就忽略，放过。重要的事情对孩子只说一两遍，不执行要有适当的处理办法，让孩子知道，不做好，只能给自己带来苦头并承担不负责的后果。

第二，要定期安排一次家庭聚会，在宽松和谐的气氛中谈谈各自的学习、工作和生活，相互提出希望和建议，都自觉地承担责任和义务，做好各自应当做好的事情。

第三，建立必要的家规，把家规作为约束和调整家人与亲子间行为的准则。家规由全家人讨论拟定，共同遵守，并可根据实际情况充实修改。

（八）适时运用幽默

幽默，是指一种行为的特性，能够引起喜悦、消解隔阂，以愉悦的方式表达人的真诚、大方和心地善良，成为父母教育子女的得力助手。

幽默的形式多种多样，千变万化，会收到意想不到的教化效果。

健康的幽默，能帮助我们营造良好的社交氛围、人际关系，成为亲子关系的润滑剂，使孩子愿意接受家长的教育；健康的幽默，使孩子鼓起勇气，乐于受教，使他心中喜悦，鼓舞，而且可以有效降低压力，增强身心健康。

一次，一个初中的孩子，回家气呼呼的，不说话，父亲问："你今天很不高兴，为了什么？可以告诉我吗？"孩子说："某某不公平，太没有良心了。"这位父亲借助法国哲学家蒙田的话说："世界上分配最公平的算是良心了。"孩子问："有什么根据这样说呢？"爸爸说："从来没有人埋怨过自己缺少良心。"孩子笑了:"爸爸你真幽默,事情还真是这样。"

一天,一个初中的孩子问他的妈妈:"妈妈,一本内容枯燥冗长的书和一个说话啰唆的人有什么区别,怎样对待?"妈妈不假思索地回答:"你可以把书丢在一旁,可是却没法叫啰唆的人闭嘴。"说后妈妈才恍然大悟。"啊!你这个鬼东西,你是嫌我啰唆!"母子俩都笑了。此后,这位母亲也很注意,不再唠叨了。

(九)借助"第三者"或用通信的方式与孩子沟通

当父母和孩子沟通特别困难,父母束手无策,或者父母控制不了自己的情绪,怕和孩子面对面地沟通造成严重的后果,不妨找个"第三者"或用通信的方式,架起亲子沟通的桥梁。

可充当"第三者"的对象很多,如一些孩子尊重喜欢的长辈,哥哥姐姐,家庭成员都熟悉的朋友或心理咨询专家,甚至是孩子的好朋友。

借助"第三者"与孩子沟通,会取得良好的效果。

第一,"第三者"与孩子没有任何矛盾和冲突,孩子对他们既然信任和尊敬,就不会有任何防范和抵制心理,渴望向他信赖的人吐露心声。

第二,充当"第三者"的长辈或朋友,对孩子没有任何成见,会以第三者的角色,把其父母的想法和意见,善意和巧妙地传递给孩子,化解双方的隔阂和误解,容易创造出亲子关系的和谐气氛。[①]

另外,父母可以用书信与孩子沟通。

一位小学老师的儿子,在小学阶段特别听母亲的话,亲子关系特别亲密,可上了初中以后,儿子就和母亲对着干了。儿子痴迷篮球,母亲多次说他都当耳旁风。在一次玩球晚归时,母亲对儿子声嘶力竭地训斥,甚至动了拳头,孩子没有顶撞,但表情却很不服气,摔门而出,此后就开始了母子之间的冷战。

又有一次,母亲发现家里的电脑被人动过,心想莫非孩子偷玩了电

① 赵莉莉. 借助"第三者"和孩子沟通 [J]. 家庭教育导谈, 2009 (6).

脑？儿子以前酷爱电脑，但没有大人允许绝不敢动，就是玩也不超过家长规定的时间。为了不冤枉孩子，母亲又做了一次求证，在电脑上做了记号。母亲下班回家又发现电脑被动过了，"这孩子竟然趁我们不在家偷偷玩电脑"，母亲火气一下子蹿上来了，要是儿子在身边，绝逃不过一顿训斥。想起上次因玩球发生的战争，母亲真是心有余悸，不想和孩子再发生战争了。怎么办，想什么办法避免和儿子正面交锋，又能让儿子认识错误呢？母亲忽然想起最近读到的《傅雷家书》，傅雷常常通过书信与孩子沟通，我们何不也试试呢？于是用心给儿子写起信来，对儿子偷偷上网的事，她一句责怪的话也没说，只是告诉他，他是父母的骄傲，懂事诚实，学习努力。"现在你已经长大了，应该知道什么事情该做，什么事情不该做，应该学会对自己的行为负责。"之后，母亲收到了儿子的一封回信，他在信中真诚地承认了自己的错误，表示悔改。没有想到，仅仅一封信，就化解了母子之间的一场干戈。从此亲子沟通顺畅、关系更加亲密，家教效果更上一层楼。①

本章作者：

宋学文　天津市教育科学研究院研究员

① 李霞. 试用书信和孩子沟通 [J]. 家庭教育导读, 2008 (8).

第六章

引导孩子学会做人

一、注重良好习惯的养成

（一）孩子良好习惯的培养是家庭教育的重点

小滔是个 13 岁的男孩，个头儿不高，活泼好动，聪明伶俐，就是有个很不好的习惯，太爱说谎话。同学们说他是"说谎大师"，搞不好就被他骗了，小滔还因此自鸣得意。终于有一次小滔的谎话惹了大祸，他为了报复一个和自己发生了点矛盾的同学，竟然往那个同学家里打电话谎称这个同学出了车祸被送到医院，接电话的老奶奶因为过度焦急心脏病发作，紧急送到医院抢救。事后同学的家长非常气愤，找到了学校和小滔的父母。小滔被学校停课反省，父母带着小滔登门道歉，还要负担老奶奶的医药费。气急之下，爸爸狠狠地打了小滔一顿，后悔没有从小纠正他说谎的毛病。父母说小滔是家族里唯一的小孩，活泼好动，长辈们都很宠爱，小时候撒些小谎家里人只是觉得孩子人小鬼大，没太在意，有时候被孩子骗了还会觉得挺有趣，没承想大了以后会惹这么大的祸。家长很后怕，决定严加管束，以免长大后不走正路，惹出更大的祸端。

说谎只是孩子身上常见的诸多不良习惯之一，家长常常因为无关痛痒就不太在意，殊不知小毛病不及时矫正，随着孩子年纪的增长就会变成坏习惯，甚至发展成品行障碍。习惯对孩子的健康成长和持续发展都非常重要。美国心理学家威廉·詹姆士说："播下一个行动，收获一种习惯；播下一种习惯，收获一种性格；播下一种性格，收获一种命运。"也就是说，习惯的好坏可以决定一个人的命运。好习惯可以使孩子获得学业和事业的成功以及幸福美满的生活，而坏习惯不但影响孩子自身能力水平的发挥，还可能铸成大错害己害人，甚至殃及社会。

习惯指的是个体稳定的行为倾向，甚至可以达到自动化。心理学家的解释为，习惯是刺激与反应之间的稳固链接；行为的习惯性越深，反射性就越强。个体的习惯可以通过外部的影响养成或调整，也就是说，经过教育和培养，孩子不但可以改变原有的坏习惯，也可以形成新的行为习惯。

俄罗斯教育家乌申斯基说："好习惯是人在神经系统中存放的资本，这个资本会不断地增长，一个人毕生都可以享用它的利息。而坏习惯是道德上无法偿清的债务，这种债务能以不断增长的利息折磨人，使他最好的创举失败，并把他引到道德破产的地步。"这是一个朴素的真理，应当引起父母的关注。

我国的思想家和教育家们也非常关注孩子良好习惯的培养，孔子云："少成若天性，习惯如自然"，就是说小的时候养成的习惯会像人的天性一样自然、坚固，甚至成为天性的组成，在良好习惯的支撑下，才会取得成功，创造人生的奇迹。墨子提出"染丝说"，认为孩子生下来就像一束白丝一样，把它染成黑的就是黑的，染成黄的就是黄的，染成蓝的就是蓝的，对孩子的教育也如染丝一样必须谨慎。

随着社会的发展和进步，家庭教育的理念一定要跟上时代发展的脚步，"学会做人、学会做事、学会学习、学会共处"是联合国教科文组织指出的 21 世纪教育的四大支柱。我国现阶段的教育方针要求培养德智体等全面发展的社会主义事业的建设者和接班人，提倡素质教育。素质教育重视孩子们身心和谐发展，使他们在思想道德、能力、身体、心理等几个方面形成一系列优良的习惯与特征。2004年2月26日，中共中央国务院发布了《关于进一步加强和改进未成年人思想道德建设的若干意见》，明确提出，未成年人思想道德建设的四项主要任务之一是从规范行为习惯做起，培养良好道德品质和文明行为。

因此，无论从孩子自身的发展还是从社会需求的角度来看，规范孩子的基本言行，培养良好习惯都势在必行。

（二）初中生常见的不良习惯

小A，初一女生，在班里和同学关系紧张，主要原因是她很小心眼儿，敏感易怒，常常因芝麻绿豆大的小事儿和同学们闹矛盾，而且不依不饶。她还有点儿懒惰，逃避本应承担的任务，劳动的时候拈轻怕重，令大家很反感。因此她被同学们排斥，心理很不平衡，反而感觉自己受了委屈，回家哭诉，家长不明就里地多次找到班主任要求给孩子出气。

小B，初二男生，经常逃课，与几个差不多大的孩子聚成一个小团伙常常在校内外惹是生非，欺侮弱小、破坏公物、扰乱公共场所秩序的事情时有发生。老师和家长批评教育的时候，他态度倒是很好，就是屡教不改，成了学校的教育难题和父母的一大块心病。

小C，初一男生，成绩很差，家长总认为是老师不负责任。其实这个孩子上课注意力不集中，爱讲话，影响其他同学听课；做作业的时候也不专心，总是三心二意，经常不按时完成作业，还找各种借口搪塞；做事情总是虎头蛇尾，主观不努力，客观找原因。正是这些不良习惯影响了他的学习。

以上几个案例都是经常发生在我们身边的事情，孩子没有好的习惯，无论是学习、交往还是社会生活都会出现问题。家长在培养孩子良好习惯的过程中，首先要了解孩子身上哪些表现属于不良习惯。经过专家们的研究和论证，中学生的习惯主要分成做人、做事和学习三个方面，每一个方面都有基本的要求和常见的问题。

1. 做人方面

做人的核心是拥有爱心，基本要求是真诚待人、诚实守信、认真负责、自信自强。孩子不懂得关心他人和集体，没有同情心、责任心、奉献精神，由此引发的自私自利、贪图享受、不劳而获等不良行为习惯随处可见。缺乏劳动自觉性，自己的事情父母做是很多孩子的不良习惯。

2. 做事方面

做事的核心是遵守规则，基本要求是遵纪守法、讲究效率、友善合作、合理消费。缺乏目标和动力，做事情没有计划，随心所欲，藐视规则，为所欲为，是一些中学生身上存在的典型问题。这里需着重指出的是，要关注孩子能否形成遵守法律的习惯，这是适应社会生活的根本。

未成年人的"严重不良行为"是指下列严重危害社会，尚不够刑事处罚的违法行为：纠集他人结伙滋事，扰乱治安；携带管制刀具，屡教不改；多次拦截殴打他人或者强行索要他人财物，等等。

3. 学习方面

学习的核心是勇于创新，初中生应当做到主动学习、独立思考、学用结合、总结反思。欠缺良好的学习习惯是中学生群体中非常普遍的现象。主要表现有：

（1）缺乏计划性。学习程序混乱，时间不定，缺乏主动性、积极性和自觉性，或是随着兴趣的转移，顾此失彼。由于缺乏积极的学习动机，遇到困难和干扰时极易半途而废。

（2）注意分散。一边学习一边做与学习无关的事情，三心二意，造成理解和记忆的效果差，做题速度和准确率偏低。

（3）应付差事。对自己要求不严，自制力差，容易受到游戏、电影、电视等有趣活动的干扰和诱惑。学习时拖拖拉拉，没有时间观念，抄袭作业或根本就不完成。

其他不良的学习习惯还表现在不好好听课和记笔记；不会安排自学活动；忽视预习和复习；死用功，不懂得积累；学习被动，缺乏勤学好问的精神，等等。

（三）良好习惯的养成与不良习惯的矫正

玉珊上初三时成绩冲到年级前十名，前进了两百多名，老师们戏称她是"坐直升机"上来的。初一时玉珊形单影只的，她家里经济条件很好，来去都是车接车送，极少问同学或是老师问题，成绩也不太好，常见她一个人愣神。班主任发现这个女孩有很多不良习惯，于是主动和她谈心，很快找到了症结。玉珊的父母事业有成，经营着一家规模不小的公司，平时事务繁忙很少有时间管孩子，家里司机、保姆一应俱全，不太关注她的成绩。班主任和玉珊父母进行了一次长谈，说明了玉珊目前存在的问题，告诫他们孩子良好习惯和心态的养成不仅仅只为了学习成绩的提高，而是未来生活是否幸福的前提和基础。玉珊父母认为老师说得对，孩子的健康成长比什么都重要，决定分工合作，母亲主要帮助孩子学会照顾自己，父亲主要从学习方法、为人处世等方面适时给孩子建议和引导。有父母关注的玉珊比从前快乐了许多，对班里和学校的活动也热心起来，学习成绩直线上升。

玉珊的经历告诉我们，孩子成长中出现问题与家庭教育有着不可分割的联系。父母要经常理性观察和思考孩子成长中出现的不合理甚至不良现象，多做自我反思，多从科学的角度寻找原因并进行自我调整，家庭教育的微小改进可能极大影响孩子未来的发展方向和空间。

初中生正处于身心快速发展阶段，也是培养良好习惯的最佳时期。家长给孩子提供的物质条件总归是有限的，培养出良好习惯才会令其受益无穷。具体可以从下面几方面着手。

1. 让孩子充分认识到具有良好习惯的意义

要通过各种方法，比如分析解释或是提出例证，让孩子在头脑中形成一个观念：这个习惯的确益处多多。也可以树立榜样激励孩子养成好习惯。

例如，要让孩子养成按计划做事的习惯，就要告诉他杰出青少年的基本习惯之一便是先有目标后有计划，这是保证学习和工作效率的关键。可以举出身边一些为孩子所认同的成功人物，鼓励孩子对其经验进行分析和借鉴。

2. 制定具有可操作性的规范，并及时强化

良好的习惯都是经过正确引导和强化训练而形成的。针对存在的问题和发展的目标，帮助孩子制定一些行为准则，对其行为变化给予评价，有进步就及时肯定，同时对不良行为给予约束。需要注意的是，不要过度使用物质奖励，再丰富的物质生活也换不来丰富的内心世界，像玉珊一样家境殷实、内心孤寂的孩子需要的是亲情雨露的滋养。

3. 鼓励孩子持之以恒

习惯的养成不是一朝一夕的事情，必须有持之以恒的决心。鼓励孩子坚持下去，不能半途而废，良好习惯在不断的重复中会变得越来越稳固。俗话说："勉强成习惯，习惯成自然。"良好的习惯一旦形成，就会自动化地去做事。比如，养成复习预习、认真听课、自主学习的习惯，或是良好的作息习惯和时间观念，坚持体育锻炼的习惯等，这样学习和生活便会忙而不乱，紧而有序，使事情变得容易，阻力减到最低点。

4. 掌握不良行为习惯形成的主要原因，做到有的放矢，有效干预

一般说来，不良习惯可能由以下原因造成：

（1）家人的宠爱和过度照顾，性格和生活中的不良习惯大多与家教方式不当有关。

（2）能力或其他原因引发的学业挫折，降低了孩子的自信心，遇到问题退缩或放弃，出现不良习惯。

（3）隐恶的心理，即孩子有了过失怕受惩罚，或为了保住面子而想出种种逃避的方式，久而久之形成习惯。

（4）家庭、学校或社区环境不好。由于孩子没能受到积极的引导和教育，与不适宜的群体接触受到不良影响，比如经常违规犯纪或是交往不良的孩子，很可能是这方面的原因。

5. 需要注意的具体问题

（1）认真交流和观察。通过交流可以充分了解孩子的观点，仔细观察才能找准突破点。

（2）实事求是，以理服人。纠正孩子的错误时要多用道理，少用威权。

（3）在指出孩子的错误和处理与孩子之间的矛盾时，要平等、公允，争取让孩子主动接受。

（4）说话算数，讲究诚信。对孩子如果达到某种目标就予以何种奖励的允诺要兑现，不可言而无信。

（5）注意发展孩子的长处，帮助孩子树立信心。要改善孩子消极的自我观念，不要过于关注和责备他的过失。

（6）不断改进家教理念和方法。

二、培养人生所需的美好情感

（一）在孩子心中播撒爱的种子

林女士的儿子升入初三，孩子被她照顾得无微不至。一天晚上，林女士听见儿子咳嗽，赶紧倒了杯温水给孩子送进房间，询问是不是着凉了。见儿子不理睬，她又问了一句，并把水杯递到孩子面前，没承想孩子忽然大嚷："你烦不烦！没看我忙着吗，要喝你自己喝！"他边说边将一杯水全都推洒到妈妈身上。林女士惊呆了，随后禁不住流下眼泪，儿子见了竟无动于衷。

这件事令林女士伤心了很久，她还担心孩子别是出现什么问题了，实在忍受不住前往学校请教心理老师。她说孩子的爸爸在外地工作，自己一个人把孩子带大很不容易，儿子不爱讲话，脾气挺大，令她欣慰的是很爱学习。她一直以为孩子可能是年龄小，不知道心疼别人，也没当回事，没想到他越大越冷漠，时不时跟妈妈发火儿。在心理老师的帮助下，林女士在伤心之余清醒了许多，孩子如此的情感淡漠、不明事理，即便学习再好可能也不会有大作为，甚至还有可能步入歧途，于是开始多方请教专业人士，寻求教育引导孩子的有效方法。虽然孩子已经长大了，转变起来难度较大，但她相信只要尽力去做，总会有所收获。

现在的孩子普遍存在以自我为中心、唯我独尊、缺乏互助友爱等问题，这与在家庭中娇生惯养、养尊处优密切相关。初中时期是孩子不良特质容易暴露的时期，林女士能够警醒到孩子缺乏爱父母之心的潜在危害实在难得。

家庭教育的内容是十分广泛的，对孩子进行爱的教育，帮助他们了解爱的真谛，从而体验生命的要义，是一项非常重要的任务。缺乏爱的美好情感的孩子，不但很难坚持对崇高理想的追求、有所作为，甚至连自食其力、自力更生都做不到，还容易受社会上一些拜金主义、利己主义等不良思想的影响，总之不可能成为未来生活的强者。

苏联教育家苏霍姆林斯基说过："善良的情感是良好行为的肥沃土壤。"做父母的一定要在孩子心灵中埋下爱的种子。孩子们经常被要求爱这爱那，往往既不明了那些被爱对象的真正含义，又没有从内心深处唤起爱的热情。孩子升入初中，认知能力有了极大发展，家长必须让孩子明了爱的真谛。爱的情感，只能在感受与给予中得到强化与升华。当孩子爱着的时候，才会发现自己作为人的力量；当孩子给予的时候，才会体验到自己的生命力和潜能，并由此感到快乐。

有人对爱做出形象的比喻，说爱像大自然的四季变化一样，刮什么风，自然会下什么雨；又像农民在土地上播种一样，播种爱自然要收获爱，播种恨自然要收获恨。因此"敬人敬己，助人助己，爱人爱己"这一系列朴素的道理是深邃又简洁的，家长必须熟悉并知道如何依此来教导孩子。

爱的情感的形成，不是天生的也不是偶然迸发的，有着深远的社会渊源和家教渊源。父母之爱的实质是关注孩子的成长，不仅爱孩子，还要教孩子感知爱并学会爱他人。那些为国家民族做出巨大贡献，同时也实现了自己人生的最高价值的杰出人物，忧国忧民、不惜以身殉国的民族英雄，"先天下之忧而忧，后天下之乐而乐"的爱国志士都是胸怀大爱的人，探究其成长的足迹，无一不是家教严谨，从小奠定了爱己爱人、为家为国的思想基础。

现今社会安定，物质条件日趋改善，望子成龙是大多数家长的良好愿望。那么首先要让孩子成为一个具有良好思想道德品质的人，成为一个爱父母、爱祖国，对祖国、对人民有益的人。基于"全人教育"的家教理念是明智的，有助于孩子形成健全的情感，造就正直的公民。

家长要帮助孩子找到爱的真正源泉：爱不在别处，就在每个人自己的心中；爱的力量是投向对方的，但每个人只有在爱着的时候，自己才会真正拥有力量。爱看似是对别人的给予，而最大的受惠者却是自己。如果爱的目的也是为了完善自己，丰富自己，充分地发展自己，那么爱人与爱己就是统一的，而不是对立的，是实现自尊与自爱的前提，而不是障碍。

爱自己就是要学会珍爱生命，不能因为某次考试没有考好，老师的一次过火的批评，父母偷看了日记，情感受挫，就想到或进行自伤、自残甚至自杀。孩子必须知道，不爱护自己其实是一种不负责任的高度自私的行为。一个人必须首先学会尊重生命，珍惜自己，才能关心和重视他人。

爱父母是因为父母的恩情最大，所谓百善孝为先，每一个人从小到大都没有停止过对父母的索取，孝敬父母是中华民族的传统美德。爱父母是爱他人、爱祖国、爱人类的起点。

爱祖国是爱的更高境界，祖国的强大是我们的自豪，建设祖国是每个人的历史责任，每个人自身的发展都与祖国息息相关。一个没有爱国意识的人，会为人所不齿，也不会有真正成功的人生。

（二）在日常生活中培养孩子爱父母的情感

暑假里，某工会周末为员工组织亲子两日游，大大小小的孩子聚集在一起跟着父母外出很是热闹开心。旅游大巴车来了，一个已上初中的男孩一个箭步窜上车抢了一个靠前靠窗的好位置坐了下来，一个看起来挺重的旅行包由后来上车的妈妈背着。妈妈的同事看着不顺眼，对他说："你让妈妈坐这里吧，她晕车啊，其他大点儿的孩子都在车厢后部，玩儿起来也方便。"男孩很漠然，不为所动，还拿出手机塞上耳机不理不睬。妈妈很尴尬，忙不迭地说："不用了，孩子从小坐车就习惯坐在前面的。"于是自己往车厢后部走，同事见状不好再说什么，不禁摇头叹息。这时一个附近的刚上小学的小女孩站了起来，说："阿姨，我不晕车，您坐这里吧。"车内出现片刻的寂静。

孩子身上出现的自私、心中无他人、劳动观念差等消极的特点，主要是家庭教养不当造成的。许多孩子是在众星捧月似的家庭环境中成长的，家人给他们无限关怀与疼爱，却不注意培养他们爱父母、爱他人的情感，使孩子以为众人对他的爱是天经地义的，形成心中无他人、不知爱父母的扭曲心态。

孝敬父母是中华民族的传统美德，是最重要的善行和德行，孔子说："夫孝，德之本也，教之所由生也。"说的是孝是一切道德的根本，也是一切教化的来源。孝敬父母是调整亲子关系的道德准则，主要有两层含义：一是指思想情感上要热爱和尊敬父母，对父母的养育之恩有发自内心的感激之情；二是指行为态度上虚心接受父母的忠告和教诲，恭敬有礼，在生活上能体贴照顾父母，为父母分忧解难。

教育孩子孝敬父母是培养其爱心和社会责任感的基础，对父母的爱通过移情，有助于发展孩子的亲社会行为，即通过对他人情绪的共鸣体验所产生的一种利他行为，包括援助、抚慰、转让、合作和分享等。"一个中学生连他的妈妈也不爱，还能爱别人、爱家庭、爱祖国吗？"这是著名的教育家苏霍姆林斯基的一句名言。当孩子在家庭中学会怎样用美好高尚的感情对待父母时，才能较容易地把这种感情迁移到他人，在学校里尊敬老师、友爱同学，在社会上助人为乐，进而才可能升华到爱祖国、爱人民的高度。

教育孩子孝敬父母，要注意以下几个方面。

1. 让孩子了解父母养育自己的艰辛

初中生已有一定的文化知识经验和判断能力，采取适当的方法完全可以使他们懂得应该孝敬父母的道理。要告诉孩子他是怎么来到这个世上的，又是怎样由一个脆弱的小生命成长为一个充满活力的少年，让孩子深知父母养育的艰辛，懂得自己的一切是父母用心血和汗水换来的，要百倍珍惜，学会感激。

涵涵升入初二了，个头儿比爸爸还高，可是衣食住行还是很依赖家人，自己什么也不干，还挑三拣四。在吃穿用度上他开始和同学攀比，不爱惜文具、食物，家人说教也没有用。涵涵爸爸是个大货车司机，承包了公司的一辆集装箱车，经常跑长途，工作很辛苦。涵涵爸爸觉得孩子不懂得珍惜父母的劳动，贪慕虚荣，如此下去前景堪忧，于是和妻子商量，给儿子来个实践教育。暑期爸爸去西北拉货，带上了儿子。来回半个月的时间里，他们经历了酷暑、大雨、半路修车，亲眼见到、亲身体验贫困地区的生活，在爸爸的有意安排下，涵涵此行对艰苦工作和生活的体验极为丰富。回家后涵涵转变很大，和爸爸亲近了不少，每次爸爸出车前他都叮嘱，回来后还照顾周到，并主动帮妈妈干活。看着儿子的转变，父母非常欣慰。

2. 以身边的小事为契机启发孩子对父母的关心

比如，父母生病时，要启发孩子主动关心，分担家务。父母的生日，引导孩子予以恰当的祝福，设法帮助父母满足愿望。要让孩子参与力所能及的家务劳动，让其逐渐明白每个人都有使别人欢乐幸福的责任，并自觉地为此做出努力。对父母铁石心肠的人都生长在那些父母过分溺爱子女，对他们百依百顺、一味迁就，对他们没有任何要求的家庭。孩子只是欢乐的需求者，全部的生活乐趣仅仅在于可以得到什么，就会形成"本来就应当如此"的判断。

3. 以身作则，培养孩子的社会责任感

家庭责任感是社会责任感的基础，只有树立强烈的社会责任感，才能成为一个高尚的人和有益于社会的人。当孩子明白自己有为家人的欢乐、幸福出一份力的义务，并能自觉地为维护家庭利益而努力，甚至限制自己的一些需要和愿望时，他们的家庭责任感便已经建立起来了。社会责任感是一种高尚的情感，要求个人处理任何事情都要考虑到对社会、对公共利益的影响，并自觉抵制违反社会公共利益的行为；要求人们互相尊重、关心和帮助，不能对别人的危难和不幸袖手旁观；要求每个公民都要为社会的稳定与发展做贡献。父母要以身作则给孩子做出榜样，比如引导孩子关心亲属，尽自己所能给以帮助，还要尊敬老师，友爱同学、邻居，进而关

心帮助社会上不相识的人。

为了家庭的和睦幸福，为了孩子的健康成长，父母在爱孩子的同时，一定要教育孩子爱父母，并以此为基点，培养孩子具有高尚的情感，形成完善的人格结构，为将来的发展打下良好基础。

（三）通过丰富生活阅历进行爱国主义教育

爱国主义道德教育是充满智慧的活动，大教育家卢梭在《爱弥尔》中阐述了他的观点，主张按由浅入深、由近及远的顺序进行，他认为对儿童进行爱国主义教育要按照一定的时间顺序，如 10 岁时主要熟悉祖国的物产，12 岁时让他们熟知一切省区、道路和城邑，15 岁时应使他们了解祖国的历史，16 岁时就把国家的各种法令、法规讲给学生。

对于初中生，可以通过了解家乡的变化，认识和感受祖国的悠久历史、中华民族的智慧结晶，体验国家经济建设的成就，以此激发他们对祖国的赞美和热爱之情，提高为祖国而学习的责任感。下文中提到的露露，高尚的爱国情感是激励她勤于学业的强大动力。

对孩子进行爱国主义教育，应该针对孩子的特点，适应社会客观环境的变化，不断拓宽和更新爱国主义教育的内容。比如，要有国情教育，帮助孩子树立民族自信心和民族自尊心。要让孩子认识到中华民族的历史源远流长，还有许多美丽的自然环境，认识到本民族对人类文明的贡献；要让孩子关注历史，培养他们的忧患意识，帮助他们树立国家主人翁精神；还要进行传统文化教育，让孩子领悟兼容宽厚、勤劳俭朴、实干力行、诚实守信、上下求索的民族风格，主动继承和发展前人的业绩，以振兴中华为奋斗目标。

露露看起来是个很普通的女孩，却取得了傲人的学业成绩，有着良好的心态和持之以恒的精神的她不负众望，通过了公派留学生的考试。露露不是那种死读书的学生，她有着敏锐的观察力，非常关注周围发生的变化和国内外大事，对许多问题都有独到的见解，精辟的分析和开阔的眼界常常令同学和老师折服。她一直认为自己之所以能够做好许多事情，得益于小时候爸爸妈妈对她的积极影响。

露露的爸爸是某高校的一名职员，认同"读万卷书，行万里路"的道理，所以从孩子小时候起，就经常带她到各处转转，观察家乡的变化，适时引导孩子发现生活当中美好的和丑恶的东西，予以相应的评判。爸爸还利用假期带她到各地旅游，看遍祖国名山大川，体味当地风土人情，了解相关历史人物以及新的变化，以这种方式开阔孩子的视野，激励她珍惜时间，热爱生活，对自己和他人以及社会负责。

中学生普遍有强烈的个性发展要求，对周围事物有自己的独到见解，不喜欢说教式的、缺乏生动和吸引力的教育方法。要使家庭爱国主义教育收到实际的效果，必须生动活泼、富于变化而且要入情入理。家长应注意以下几个方面。

1. 爱国主义教育与实际体验相结合

家庭中进行爱国主义教育不可照本宣科，要结合日常生活、外出旅游、读书看电视等时机，进行相应的教育。要有意识地按照孩子的年龄和接受能力，选择一些反映爱国主义内容的图书和电影给孩子看，以获得一些爱国主义的感性认识。家长还可以利用节假日带孩子旅游，让其感受祖国大好河山的瑰丽，或到一些企业或是附近乡村参观和考察。寓教于乐，让爱国主义情感不知不觉地渗透进孩子们的日常生活。

2. 发挥家长的示范作用

常言道"家教示范，品行为先"。教育子女爱家乡爱祖国，父母首先要有正确的思想和言行，要以自身关心集体、讲究公德、积极的世界观和人生观，以及对家乡和祖国的热爱影响子女，令其产生深刻认识，甚至铭刻一生。

3. 注重实效

我国伟大教育家陶行知先生说过，学生的爱国不是高喊口号，而是要认真地、好好地学习，学习本领以后，以报效祖国，为社会服务。因此，爱国行为规范教育要从日常学习和生活规范做起，既有利于提高孩子的自觉性，改变错误的思想和行为，还可以促进爱国主义思想觉悟的形成。家长还应引导孩子接触社会生活和理解社会现象，从细微处培养孩子的良好品德，让他们在不断积累和进步中，逐渐升华出热爱祖国、热爱人民的高尚情感，成为有理想、有道德、有文化、有纪律的社会主义事业的接班人。

三、树立正确的理想和信念

（一）少年期必须重视理想和信念的家庭教育

晓军刚满 15 岁，是个长得很帅气的男孩，高高的个头，浓眉大眼，笑起来非常阳光。他的日常表现与外表一样"出众"，不服约束、不守纪律、惹是生非，多次触犯校规，令老师和家长都头疼不已。妈妈说孩子小时候就一副人见人爱的模样，而且聪明伶俐，很多人宠他。爷爷奶奶疼孙子，几乎包办了孩子的一切。晓军嘴巴很溜，会哄人，犯了错会很及时地说好话，犯点小错误家人也舍不得责备他。对于晓军的学业家人也没有很在意，总觉得孩子还小，没必要那么辛苦，差不多就行了，几个大人还养不了一个孩子嘛，开开心心就好。没想到上初中后他越来越不听话，不学习不说，还经常从家人手里骗钱，在网吧和一些社会不良少年混在一起，逃课、打架是常有的事，软硬兼施也不起作用，因为父亲责骂，他还离家出走过。家长给他讲了许多道理，晓军非常不以为然，说自己没必要想那么多。老师问他有没有什么理想，他说没有，只要现在过得舒服就行了，理想啊信念啊都是虚的。这样的孩子前景实在令人担忧。

很多家长有这样的观点，只要孩子学习好，考上好学校，将来有个稳定工作就行了，无须什么远大理想，为了让孩子集中精力学习，心甘情愿地包办一切。也有类似晓军家人的，认为学习不好也没什么，孩子这么少，几个大人围着一个转，孩子能平安长大就好，无须费劲儿努力，尤其是自家经济条件也不错的，可以为孩子准备好一切，包括房子、工作，都安排好了，大不了出国留学。然而往往事与愿违，缺乏理想和信念教育引领的孩子，随着青春期的来临很容易出现问题，要么出现个性结构的缺欠，要么出现行为障碍，甚至出现品行问题。所以，孩子的理想和信念教育，是家教中不能缺少的部分，尤其是对于步入青春期的初中生，合理有效的理想教育是引导他们走正确成长道路的航标。

崇高的理想和信念是人生旅途的指路明灯，对青少年成长具有重要作用。

首先，先进的理想和信念对孩子有激励作用，因为理想和一定的目标相联系，它可以让人展望到更美好的未来，让人精神焕发，为美好的前程而努力。很多学有所成的孩子之所以能够突破重重困难，实现自己的人生价值，正是因为有了理想和信念的长久激励。

其次，先进的理想和信念具有导向作用，因为理想是对未来生活的美好想象，实现理想就要付出艰苦的努力，要有所为，有所不为，一步步地朝着预定的目标奋斗。理想和信念体现着一个人的人生观与价值观，正确的人生目标能将孩子引向光明的前程，现在的学习成绩未必决定将来的发展，勇敢面对自己，为了理想矢志不渝，必然会获得属于自己的成就。

理想的内容是具体的、多层次的，可以分为：社会理想，即对社会、国家发展的要求和设想；道德理想，即对自己品德等方面的要求和设想；职业理想，即对自己将来所从事职业的想象；生活理想，即对生活的向往与追求等。对初中生的理想信念教育可以包括这四种理想。

家长要清楚地了解到，职业和生活理想是我们惯常关注的角度，很多家长激励孩子好好读书，就是为了顺利实现职业理想，达到自己认同的生活理想。而道德理想和社会理想容易被忽略，其实社会理想是理想结构的最高层次和发展的最高阶段，它贯穿于个人职业理想、道德理想、生活理想之中并对它们有制约作用。我国人民共同的社会理想是：把我国建设成一个高度文明、富强、民主的社会主义强国。个人理想应符合这一社会理想的要求。

让先进的理想、信念在孩子心中扎根，不仅仅是引导他们设想未来的生活，并通过认真读书、实现职业理想来具体建构，还要要求他们关注自身的道德理想以及社会理想的确定，从终身发展来看后者更为重要。初中阶段是孩子思想品德及个性形成与发展的关键期，家庭教育对初中生的思想品德的形成具有无可替代的作用，父母在引导孩子树立崇高的理想方面责无旁贷。

（二）如何在现实生活中培养理想信念

岩岩是个很聪明的男孩，但是上初中了还是太贪玩，假期里妈妈带他去了在外地某著名大学任教的伯伯的家里，让他受受熏陶和教育。伯伯是个数学家，一边带他到学校各处参观，一边给他讲了许多数学家的故事，岩岩整天围着伯伯问东问西，增长了很多见识，感到不虚此行。回家后岩岩决定要做个数学尖子，因为陈景润攻克哥德巴赫猜想的故事令他感触最深，大家很支持，鼓励他努力实现自己的理想。新学期开始了，家人发现岩岩的学习状态是稍微好了点儿，可是同时出现了新问题，他不像以前那样讲究个人卫生了，妈妈让他洗澡换衣服什么的经常被拒绝，脏兮兮地就去上学。老师和家人提醒他，他说陈景润就是这样，令人哭笑不得。家人还是觉得请伯伯引导一下孩子比较好，很快伯伯通过视频聊天和岩岩进行了一次长谈，告诉他要学习陈景润潜心钻研科学难题、把自己的一切都置之度外的精神，而不是那些表面的东西。岩岩终于认识到自己的问题，学习越来越努力，后来成了年级里进步最大的学生。

像岩岩家长这样能够找准现实生活中的机会和角度，引导和培养孩子树立崇高理想和信念，就会收到显著的成效，很值得肯定和学习。引导和教育孩子树立远大的理想，做信念坚定的人，不是一件容易的事情，需要家长开动脑筋，找准时机，结合孩子的特点设定情境，确定方法，才会收到实效。总的说来，做好这项工作需要关注下面几个要点。

1. 要了解初中阶段的孩子树立理想的一般特点

首先，初中生的心理发展速度很快，但不成熟，具体形象的事物对其影响深刻，比如他们常常以某些具体的人物形象作为自己的理想。他们比较容易崇拜文艺作品中的英雄人物，历史上的伟大人物，经常在电视、广播、报刊上露面的人物，像歌星、球星等。他们也可能敬佩身边的人，如老师、家人、同伴等。通过初中生崇拜的对象能够看到他们所认同的人物的个性品质，如勇敢、机智、有才干，或是仪表出众、备受瞩目等。有些学生干脆把某人的职业类型、生活模式和取得的成就完全当作自己的理想，家长不能简单地持否定态度，需要在尊重孩子的选择的基础上引导其关注本质的、积极的东西，不同职业和身份的人其成功的原因大多都有可借鉴的地方。

其次，初中生很可能单纯地关注和喜爱自己欣赏的人具有的某些不重要的特点，难以从根本上判断值不值得当作自己的理想去追求。他们对于理想人物有强烈的表面模仿倾向，如模仿行为习惯和言谈方式。家长一方面要帮助孩子选择正确的理想范例，另一方面要引导孩子从深层次认识理想人物的内在品质。

再次，初中生的理想不很稳定，比如看完 NBA 篮球赛，很向往乔丹，看了世界杯足球赛，可能又想成为某个足球明星，或是今天想当文学家明天想当大商人。这是正常现象，初中生心理处于突变期，可塑性大，兴趣不稳定，而且意志不够坚强。崇高理想的树立需要一个过程，家长要多指导、多鼓励孩子。

2. 从社会需要和孩子的兴趣爱好出发，引导孩子树立职业理想

父母不能把自己的意愿强加给孩子，要尊重孩子的意愿，否则很可能事与愿违，甚至引发悲剧。父母应尽可能给孩子创造一个良好的生活学习环境，扩展孩子的眼界，给孩子讲明"天高任鸟飞，海阔凭鱼跃"的道理，而最终决定往哪个方向飞、朝哪个方向游的权利应属于孩子。虽然他们缺乏人生阅历，理想往往因出于主观臆想而不着边际，但仍然要适当尊重孩子的选择。重要的是家长要提供机会，让孩子尽量了解各行各业，了解社会需要，明了个人的理想只有符合社会需要，才能在社会上生存、发展，进而实现自己的职业与生活理想。

3. 理想教育要和人生观教育相结合

引导孩子观察周围的人，虚心学习那些优良的品质。通过各种英雄、模范人物的先进事迹让孩子明白，不论将来从事什么职业，只要能给别人带来欢乐和幸福，就会受到尊敬，得到回报，平凡的岗位上为国家和社会做出贡献的人一样是人生的楷模。

（三）以家长的榜样力量激发孩子的理想和信念

小惠是一个品学兼优的女孩，从上初一开始就担任班长，三年来一直在同学心目当中享有很高的威信，获得了许多荣誉称号。小惠的学习成绩在年级一直名列前茅，她很重视学习方法和策略，有很强的自控力。她为人坦诚，正直善良，热心帮助同学。她还有着广泛的兴趣，颇有文采，中考不负众望，以全校第一的成绩升入重点高中。小惠的家庭非常普通，父亲开出租，母亲是勤杂工，她从不掩饰自己父母的职业。父母一直喜欢读书看报，从小就教育她做好自己该做的事情就值得尊重。父母勤劳朴实的生活态度和乐观从容的人生观念给了小惠很多优良品质，这是她能够不断进步、健康成长的精神营养。

小惠的事例说明了一个简单而重要的道理，无论父母从事什么职业，只要是有理想、有事业心的人，就会对子女产生潜在的积极影响。引导孩子树立崇高理想和正确的人生观，父母不但要言传，更要身教，这是家长树立威信的重要条件。小惠的父母在这一点上做得非常好。

1. 做孩子的榜样，父母必须努力提高自己的文化素养

家长的文化素养是影响家长观念和教育水平的一个重要因素。大量事实说明，家长的文化素养高低对子女的品德，特别是学习成绩有重大影响。马克思曾指出："孩子的发展能力取决于父母的发展。"一般来说，家长的文化素养高，就更为重视家庭教育，关心子女的学习，主动调节家庭文化生活，给孩子创造一个良好的智力环境，相应的教育效果也比较好。

家长们需要注意的是，不能将文化素养简单地等同于受教育程度，而主要是看父母在家庭生活中是否体现出尊重知识和主动学习的态度。父母学历层次较高的家庭，孩子平平庸庸甚至贻害社会者也不少；很多出身普通家庭的孩子，一样有出息有作为。关键点是父母能否认识到学习是终身的活动，并且在生活当中贯彻执行，以自身的行动激发子女奋发有为的进取心，进而帮助孩子形成稳定的自我教育的动力机制。正如美国教育家阿

贝·鲍梅尔所说："优教的关键不在于你家中有多少书，你懂得多少知识同样无关紧要，而在于你对学习的态度，这比你懂得多少知识要重要得多。"

2. 做孩子的榜样，家长必须注意自己的形象

这里所说的"形象"不仅是指家长的衣着修饰等外在特征，更重要的是思想品质和行为方式在别人心目中形成的整体印象。家长在孩子心目中的形象是其整体素质的一种反映，是能否在孩子心目中树立威信的关键因素。有些家长十分重视自己的公众形象，在外表现得很有分寸，非常得体，回到家里就过于随便，全然不顾自己在孩子心目中的形象，尤其是情绪状态不好的时候更是粗陋不堪。比如，当面一套背后一套，亲戚朋友一走马上大发牢骚，表示不满；工作不顺心就以偏激的态度评价他人和社会，或是怨天尤人，借酒浇愁，拿家人出气；自己胸无大志，无所事事，业余除了玩扑克就是打麻将，还一味要求孩子好好学习……这些家长没有意识到，在孩子面前表现出的自私、虚伪、无聊、冷漠、懒惰、粗野，是自毁形象，会逐步失去对孩子的教育权。父母树立威信必须不断提高自身修养，塑造和保持健康的形象。

3. 家长要言行一致

家长要求孩子做到的自己先要做到，以身作则、以理诱导比大声呵斥效果要好得多。有权威的父母，主要因为自己是孩子的榜样。比如大家熟知的傅雷，对孩子要求很严，有时近乎"残酷"，但却能被儿子理解和接受，其原因正如他的二儿子傅敏所说："父亲对我们十分严厉，但那是恨铁不成钢的严厉，而且他自己就有一整套严谨的治学态度和待人接物的方式，所以他这样要求我们，我们并不是完全无法理解，因为他要求我们做到的，他自己是一定去那么做的。"可见，家长以身作则，率先垂范，对孩子的要求才易于被理解和接受。

做孩子的榜样是为人父母的职责，在教育孩子的同时家长也在教育自己，从发展的角度来讲，父母和孩子应当共同成长，这样的家庭大有希望。

四、培养社会公德与法律意识

（一）家教中必须重视公德心与法律意识的培养

小勇从小学习成绩就好，深得家人的宠爱，父母虽然工作普通收入一般，却总是尽全力为他的学习创造条件，不说吃穿用度在同龄人中毫不逊色，单是多年的各种课外学习的费用都是一个惊人的数字。尤其是小勇妈妈，只要孩子能安心学习，有好成绩，怎付出都愿意，小勇上初中后妈妈身体变差，依然风雨无阻地为孩子送可口的午饭，即使自己很不舒服，也不让小勇干一点儿家务。小勇也是整个家族中学习成绩最好的孩子，因此享有很多特权，在和别的兄弟姐妹起冲突时永远都是他占上风，养成了为所欲为的习惯，家里家外都专横跋扈。初中时因向同学借用复习资料遭到拒绝，他把对方的书包偷拿出来扔掉，父母登门道歉，赔偿了一切损失，想尽办法阻止同学家长到学校告发。高考小勇一如既往成绩傲人，考取南方某知名大学最热的专业，家人无比欣慰。没想到的是刚刚进入大学，小勇就因为在宿舍中不顾及同学的利益肆意妄为，与同学冲突并大打出手，得到学校的警告处分。此后状况不断，大学二年级时为报复同学，小勇偷了宿舍同学的几部手机和电脑并低价转卖，以盗窃罪被拘捕，学业中断，原本身体羸弱的妈妈一病不起。

德国教育家福禄贝尔说："国家的命运与其说是掌握在当权者的手中，倒不如说是掌握在母亲的手中。"一语道破家庭教育与社会发展之间的紧密联系。尤其是孩子的道德品质教育，于家于国意义重大。以孩子智力能力为核心的生存教育却忽视其德行教育，是显见的家教大误区。

每个社会成员，包括尚未成年的孩子，为了彼此的意愿和利益，为了维持社会的起码生活秩序，都必须遵守时代和社会所必需的生活规则。唯有自觉约束自己的行为，才能够享有自由的权利。遵从社会公德、遵纪守法的意识必须从小时候抓起，从小处做起。

社会公德一般是指人们在社会交往和公共生活中应该遵守的行为准则，是维护社会成员之间最基本的社会关系秩序、保证社会和谐稳定的最起码的道德要求，是人类社会生活最基本、最广泛、最一般关系的反映。更为广义的社会公德则包括一定社会、一定国家特别提倡和实行的道德要求，甚至还以法律规定的形式使之得以重视和推行。

法律是对公民行为的必要约束及规范，是对道德的补充。自觉遵守法律法规、纪律，是社会公德最基本的要求。一定要帮助孩子认识到遵纪守法是人们的共同要求，体现的是人们共同的利益。只有依照法律、法规及纪律的有关规定行事才是对自己最大的保障，才能实现自己和他人同时进行正常活动，不受损失和伤害，拥有稳定和谐的社会公共生活。

从家庭教育的视角来看，重学习轻品德、重物质轻精神、重外在轻内里等现象比比皆是，由此带来的公德心淡薄、法纪观念欠缺、人格结构失衡、自控能力低下等致命弱点，给孩子的未来蒙上重重阴影，就如前面提到的小勇，辛苦培育长大却带来家庭的痛苦和社会的损害。在当下的家庭教育中，忽视公德和法律教育是比较普遍的现象，家长必须面对现实，调整观念。总结各方观点，家庭教育在公德和法制教育方面存在问题的主要原因有以下三方面。

1. 传统家庭教育观念对公德和法制教育重视不够

由古至今，我国家庭教育理念具有很多美好的传承，比如尊老敬老的"孝文化"，儒雅谦和的"君子文化"等，但总体来说还是以血缘和婚姻为纽带，以家庭主要成员为核心向外辐射，形成传统家庭伦理。而现代社会中，人们的活动区域在不断地扩展，孩子们长大后都要进行频繁的社会交往，处理复杂的人际关系。唯有公德心和法律法规才能调节公共利益，普遍的、平等的人际关系要求人们自觉遵守普遍的规范。而传统家庭道德教育里欠缺对这部分内容的重视，尤其是独生子女成长在相对封闭的环境中，自我中心、唯我独尊与公德意识和行为背道而驰。

2. 成年人价值观混乱冲击家庭教育

我国正处于快速转型时期，社会成员价值观发生变化，功利主义、实用主义、拜金主义、极端个人主义影响到一些家长，家庭公德教育受到强烈冲击。天津市曾进行一项 7～14 岁儿童家庭教育调查，其中请家长回答"您平时最关心孩子什么"，87.2% 的父母关心孩子的学习成绩，关心品德培养的仅有 18.1%。为了适应竞争激烈的社会现实，工具化、实用化的家庭教育倾向明显，家长注重培养孩子的竞争能力，忽略孩子的品性教育，片面追求学习成绩，甚至盲目推行"狼性教育"，将市场竞争中的冷酷、自私、尔虞我诈等不良甚至丑恶的现象过早灌输给孩子，污染着孩子们纯净的眼睛和心灵。父母对周围人事的态度和行为直接影响孩子价值观的形成，自私自利、无公德之心、损人利己的父母很难教出有爱心、有公德意识的孩子。

3. 溺爱下的畸形成长

当今社会中独生子女家庭占大多数，并且已经进入"独二代"时期，溺爱纵容是家庭教育中越来越常见的现象。随着家庭条件普遍改善，许多家长都尽其所能甚至超其所能地去满足孩子的物质需求，这样的环境容易使孩子形成唯我独尊、独断专行的思想意识，不懂得奋斗和珍惜，一切以自己的利益为目标，不知维护他人的、公共的利益，不知遵守公共秩序，以至于养成损人利己的行为模式，小时不觉得怎样，长大后会伤害他人，贻害社会。

（二）如何开展家庭生活中的公德教育

很多相关调查和研究都提醒大家，未成年人不遵守公德的现象日趋严重，很多孩子出现违背公德的行为，是因为没有被很好地教育和训练，孩子做了不道德的行为不以为然往往并非明知故犯，而是道德意识缺欠。

2013 年 5 月，网友发微博爆料，在埃及卢克索神庙的浮雕上看到了中国游客留下的题字"×××到此一游"，消息一出，迅速引发全社会的关注。网友根据种种信息，很快就在网上把刻字的孩子搜了出来并进行了曝光，这个 15 岁的孩子迅速成为众人关注的焦点。当事人和父母通过报纸，向国人、埃及人致歉。这个孩子的行为其实并不少见，是公德教育欠缺的一个代表而已。近年来，景区文物古迹遭人刻字的新闻屡见不鲜，在景区刻字涂鸦似乎已经成为一部分人的爱好。同是世界级文化遗产，我国的八达岭长城上，几乎每块砖都刻有名字；在故宫大铜缸上也有"××到此一游"；江苏某游客在我国台湾省知名的野柳地质公园的岩壁上刻字……

遵守社会公德是做人的根本，欠缺公德心也是初中生常见的问题。社会公德是指全体公民为了维护社会正常秩序而必须共同遵守的最简单最起码的道德准则。称其为"公德"，一是指公共场所、公共生活中的道德准则，二是指全体公民都应遵守的道德准则。这里所说的公民是广义的，是包括未成年人在内的一切社会成员。

《中学生日常行为规范》规定了中学生应该遵守的社会公德的主要内容：遵守交通法规，不违章骑车，过马路走人行横道；乘公共车、船主动购票，给老、幼、病、残、孕妇及师长让路、让座，不争抢座位；遵守公共秩序，购票购物按顺序，对营业人员有礼貌；爱护公用设施、文物古迹、爱惜庄稼、花草、树木，保护有益动物和生态环境；参观游览守秩序，瞻仰烈士陵墓保持肃穆；观看演出和比赛，做文明观众，不起哄滋扰，结束时鼓掌致意；尊重外地人，遇有问路，认真指引；见义勇为，对违反社会公德的行为要进行劝阻，发现违法犯罪行为及时报告。孩子对以上这些内容能否充分理解并自觉遵守，是衡量习惯是否良好的尺度，家长应该重视。

初中生家庭中开展公德教育，家长先要了解这个年龄阶段孩子容易出现哪些违反公德的行为。开展公德教育，要从以下几个方面入手。

1. 要让孩子了解社会公德的主要内容

在我国现代社会中，社会公德的主要内容为：

（1）文明礼貌。举止文明，以礼相待，自觉杜绝说脏话、随便猜疑、欺骗他人等恶习，这是处世做人最起码的要求。

（2）助人为乐。团结友爱、互帮互助是真正的美德，孩子们要知道现实生活中谁都不可能时时快乐、事事顺心，每个人都难免会遇到各种各样的问题和困难，总有需要别人帮助的时候。在别人遇到困难时尽己所能，主动施以援手，自己遇到困难时才最大可能得到帮助。

（3）爱护公物。爱护公共财物是社会公德极其重要的内容，公共设施为大家所用，爱护公物是每个公民的义务，不要说景区中的贵重设施和历史文物，一草一木、一山一石都要自觉爱护。

（4）保护环境。讲究公共卫生、保护生活环境是社会公共生活中人们应当遵循的最基本的行为规范。保持社会公共生活环境整洁、舒适和干净，有利于每个人的身心健康，也是一种良好的社会风尚，体现民族的文明程度和精神面貌。

（5）遵纪守法。自觉遵守法律法规、纪律，也是社会公德最基本的要求。

2. 要注重家庭美德的引导和教育

家庭美德属于家庭道德范畴，是指每个公民在家庭生活中应该遵循的基本行为规范。真正具有美德的家庭，长幼有序、尊老爱幼，而且崇尚男女平等，与邻里团结，做到和睦相处。家庭成员对孩子的爱心，也表现在如何引导他们学会爱家人，学会尊重人。如何建立和维护美满、和谐、幸福的家庭是孩子成年生活的基础能力。家庭美德的规范是调节家庭成员之间，即夫妻、父母同子女、兄弟姐妹、长辈与晚辈、邻里之间，以及调节家庭与国家、社会、集体之间关系的行为准则。孩子在家庭生活中，逐渐形成道德意识，并在其支配指导下，逐渐形成美好的道德品质和言行。

3. 以家庭为阵地进行公德教育

初中学生的心理和思想认知处在快速发展阶段，他们具有独立性、叛逆性，单纯依靠说教收效甚微。培养孩子良好社会公德的关键，是如何将外在的教育影响变成孩子自身社会公德认识，帮助孩子实现社会公德的内化。从这个角度来看，家庭教育比学校教育更为有利的条件是针对性强，易于捕捉教育契机，便于言传结合身教。家长必须看到在孩子品质的形成过程中，家庭教育的不可替代性，并且真正重视培养孩子如何做人。

4. 遵循科学的教育原则

家庭中的公德教育是一项复杂、艰巨的系统工程。现在独生子女居多，尤其是家庭条件好的，享乐型的孩子随处可见。家庭的宠爱娇惯容易助长孩子以自我为中心、任性妄为，他们很容易受到社会上的不良思想行为的影响，加上思想上不成熟，自我评价能力差，是非观念弱，容易出现心理偏差甚至行为失控，个别孩子走上邪路。所以，家长必须遵循以下原则：

（1）科学原则，要了解孩子的身心发展规律。初中阶段是孩子成长的第二个反抗期，其表现特点就是逆反和对抗，这时期他们的逆反心理最强，易激动。

（2）一致原则，家庭成员在教育孩子时要一致同步，家庭教育与学校、社会教育一致同步。

（3）平衡原则，严教与尊重相结合，协调平衡。

（4）民主原则，家长不要以长辈自居，要讲民主平等。

（5）知晓原则，要知道孩子的学校表现和社会活动，掌握孩子的伙伴交往状况，随时随地注意子女表现，及时引导化解，帮助他们健康成长。

（三）帮助孩子知法懂法、遵纪守法

法律是对公民行为的必要约束及规范，社会成员既要遵守国家颁布的有关法律、法规，也要遵守特定公共场所的有关规定。每个人都应自觉提高法律意识、增强法纪观念，自觉用法纪来指导和约束自己的行为，并能正确运用法纪手段保护自己的合法权益不受侵犯，真正做到知法懂法，遵纪守法。

今天在校的中学生将成为未来社会的中坚力量，他们只有知法、懂法、守法，才能成为适应现代社会的合格公民。我国当前中学生违法犯罪案件的不断发生，更增强了法制教育的紧迫性。

根据中国青少年犯罪研究会的统计数据，近几年来，14～18周岁的青少年暴力犯罪在青少年全部刑事案件中所占的比例大幅度上升，并且占到全国刑事案件总数的30%以上，其中已满14周岁不满16周岁的青少年暴力犯罪又占到青少年犯罪案件总数的70%以上，并且因为不满14周岁和不满16周岁免予刑事处罚的青少年人数也占相当大的比例，有些青少年 10 ~ 13 岁就开始走上犯罪的道路。

15 岁的男孩小新家境一般，父母工作繁忙，爷爷奶奶很溺爱他。上初中后他沉浸在网络里，学习成绩陡然下降。家里不给上网的钱他就想到了偷，他偷了爸爸 2 000 多元钱在网吧待了一个星期，之后爸爸一顿打骂，但是已经起不到任何作用。无意中他听到爷爷有 4 000 元钱，晚上就去奶奶房间里翻找，奶奶被吵醒后，他就用菜刀把奶奶砍伤了，奶奶倒在了血泊中。响声惊动了爷爷，不顾一切的他又挥刀砍向爷爷，爷爷受伤后逃出家门。小新翻箱倒柜也没有找到那 4 000 元钱，最后只在奶奶兜里找到了 2 元钱。事后小新的爷爷说，那 2 元钱是奶奶为孙子准备的早点钱。

未成年人违法犯罪现象不但严重影响社会安定，也会给家庭带来痛苦和灾难。未成年人的父母或者其他监护人和学校应教育未成年人不得有下列不良行为：旷课，夜不归宿；携带管制刀具；打架斗殴，辱骂他人；强行向他人索要财物；偷窃，故意毁坏财物；参与赌博或者变相赌博；观看收听色情淫秽的音像制品、读物等；进入法律、法规规定未成年人不适宜进入的营业性歌舞厅等场所；其他严重违背社会公德的不良行为。父母一旦发现孩子有上述不良行为的苗头，应及时与孩子沟通，耐心教育，严厉制止。

初中生是青春期身心发展速度最快的时期，分辨和自控能力相对薄弱，行为能力却大大增强，是违纪犯法的多发期，因此是遵纪守法教育的关键时期。当未成年人有以上不法行为，构成违反治安管理行为的，由公安机关依法予以治安处罚。因不满 14 周岁或者情节特别轻微免予处罚的，可以予以训诫。未成年人因不满 16 周岁不予刑事处罚的，责令他的父母或者其他监护人严加管教，在必要的时候，也可以由政府依法收容教养。

未成年人违法犯罪的主要原因，可以从以下几个方面分析。

1. 社会经济快速发展带来的负面效应

社会主义市场经济的全面发展促进了社会的全面进步，同时也出现了一些拜金主义、享乐主义、腐朽生活方式的偏激倾向。见利忘义、唯利是图、坑蒙拐骗、以权谋私、权钱交易等社会不良现象时有发生，对社会风气造成较大的不良影响。而青少年正处于人生观、世界观形成阶段，缺乏社会经验和明辨是非的能力，受这种不良风气的影响，一些青少年经受不住各种物质享乐的诱惑，在一定条件和某种因素的作用下，就有可能走上犯罪的道路。

2. 社会不良文化的毒害

随着网络的普及和资讯的发达，孩子们很容易受到凶杀暴力、淫秽色情以及其他有损健康的内容的影响，这种受污染的社会文化生活环境对涉世不深的孩子会产生极大的消极作用，在一定程度上激起青少年好奇心和模仿的欲望，一些孩子出现与其年龄并不相称的违法犯罪行为正是这个原因。

学生小 A 上网聊天，与一网友发生"口水战"。对骂中，他了解到对方是某中学的学生。"口水战"中败北的他，回校后便将此事向同年级的混得有点名气的两名男生倾诉，这两个男生大怒，同时表示帮小 A 摆平对方。两人通过各自同学等关系，纠集数十名帮手到某中学附近设伏，严重伤害 4 名学生。至于被打 4 人中哪一个是网上对骂的学生，参加这起群殴的大多数学生竟然都不知道。当警方宣布对参与这起群殴行凶的 11 名嫌疑人依法刑事拘留时，当场就有 3 位家长昏倒在地。

3. 家庭不良教育的影响

家庭教育的缺陷是子女形成不良个性的基础，潜伏着青少年走上违法犯罪道路的危机。案例中的小新正是缺少父母的教育，且其爷爷奶奶又过分溺爱，使其沉迷上网最终走进犯罪的深渊。有些家长忙于工作无暇顾及孩子的成长，对孩子在学校的情况不闻不问；有些家长对子女过分溺爱，使不受约束的不良习性越来越突出；还有一些家长不讲方法，简单粗暴，甚至使用家庭暴力，既给孩子的皮肉造成痛苦，更给孩子的心灵造成了永久的伤害。

4. 法制道德教育滞后

近些年来法制教育虽然广泛开展，但在力度上还有欠缺，孩子年纪小，自身更是不重视此方面的学习，致使一些孩子缺乏是非、荣辱、善恶观念，法律意识淡薄，分不清罪与非罪的界限。

5. 孩子心理发展和个性特征中存在薄弱点

未成年人犯罪者大多分辨是非能力较差，其处世具有无知性和盲目性，很难应付来自社会各方面的影响，经不起诱惑，很容易被别人拉拢和利用。性情乖戾，暴躁易怒，意气用事，不计后果等不良性格特点，也容易导致孩子走上犯罪的道路。理想信念模糊，价值观念错位，缺乏法制观念，没有法律意识，导致他们动辄结成团伙，打架斗殴，群殴群盗，甚至暴力相残。此外，初中生抽烟、酗酒、结拜、厌学、逃学等不良行为现象有逐渐蔓延之势，成为未成年人违法犯罪的前兆，给学校、家庭、社会带来损害。

遏制青少年犯罪首先要从家庭抓起，预防未成年人犯罪，家庭更是第一道防线。这里给家长两条重要建议：

第一，让孩子远离暴力游戏，不去网吧和其他不适合未成年人出入的场所。

据报载，合肥市16岁的少年胡某在网吧里玩一种用刀捅人的暴力游戏，由于技术欠佳，胡某每次都被别人"捅"倒。坐在胡某旁边的一名与胡某同龄的少年，也在玩同一种游戏，他忍不住对胡某冷嘲热讽。在网络上"杀"红了眼的胡某当即火冒三丈，抽出大半尺长的防身刀具，捅向受害人的胸口，导致受害人当场死亡，而胡某依旧沉浸在暴力游戏中。直到警方赶到现场，胡某才惊醒："我是不是杀死了人，我会不会坐牢？"

随着信息技术的高速发展，越来越多的孩子获得了接触网络的机会，网络游戏更是带他们进入了充满刺激的世界。孩子从网络中能更加便捷地学习各种知识，学习与人沟通，了解更广阔的世界。然而网络是把"双刃剑"，孩子们在网上获得大量有益信息的同时，也受到了很多负面的影响。近年来青少年沉湎于网络，甚至发展成网瘾，逃课、辍学、离家出走、轻生、盗窃直至暴力犯罪，愈演愈烈。

预防孩子网络成瘾，首先，要营造一个良好的家庭氛围，家长要以身作则，养成良好的生活习惯和民主作风，要让孩子从小学会自我管理。其次，家庭要与学校和社区联手，加强对孩子的闲暇指导，培养良好的兴趣。再次，要帮助孩子创造有益的活动空间，初中生精力充沛，重视伙伴关系，需要得到多方肯定，因此在节假日除了完成学习任务之外，要支持孩子参加少年宫、科技馆、图书馆以及社区少年活动场所等组织的有益活动，扩大课余活动的空间，让他们在丰富多彩、真实而生动的现实世界里健康成长。

第二，避免过度溺爱或家庭暴力现象的出现，营造安全和谐的家庭环境。

不良的家庭环境是导致未成年人犯罪的根源之一。家长应进一步增强家庭责任感，为孩子提供一个温馨的家庭教育环境，家长除了在待人处世、遵纪守法方面给孩子做好表率外，还要掌握对子女正确的教育管理方法。古语云"纨绔少伟男"，过度溺爱下长大的孩子不但不能成才，而且极容易成为自私自利、无法无天的人。另外，家庭暴力是诱发未成年人暴力犯罪的主要原因，家长的教育方式简单粗暴，或是性格使然，或是酗酒赌博等恶劣习惯导致，或是自身生活不如意、家庭不完整而充满愤懑……无论哪种原因，在缺乏关爱、尊重，甚至连起码的安全感都没有的家庭环境中长大的孩子，出现违法乱纪行为的比率很高。残忍的环境造就残忍，漠视的家庭催生漠视，为了孩子能健康长大，拥有正常的人生，作为父母必须警醒。

五、锻炼抗挫折能力

（一）挫折是孩子成功的基石

小伊是个秀气文静的女孩，从小学到初中一直担任班干部，考试成绩没出过年级前十名，大家都很喜欢她。上初中后小伊很受男生的青睐，有的向她表示了好感，其中有一个男生恰巧是小伊很喜欢的。小伊觉得早恋不好，和妈妈无话不谈的她将苦恼说了出来，没想到妈妈很震惊，让她忘掉那个男孩，如果再有男生骚扰就报告老师。听了妈妈的话，小伊将一个男生的信交给了老师，引起同学们的不满，开始疏远甚至排斥她。而且她发现越是想忘掉那个男生反而越是关注，脑子里经常混乱不堪。小伊在从未经受过的困惑和痛苦面前手足无措，学习成绩直线下降。老师多次找她谈话，同学们似乎在看她的笑话，父母渐渐流露出不满和责备。面对这一切，小伊感觉自己快崩溃了，感觉活着太累，找不到目标和价值。后来父母带她去看了心理医生，被确诊为抑郁症，需要休学治疗。

小伊的变化令周围的人非常惋惜，其实正是因为原先发展得过于顺利了，没有机会让自己和他人认识到自身存在的欠缺，独自处理问题和心理承受能力都比较薄弱，因此才会在面临不利的情境时出现心理问题。

挫折是指人们在实现既定目标的活动中，遇到了无法克服或自以为是无法克服的障碍和干扰，需要不能获得满足时所产生的紧张状态和消极的情绪反应。人们在社会生活中无论所处的环境如何完备，个人素质如何高，都不可避免地要遭遇困难和挫折。中学生所遇到的挫折主要表现在学习、情感和交往方面。

人生路上遇到挫折是正常的、必然的，关键是如何正确对待它。家长要认识并且引导孩子正确看待挫折的意义。

1. 挫折可以帮助孩子成长

人的成长过程是适应社会要求的过程，如果适应得好，就觉得愉快和谐；如果不适应，就觉得别扭失意。要学会面临不利情境调整自己的动机、追求和行为，每个人的成长都是在鼓励、制止、允许、反对、奖励、处罚、引导、劝说甚至身体上的体罚与限制中，学得举止与行为的适应和得当，没有经过磨砺就难以真正健康茁壮地成长。

小伊经过治疗后返回学校继续读书，并接受了系统心理辅导，辅导老师帮助她回顾整理了自己的成长过程，仔细分析自身存在的弱点，寻找需要调整的角度，重新设定目标，不但关注学习，还要关注心灵的成长。辅导老师还指导了小伊的妈妈，在家人的鼓励和老师的帮助下，小伊终于顺利完成初中学业，虽然成绩不如之前优秀，依然升入重点高中。坚强豁达了许多的小伊，充满信心地踏上新的人生阶段。

2. 挫折可以增强孩子的意志力

很多孩子长期生活在被服务的环境中，很多压力都由父母去承受，因而对各种困难体验都不深，缺乏忍耐力和承受力，遇到挫折很容易被击垮。有人将实际生活中许多轻度挫折生动地比作意志力的"运动场"，当一个人大汗淋漓地跑完全程，克服了生活的挫折，就会获得成就感，产生愉快的体验。也有心理学家将挫折比作"精神补品"，因为每战胜一次挫折，都强化了自身的力量，为下一次应付挫折储备给养。

3. 树立正确的挫折观可以帮助孩子战胜困难

所谓挫折观，就是人们对挫折的看法和认识。实施挫折教育的目的，就是要使孩子树立正确的挫折观，认识人生挫折的必然性与挫折结果的两面性，做好承受挫折的心理准备，以便从容面对，妥善处理。

4. 利用挫折磨砺意志可以化消极因素为积极因素

大发明家爱迪生说："失败也是我所需要的，它和成功对我一样有价值。"俗话说"吃一堑，长一智"，也是这个道理。如果孩子在实现某个目标时受挫了，就要分析受挫的原因是主观努力不够还是客观条件不具备，然后调整自己的行为或目标设置，这样每失败一次，就等于向成功迈进了一步。对孩子成长来说挫折有独特的教育价值。如果善于从挫折中学习，便可成为新的进步甚至成功的契机。

社会的竞争会越来越激烈，今天的中学生是明天的建设者与接班人，他们的素质如何，将直接决定着中华民族在世界民族之林的地位。激烈的竞争就意味着有人获胜有人受挫，因此家长不仅应教导孩子长知识、长才干，还要教育孩子自觉接受生活的挑战，磨砺自己的意志，培养自己健康的思想意识和健全的心理素质。

（二）初中生常见挫折与家庭因素

挫折在人一生的各个阶段都存在，处在身心发育关键时期的中学生体验尤为明显。据调查，中学生的心理挫折主要存在于以下四个方面。

1. 学习方面

成绩不理想，没有机会显示自己的才能和兴趣，对某些知识技能很感兴趣却得不到学习的机会等。

2. 人际关系方面

师生关系紧张、伙伴关系不良、亲子关系不和谐或是与其他人之间出现矛盾和冲突。

3. 兴趣愿望方面

兴趣受到过多的限制和责备，比如有的孩子酷爱读课外书或是热衷于计算机操作与应用，家长因为担心影响学习而予以禁止。由于生理及其他条件的限制，不能实现自己的愿望，比如有的孩子酷爱篮球身高却不够等。

4. 社会认同方面

自感有能力和特长却得不到老师和同学的信任，感觉受轻视和委屈；很努力做事却得不到认可，没评上"三好生""优秀学生干部"；认为仪表、性格、气质、能力等方面与他人有较大差距，产生自卑感等。

灵丹是个能歌善舞的女孩，读小学时是大队文艺委员，经常代表学校参加各种文艺演出，是校园里的名人。升入初中后不久，班里进行干部竞选，对于文艺委员这个职务，灵丹感到势在必得，没承想竞选结果令她大失所望，自己竟败在了一个看起来不起眼的女生手上。为此灵丹很受打击，心理很不平衡，非常消沉。

家庭教育当中存在的一些偏差是引发初中生心理挫折的重要诱因，归纳起来有以下几点。

1. 父母期望过高，导致孩子学业竞争受挫

很多家长望子成龙心切，将自己未能实现的愿望全部寄托在孩子身上，不从孩子的实际能力出发，任意拔高期望目标。比如，强迫孩子参加各种特长班、补习班，希望孩子能考上重点高中、名牌大学，成名成家，出人头地。一旦孩子达不到家长的目标，便予以贬斥、讽刺挖苦甚至棍棒相加，使孩子的精神经常处于高度紧张状态。

2. 父母过度关心和保护，导致孩子生活能力低下

许多家长对孩子的生活大包大揽，连力所能及的自我服务也不让做，导致孩子独立生活能力较差，易缺乏自信，造成社会适应性障碍，无力承受任何心理上的挫折。

3. 父母过度限制，导致孩子人际关系不适

很多父母为了防止孩子受到不良影响和意外伤害，刻意把孩子关在家里。失去与同伴交往获得社会生活经验的机会，孩子便难以充分了解别人的情感、需要和行为特点，人际交往能力、社会适应能力得不到锻炼，容易形成孤僻、懦弱、不合群、不善于关心帮助别人的性格特点。这样的孩子到了新的环境，往往会形成人际交往挫折。

4. 父母重智力开发轻个性培养，导致孩子心理承受力差

"学而优则仕""万般皆下品，惟有读书高"的传统教育价值观在国人的心目中根深蒂固，很多家长的最大希望就是孩子能考上好大学，事业有成，除了学习成绩，其他都不重要。家长过于关心孩子的考分，忽视了对孩子进行良好个性和心理品质的培养，会使学习成绩优异的学生滋生骄傲情绪，经受不了任何批评，稍遇挫折便一蹶不振。重智力开发，轻心理品质培养，这是家教的一大误区，因挫折而导致的自伤甚至自杀以及其他过激的行为在生活中时有发生，家长一定要认真反思，避免出现遗憾和悲剧。

（三）家庭中的挫折教育

家庭中的挫折教育对孩子的健康成长非常关键，父母必须认识到优良的心理品质是成功的基础和前提，只能顺不能逆的孩子终将被社会竞争淘汰。

伟易身材瘦小能量可不小，无论是学习还是做其他事情都有板有眼，平时嘻嘻哈哈的像个小孩子，到了关键场合一副沉稳睿智的模样，谁都不敢小瞧。刚上初一的那年参加冬季长跑比赛，身高体重都极不起眼的他竟然夺得第一名。伟易不管做什么都本着尽力而为的原则，眼界非常开阔，综合能力超过许多同龄人。伟易发展得这么好，父母的引导和教育起了很大的作用。伟易小时候身体弱，父母并不溺爱他，经常带他到户外活动，支持他坚持运动。只要孩子能够做到的，父母就鼓励他自己做，不轻易予以援助，而且要他自己总结得失，正确看待成败。伟易的成长并不顺利，

身体上的疾病常来困扰他，在父母的支持下他越来越坚强，成为同学们的小榜样。

对孩子进行有效的挫折教育，可从以下几个方面做起。

1. 要有正确的成才观

成才观影响着家长的教育行为。家庭教育的根本目的是要把孩子培养成具有健全人格、和谐个性的人，孩子要有积极的情绪状态、坚韧的毅力、灵活的应变能力、强烈的责任感和良好的自制力。家长应根据孩子的志趣、爱好，引导孩子确立切实可行的奋斗目标，"三百六十行，行行出状元"，不能一厢情愿地对孩子提出过高的要求，以免人为增加孩子的挫折感，导致发展不利。

2. 要克服过度保护的倾向

家长可以有意识地为孩子创设挫折情境，让他吃点苦，比如，伟易的爸爸就是通过体育锻炼来塑造孩子的坚强品格的。家长也可以要求孩子做一件需要一定努力才能完成的事情，比如对于初中生，可以要求他们在假期做一段管家，全面负责家庭生活安排等。

佳佳幼年时身体不好，是个身体很瘦弱的女孩，家人呵护有加，上初中了还像个小学生，做什么都怯怯的，容易哭鼻子。父母觉得孩子长大了不能一直保护着，改变了之前事无巨细的询问和帮助，建立了每周家庭会议制度，孩子只能在周末的会议上跟爸爸妈妈交流一周来遇到的问题，对于那些佳佳独立处理了的问题，父母给以很大鼓励和肯定。逐渐地，佳佳由独立解决小问题到自己处理与同学出现的矛盾，虽然这对别的孩子来说司空见惯，但对于佳佳来讲却是很大进步。

3. 通过树立榜样激发孩子的自强精神

家长可以结合孩子的兴趣所在，让孩子阅读有关名人的传记，引导孩子领会顽强的精神，激励其奋发向上，自强不息。家长以什么样的态度对待生活和困难，对孩子有极大的暗示性，因此父母自身就要努力成为孩子的榜样，乐观向上的精神风貌对孩子的健康成长是积极的示范，可使孩子形成开朗、坚强的性格。

4. 掌握一些应对挫折的有效方法

一般来说，消除心理挫折要注意以下几个方面。

第一，缓解压力，稳定情绪。孩子遭受挫折的时候往往情绪激动，不要按部就班地说理，应立即采取积极有效的措施，先缓解他们内心的压力，帮助他们恢复心理平衡，再进行教育。注意防止无原则的迁就和不辨是非的说辞。

第二，帮助孩子创造条件，克服外部挫折。孩子一旦遭受外部挫折，往往摆脱不了苦恼情境，还容易触景生情，长久愁闷痛苦。较好的办法是启发和鼓励他们肯定自己，或者安排一些他们感兴趣的活动转移一下注意力。要引导孩子正确对待外部条件的限制，学会积极面对逆境。

第三，通过沟通帮助孩子重新分析和认识自己。很多挫折是受自身内部条件的限制产生的，家长要与孩子认真交流，一方面让他们说出心里的失落和痛苦，把不满的情绪全部发泄出来；另一方面引导孩子重新审视自己，设定合理目标，做到扬长避短，申明这种目标的审定和转移不是惧怕困难，而是实事求是的表现。

初中生可塑性很强，虽然容易受到伤害和打击，但是如果引导和帮助及时，也会很快战胜困难和挫折。家长要了解初中阶段孩子的心理发展规律，还要注意自己孩子的特点，不但发现问题要及时干预，还应具有前瞻性，从小问题、小挫折入手，有意训练孩子的自我调节和积极应对能力。

本章作者：

孙　晶　天津市塘沽第一中学心理辅导中心心理教师、中学高级教师、教育硕士

第七章

指导孩子学会学习

  小明的父母都是大学教授，对于小明的教育父母非常自信，认为自己一定能够给孩子最好的教育，从小就给小明报名参加各种兴趣特长班，英语和奥数更是小明的强项，每次比赛都能拿奖，小明的父母也一直以小明为骄傲。可就在小明进入初三之后，升学压力，各种补习班的安排，再加上父母的期许，给这个小男孩带来了巨大的压力。于是小明选择了逃避，小明不再上学，整天在家玩网游。这种情况让小明的父母非常着急，他们手足无措，无奈只得咨询班主任，班主任在了解情况之后，建议小明的父母先从检讨自己的教育方式入手，给予小明一个自由学习的环境。

  现今，要问中国家长在什么方面花钱最多，毫无疑问是对孩子教育上的投资，为了让孩子的成绩提高，家长可谓是"无所不用其极"。现在家庭教育都忙着抓孩子的学习，抓孩子的分数。家长太重视孩子的功课怎样，分数怎样，名次怎样……陪读的家长有之；整天忙着四处打听为孩子找辅导教师和报名上各种提高班的家长有之；因整日督促孩子学习而与孩子关系紧张，委屈、抱怨、不知所措的家长有之……而实际上，作为家长，我们最该关注的是孩子的学习态度、习惯、方法，最该给予孩子的是他们乐学的感受、会学的方法和今后发展的无限潜能，这才是让孩子受益终生的宝贵财富。

一、激发孩子的求知欲

（一）兴趣是最好的老师

1. 兴趣是成功的起点

王强今年 26 岁，现在已经是一个小有名气的茶花大王，可大家不知道，就在四年前，王强大学毕业，迟迟没有工作。王强从小到大都是听从父母的安排，从上学的学校到大学的专业都不是自己选择的，也不是自己喜欢的。王强自幼喜欢花花草草，考大学的时候想报考农业大学，可是父母认为上农业大学丢人，没有前途，而让王强学习自己不感兴趣的专业，所以大学毕业后王强没有找到工作。后来，王强决定听从自己一次，开始学习养花，经过近两年的刻苦学习和研究，他不仅开了茶花农场，而且成了小有名气的茶花大王。

爱因斯坦说过，"兴趣是最好的老师"。而人们通常走着这样一条成才之路：兴趣—爱好—钻研—成功。在这条成功路上，兴趣是起点。

兴趣是伴随着积极情感的认识倾向，带着兴趣去学习，可以使人全情投入，精力集中，激发极大的学习热情，勇于克服困难，提高学习的质量。

2. 家长要为孩子兴趣的培养创设条件

"见多"才能"识广"，"识广"才能"趣浓"，丰富的知识和生活与学习经验是兴趣产生的源泉，见识是最基本、最重要的，在见识中有好奇，有趣味，进而形成兴趣。所以，培养孩子的学习兴趣，家长要积极创造条件，为孩子提供丰富的有益活动的空间，使孩子逐步形成各种兴趣。在片面追求升学率的重压下，学生整天埋头题海之中，知识面越来越窄，哪有兴趣形成的土壤而言。所以，家长首先要转变教育观念。有的家长为

亲子携手 走出成长困境

了让孩子好好学习，珍惜时间，甚至不让孩子看电视，很多孩子在信息网络的时代，仍是"电脑盲"。玩到底可不可以？答案应该是肯定的，关键是如何玩，玩什么。有人甚至提出了"玩也是学习"的重要观点。这其中的关键是如何将孩子玩得专心、玩得有趣，迁移到学习上，做到学得有趣、学得专心。这才是真正的兴趣的培养。当您让孩子学琴、学画、学外语时，可否想过，孩子是否真的学得有趣，学得专心。

除了对活动本身产生的直接兴趣之外，还有一种是基于对活动结果重要性的认识而产生的兴趣。很多学生认识到学好外语的重要，从而努力学习外语，培养学习外语的兴趣，最终在学习过程中体味成功，越学越有兴趣。这就是间接兴趣与直接兴趣的有机结合。帮助孩子明确每项学习任务的重要性，也是培养兴趣中不可忽略的环节。

（二）孩子们还爱学习吗？

回忆起多年前上幼儿园的孩子，背着书包做上学的游戏，对作为学生的哥哥姐姐充满了羡慕，对校园生活充满了向往与渴望。而如今很多孩子已经不再把上学当成享受，伴随着巨大的升学压力，学校及家长的"面面俱到"无不给学生带来压力，很多学生出现了厌学。

1. 是什么让孩子厌学

2岁开始学外语、3岁开始学舞蹈、4岁开始学画画和钢琴，还学过书法、游泳的小丽真正走进学校的大门时，却已是满脸愁云，"还要学多少？我快累死了。"

"怎么还是没有考到前10名？你看看人家某某……"小红一脸无奈，心中几多委屈，面对学习与考试存留的只有恐惧和烦恼。

望着数不清的作业，想着妈妈留的课外题，小兵心中慨叹"学海无涯苦作舟"。

兴致勃勃看着电视的小海早把学习忘得一干二净，"说什么都行，做什么都成，咱可千万别提学习，烦着呢！"

上述的四个短小的案例，真实地反映了我们现实的生活，许多孩子都觉得学习是一种苦差事，有许许多多的烦恼和困惑。一项调查甚至显示，随着年龄的增长，学生的厌学情绪有明显的上升趋势。

过重的学习负担是孩子觉得"苦"的客观存在；学习中启发诱导的匮乏也在一定程度上埋没了孩子的好奇心，窒息了其求知的欲望；学习成绩不佳的压力，让孩子心理上越来越多地笼罩上自卑的阴影；独生子女的娇生惯养、缺乏责任感的个性缺陷……最终使我们的孩子越学越不爱学。

2. 反思家长的教育方式，帮助孩子热爱学习

一项调查反映出，很多孩子在规规矩矩上学并不是爱学，原因是不上学家长不答应；别人都上学，自己随大溜；在学校有同学可以玩，一个人在家闷得慌。很多孩子说，学习既没有好处，也没有意思，更没有奔头。

家长和老师们面对这样的答案失望了，迷惑了，痛苦了，甚至愤怒了。但是静下心来，我们也要反思。我们不该让孩子过早地挑如此沉重的学习重担，不该过早地因为学习成绩把他们分成"好"与"坏"，我们没有权利强迫孩子实现我们的梦想。我们只有义务在尊重孩子的前提下，让他们快乐、健康地成长。我们应该努力帮助孩子们感受到在轻松的学习中自己得到的提高，不断得到鼓励，品尝乐趣，使每个孩子感受到自己一天比一天充实，一天比一天聪明能干，都相信"天生我材必有用"，这样，他们才能热爱学习，自觉学习。千万不要用我们错误的、主观的、机械的教育方式去打击孩子本来具有的好奇与求知的欲望。

（三）增强孩子学习的动力

众所周知，周恩来总理一生为革命事业做出了巨大的贡献，究其原因，曾对他产生积极影响的主客观因素会有很多，但其中有一点是大家所公认的，那就是他从少年时代起即抱有"为中华之崛起而读书"的远大而高尚的目的与动机。

正如大家所知，和火车没有动力不能奔跑，飞机没有动力不能飞行一样，一个人如果没有动力，就难以开展活动。这种引起人活动、维持已引起的活动，并使活动朝向某一目标进行的动力就是动机。帮助孩子学习的过程中，家长不能忽视学习目的和学习动机对学习的激励作用。

1. 明确学习的目的和意义

说起学习的目的，不少家长会说："孩子，学习都是为了你自己！为了你将来有车开，有房子住，有钱花！学习好才能让自己今后的生活好……"如此庸俗地理解学习的目的，对于那些衣食无忧的孩子们来说，越来越无法激发他们的学习热情了。要让孩子努力学习，就要让他们从更深刻意义上理解学习的目的和意义。培根说过："知识就是力量。"有了知识，才能担当起建设祖国的重任。家长要引导孩子明确学习的社会意义和个人意义，懂得自己的义务、责任，促使孩子对缺乏兴趣的学习任务，也要努力去完成。同时，要把当前的学习与未来理想、与实际应用联系起来，以激发求知欲。因此，要让孩子努力学习，首先要让他拥有一个真正属于自己的梦想！

2. 培养独立进取的个性

学习动机与独立进取的个性是密不可分的，个性是独立进取还是被动退缩与动机水平关系密切。因此，上进心不强对学习影响很大。上进心强、抱负水平高，将持续地推动学习活动高效率地进行，而良好的学习效果又给学习动机带来强化的作用；反之，缺乏上进心且抱负水平低，只能使学习处于被动状态，甚至恶性循环。

3. 优化动机品质，调节动机水平

发挥动机对学习的动力作用，要注意优化动机的品质。一般地说，凡是正确的、长远的、稳固的动机，具有较高的有效性；反之，错误的、短暂的、不稳固的动机，则具有较低的有效性。因此，要引导孩子形成有效的动机，以促进学习的成功。

一般人都认为，动机越强烈，则活动的积极性越高，其成功的可能性也就越大。但事实并非如此，研究表明，只有中等强度的动机，才能对活动的成功产生最佳效果。家长在激发孩子的学习动机的过程中，不能忽视对动机品质的优化和水平的调试。

（四）快乐学习，享受学习

心理学的研究表明，情绪状态对人的认知活动有着巨大的影响。良好的情绪状态可以激发人的活动能力，有助于提高工作及学习效率，也能激励人顽强拼搏，克服困难；相反，消极的情绪会削弱人的活动能力，使人萎靡不振，从而降低学习活动的效率。面对繁重的学习任务，我们要帮助孩子学得轻松与快乐。

1. 注重语言的艺术，让孩子拥有学习时的好心情

面对一直在看电视的孩子，与其用命令式的口吻告诉他"该学习了"，甚至责备他"就知道看电视，也不学习"，不如改用建议式或询问式的语言，"如果现在开始学习怎么样"或"你计划什么时候开始学习"，孩子更容易接受，并能在良好的心态下开始读书。

当头发的多与黑作为评判一个人年轻的标准时，面对一个秃头之人我们该如何是好？"你最年轻，因为你没有一根白头发。"语言技巧的魅力在于可以将不足变成"长处"，将不利成分降低。作为家长，缓解孩子的厌学情绪，我们要努力尝试一些避免孩子抵触和减轻孩子心理负担的讲话方式。

还有一周就要考试了，孩子会感受到沉重的压力，面对很多不会和没有复习的知识，一些孩子焦虑得难以用平和的心态去学习。指导孩子清楚地知道自己要在多长时间内做什么很重要，并要学会用语言的技巧为孩子减压。一周要做完 10 套练习，可以告诉孩子"每天完成 2 套，就还有剩余的时间"；剩下 2 天就考试了，我们可以讲有 48 小时可以利用。只是改变了一下数量单位，通过这样的"心理换算"可以大大减轻孩子的学习压力。

2. 帮助孩子体验成功的快乐

在学校孩子的学习效率会高，但当回到家一个人学习的时候，有的孩子不仅学习效率降低了，甚至还会产生"为什么就我一个人得学习"的厌烦情绪。创设良好的家庭学习氛围，在孩子学习的时候，作为家长也可以读书、看报，和孩子一起学习，此时，这种无声的沟通与交流会增强孩子的学习热情，让厌学情绪荡然无存。

学习是一项艰苦的劳动，从本质上说，学习不可能是轻轻松松、舒舒服服的。学习需要付出和努力。但是，有的学生因为学习方法不当、目标定得太高等各方面的原因，几经努力，仍未能实现目的，进而心灰意冷，对学习失去信心和热情。"不会"的感觉会让孩子越来越厌学。孩子不是因为厌学而学不好，而是因为学不好而厌学。根治孩子厌学，重要的是帮助孩子将"我不行"的失败体验忘却，品味自己努力付出后可以成功的快乐。作为家长首先要对孩子有合理的期望，并可以在孩子几经失败丧失信心时，不露声色地为他适当降低题目的难度，让孩子在"会"的感觉中，不断增强克服困难的信心；还可以让孩子从爱学的、擅长的科目入手，把这种自信与愉快的情绪蔓延到面对不擅长的科目。家长可以从生活小事做起，让孩子体会"只要我想做就一定能做到"，如坚持一周不玩游戏，坚持每天看电视不超过一小时等，只要这种"我能做到"的信念树立起来，迁移到学习上，定会树立孩子克服困难的信心与勇气，从而最终达到预期的目标而获得成功。

"知之者不如好之者，好之者不如乐之者。"孔子将乐学当作学习的最佳境界。一分耕耘，一分收获，让我们帮助孩子在不断的付出中，品味学习带来的快乐，真正走进学习的最佳境界。

二、发挥孩子的学习潜能

（一）不要让我们的期望成为孩子的压力

1. 期望：动力与压力之间

"儿子，妈妈相信你，你一定可以考班级前三名的，你是有这个实力的。""儿子，妈妈以你为荣，你是妈妈的骄傲，一定要考上清华北大啊！"……明明已经厌倦了听这些来自妈妈的鼓励。明明的妈妈一直认为只要这样给予儿子一个高期望，儿子就会努力，其实她并不知道，明明已经被这些期望压得喘不过来气了，他特别想跟妈妈说："妈妈，请您不要再'爱'我了，我不想成为您的骄傲了。"

美国著名心理学家罗森塔尔等人做过一个著名的心理学实验，他对18个班的小学生进行"发展预测"，发现了20%的学生"具有明显的智力增长的能力"。8个月后，再次的测验中，奇迹发生了，这20%的学生成绩真的比其他同学有明显提高。人们问心理学家有什么妙招发现了这些优秀的学生。心理学家的回答出乎大家的预料："这20%的学生是从名单中随机抽取的。"是什么力量使得这些本不特殊的学生取得了如此的进步？是"期望"，这就是著名的"罗森塔尔效应"。合理期望会变成孩子进步努力的动力，对孩子的成长起到积极的促进作用。

但是，近些年来，孩子不堪父母"重望"而走上自杀、自残的事例时有发生。面对父母过高的期望，学习丧失信心、考试焦虑、惧怕和拒绝学习者大有人在。此时的期望，不再是学习的动力，而成了孩子难以肩负的压力。

2. 减少不合理期望

父母对孩子的期望不能过低，否则起不到激励的动力作用；也不能太高，否则将成为压力。"合理期望"说来容易，做起来要讲究技巧。主要应注意的问题有：一是把握适度的水平，避免过高和过低的倾向，以孩子努力后可达到为宜；二是克服从众心理，期望要适合自己孩子的实际情况；三是要循序渐进，不可急于求成；四是注意尊重孩子的选择，不可唯我独尊。只有这样，合理的期望才能发挥奇妙的动力功效，同时避免给孩子带来的不必要伤害。

（二）千里之行，始于目标

学习目标在学习过程中能激发学习动机，起到发动机的作用。有的孩子在"我长大要成为什么样的人""我要考上某某大学"的目标激励下，积极克服学习中的困难，朝着心中的理想不断努力前行；反之，缺乏目标的学生，则会在学习的过程中，漫不经心，缺乏动力和克服困难的勇气，从而影响学习潜能的发挥。

有一个有趣的心理学实验。研究者邀请一些老师，步行走 10 公里远足训练。他们将这些老师任意分成了三个组。对第一组的老师们说："今天要做远足训练，走多远、到哪里你们不用操心，尽管跟着向导走就是了。"对第二组的老师说："今天要做步行 10 公里的远足训练，你们跟着向导走。"第三组的老师出发前听到了与第二组老师相同的话。

三组老师在向导的带领下出发了。第一组的老师们问向导："我们要走多远？""还有多远？"得到的回答是："尽管跟着走就是了。"第二组的老师们虽然知道要有 10 公里的路途，但他们在途中也在不断地问："走了多远了，还需要走多久？"得到的回答也是："跟着走就是了。"第三组的老师们，出发前得到了与第二组相同的提示，不同的是他们在行进中，每走 1 公里，会看见一个明显的路标：1 公里、2 公里、3 公里……

老师们继续朝前走着，第一组有的老师开始选择放弃，"我不知道要走多远，是不是我能力所达，也许这本来就是一个我可望不可即的目标，到那时也是失败，还不如保存体力，选择放弃。"第二组也开始有老师停下来不走了，心中感慨："10 公里想想可以走到，但当我努力了，很累了，我仍不知还有多远，等着我的永远是漫漫长路，我看不到希望，越走越茫然。"第三组的很多老师同样很累，甚至他们中也有人暗自思忖是否要停下来，有的老师后来回忆说："就在我犹豫是否还要坚持时，我远远地看见了路标，它离我越来越近，就在我做着思想斗争时，我发现竟然又走完了 1 公里。当路途接近一半特别是超过一半之后，虽然我越来越累，但放弃的念头越来越少，因为我看到希望就在前头，我知道这时的放弃会让我前功尽弃。"

结果是，本来在年龄、身体状况等方面没有什么差异的三个组的老师，到达目的地的人数却大不相同。第三组取得成功的老师最多，第一组最少。分析原因，就在于目标激励的作用。第一组根本没有目标，缺少了动力。第二组虽然有 10 公里的大目标，但太大、太远的目标会让人们几经努力，仍难很快品味成功，获得鼓励。第三组成功的秘诀在于大的远期目标和小的近期目标的有机结合。可见，千里之行，目标在先。

如何发挥学习目标对孩子学习的积极促进作用呢？明确了目标的重要作用，接下来的问题是制定目标的具体策略。

1. 目标要明确、具体，切忌笼统、含糊

有的孩子针对自己某科成绩不好的现状，提出"下学期要把某科学好"的目标，但因为没有具体的目标，仍然会在学习中方向不明，无从下手，效果不佳。应具体明确地计划出"下学期成绩提高多少分""每天学习的时间""弥补不足从哪里入手"等。

2. 远景目标要与近期的小目标有机结合

目标的确立要有连续性，有层次，循序渐进，不断提高。目标不仅要有最后的远景目标，还要有不断能实现的中期、近期目标，各项目标要连成一个不间断的链条，近期目标实现后，以增强决心和信心，朝更高、更远的目标前进。

3. 目标高低要因人而异

确立目标要从实际出发，充分考虑各种主、客观因素，量力而行，使之具有可行性。目标要保持适当的高度，太高，会觉得高不可攀，只是美丽的空中楼阁；目标太低，会降低动机的强度，没有意义。目标设定要以经过艰苦的努力就能实现为宜，我们常把它形容为"跳一跳可以够得着"。

确立了目标，要把它转化为切实可行的计划，坚定不移地去实现，要有顽强的毅力和恒心。要记住，学习上没有目标的人难以学业超群。

（三）防止孩子产生学习无力感

小刚的母亲含泪坐在老师面前，"小刚是个挺懂事的孩子，学习也知道用功，就是成绩不是太好。可最近，根本就不学了，这两天，突然就冒出了不去上学的念头，怎么劝都不管用。"

心理老师面前的小刚一脸的无奈，"努力了也没用，我天生就不是学习的料。有的同学没有我学习认真，成绩比我还好。我又不是没努力、没尽力，能力就这么大了，学不学也没多大的意思了。上学总是提心吊胆，还受老师批评、同学嘲笑，也对不起父母。干脆不上学了。"

小刚最终选择不上学的做法是个极端的表现。但是，在学生中存在对学习冷漠、放弃、听任失败的态度并非个别现象。这就是所谓的"学习无力感"。一旦孩子产生了学习无力感，不仅在学习上显得倦怠、认输、自暴自弃，而且在情绪上表现为绝望、沮丧、害怕、退缩、抑郁等，有的孩子还会伴随一些生理上的反应，如吃不下、神经衰弱等。

1. 学习无力感

学习无力感严重地影响着孩子以正常的状态投入学习之中，作为家长我们一定要细心观察，防止和消除孩子学习无力感的产生。

分析孩子产生学习无力感的原因，主要有如下的方面：

第一，对学习上的挫折和困难不能正确归因，不能良好地应对。有的孩子学习不是不努力，但可能由于学习方法等其他原因，成绩仍旧不佳。但孩子们错误地认为成绩只与努力程度有关，凭借自己的努力和能力没有取得成功，就此产生了对学习无能为力的感觉。

第二，缺乏良好的自我认知，自信心不足。有的孩子由于不能正确评价与认识自己在学习上的特点、基础与风格，一味与别人盲目比成绩，或是为自己制定了过高而不切实际的目标，结果只能是面对不切实际的目标久尝失败的痛苦，从而失去自信，面对学习倍感无能。有些孩子将学业上的成功与失败归结为外部因素，如考试靠运气、教师或学校教学水平不高等，再有就是安于现状不思进取的消极人格，都是孩子产生学习无力感的重要原因。

第三，消极的外界因素和不合理的评价。来自于老师和家长的不切实际的过高要求，面对不理想成绩的一味批评与指责等，更加重了孩子挫败感，面对学习，品尝不到乐趣与成功。

2. 家长如何帮助孩子消除学习无力感

第一，家长要改变不恰当的家教观念与教养方式。心理学家的研究表明，与学习积极乐观的孩子家长相比，存在学习无力感的孩子家长更多地采取一些不良的家教方式，如期望过高、专制管理、溺爱娇惯等。就此，家长要学会鼓励孩子，对他付出的努力做出积极的肯定。

第二，家长要帮助孩子掌握积极归因的方法。家长要帮助孩子掌握积极归因的方法，对学习成绩不令人满意的现状做出合理、科学的原因分析，找准改进与提高的有效措施，如良好学习方法的掌握会产生事半功倍的效果等。

第三，要不断优化孩子的良好人格。孩子遭受挫折会使他们体会到两种人生经验，一种是享受不到成功的乐趣，另一种是从受挫中磨炼应变和抗挫折能力。我们要注重培养孩子顽强的毅力、面对困难的勇气、敢于负责永不服输的志气。学习无力感的关键是信心问题，我们要从调整目标、改进计划、落实行动等具体策略的运用入手，帮助孩子体验成功，不断增强自信，从而消除学习无力感。

（四）面对"学习困难"的孩子

上初二的小强迷恋网络游戏，学习一塌糊涂，成了"学习困难"学生。通过倾心的交谈，老师了解到小强学习基础太差，导致他对新学的知识好似面对"天书"。在网络游戏中他可以宣泄压抑的情绪，他在游戏中表现出的高超技艺得到了同学的称赞，在这其中他获得了"能被别人夸奖"的满足和自信。可见，面对"学习困难"的学生，找准原因，有针对性地辅导的同时，及时肯定他们的进步，让他们在学习中能不断得到鼓励、支持，获得自信同样重要。

只要家里有学习成绩不佳的孩子，没有一个家长不着急。我们一遍一遍地敦促"好好听讲""快写作业吧"，可面对上不去的成绩，我们甚至也在怀疑"这孩子是否智力有问题"。

"学习困难"不排除智力发育上存在问题，所以面对这样的孩子，特别是由于注意力、记忆力、思维等因素影响学习的孩子，我们首先要请专门的心理医生进行检查，排除因脑发育不良、滞后等原因造成对学习的影响。

如果不是智力的原因，我们就要从非智力因素入手。有的孩子是由于学习方法不当导致成绩不理想，错误地认为大搞题海战术就能提高学习能力，最终反而是耗时费力效果不佳；有的孩子是学习时间安排不当，抓得不紧，磨蹭拖拉，注意力不集中，不良习惯影响学习；还有的孩子是不会科学用脑，不知劳逸结合，学习时间过长，其结果是头昏脑涨，学习效率下降；再有的孩子是缺乏明确的学习目的或是兴趣，没有顽强的毅力，为学习以外的事物所诱惑，心思根本不在学习上。大多数"学习困难"的孩子是属于非智力因素造成的，帮助孩子克服学习上的困难，我们一定要分析准确，对症下药。

三、培养孩子良好的学习习惯

（一）播撒好习惯的种子，孕育收获的希望

1. 良好习惯对学习的重要作用

一位青年学子在回忆自己学习成功的经验体会时写道："我 11 岁考取了中国科技大学少年班，15 岁考取了中国科学院物理研究所研究生，引起了社会上一些人的关注。有人说我是'神童'，也有人说我的大脑特别发达，与一般孩子不一样。其实，我并非神童，脑袋与一般孩子也没有什么差异。我之所以在学习道路上能够先行一步，主要是我自幼养成了好学的习惯。"

著名教育家叶圣陶先生曾经说过："什么是教育？简单一句话，就是养成习惯。好的习惯一旦养成，不但学习效率会提高，而且会使他们终身受益。"习惯一旦形成，要想改变它很不容易，古语说得好："少成若天性，习惯成自然。"

习惯是人们在后天所养成的一种自动进行某种活动的特殊倾向，是一种自觉、主动、持久、稳定的行为方式。人一旦有了某种习惯，有时不需要要求和督促，即使遇上种种困难也能克服，也能主动干好事情。一个人养成了好的学习习惯之后，他就再也不需要他人的督促，就能自然而然地去进行该项学习活动，完成该项学习任务。可见，学习习惯对搞好学习的作用是十分重大的。

2. 把握好初中阶段学习习惯的养成

孩子学习优劣，取决于智力因素和由学习动机、意志、习惯等组成的非智力因素。实践证明，非智力因素在学习中的作用，超过智力因素的作用，而学习习惯在非智力因素中又有其重要的地位。良好的学习习惯是与人的成长规律和学习规律相适应的最佳行为模式，能使人付出更少而收获更多。因此，培养孩子的良好学习习惯，是使其实现学习效果最优化的有效途径。

初中阶段是培养学生良好学习习惯的重要时期。这个时机抓准了、抓好了，会使一个人一生受益。反之，错失了这个时机，再要矫正就难了。这是因为，初中阶段正值一个人的少年时期。处于这个时期的学生的总体特征是：身心状态剧变，自我意识突出、独立意识增强。这是一个个体内在力量生成、新的主体孕育的时期，也是一个人行为模式的塑造成形期。为此，我们要针对这一阶段学生的总体特征，着重帮助他们形成正确的自我认识和理想自我，帮助他们经常对自己提出能达到的、以克服自己身上弱点为目标的要求，让他们体验战胜自己的力量与欢乐，感受运用自身精神力量去超越自己的幸福。换句话说，就是要充分利用少年时期的学生易塑、易感的身心特点，着重引导他们改掉不良的生活和学习习惯，培养和巩固良好习惯，为自身素质的全面提高和发展打下坚实的基础。

（二）培养好习惯，克服坏习惯

1. 好习惯需要培养

人们可以且应当养成的学习习惯是多种多样的。小而言之，如集中注意力的习惯，学习一丝不苟的习惯，保持学习场所整洁的习惯，预习和复习、读书、勇于提问、认真作业、对学习进行自我检查的习惯，采取一定方式积累资料的习惯，当天学习任务当天完成的习惯，以及书写工整，安排有序，独立思考，善于推理、想象和多向思维，等等。这些所谓小的学习习惯都是很重要的。它们可使学习者节省时间，少耗精力，心情舒畅，提高效率。

大而言之，人们可以且应当养成的学习习惯有很多，主要有：愿学的习惯，好学的习惯，乐学的习惯，勤学的习惯，以及独立学习的习惯，等等。

特别是在初中阶段，应注重培养孩子的良好学习习惯，包括：按计划学习的习惯，专时专用、讲求效率的习惯，独立钻研、务求甚解的习惯，查阅工具书和资料的习惯，善于请教的习惯等。具体到各门功课，要养成阅读自学、先预习后听课的习惯，总结归纳、善于复习的习惯，思考观察、切磋琢磨的习惯以及练习反思的习惯，等等。

良好学习习惯的形成不是靠空泛说教，主要靠培养训练。

一是从小抓起。古人云"养习于童蒙"，意思是好习惯要从孩提时代开始培养。

二是从小事做起。要使孩子养成良好的学习习惯，家长必须让孩子从点滴小事做起。例如，今日事今日毕，按时交作业，家长要抓住不放，持之以恒，一抓到底。经过长期训练，孩子便会养成好习惯。值得一提的是，在培养孩子习惯时，切忌要求过多，全面开花。这样做的结果，往往一事无成——循环往复地提要求，没有一个要求落到实处，倒有可能养成一些不良习惯。所以，在培养孩子良好学习习惯的过程中，家长一定要循序渐进，抓一项，落实一项，坚持不懈地培养一个好习惯。日积月累，逐步帮助孩子养成各种良好的学习习惯。

三是训练，反复强化。良好学习习惯形成的过程，是严格训练，反复强化的结果。现代控制论创始人、美国著名数学家维纳，回忆了父亲对他早期学习习惯的训练，父亲严格的训练，终于使维纳养成了良好的学习习惯，成为誉满全球的科学巨人。

2. 坏习惯要及时制止

一个在泰国随处可见的现象令人深思：一头巨大的大象能被小小的木桩拴住。问其原因，原来幼象在没有挣脱能力的时候，被拴在了木桩之上，几经挣扎，它失败了。慢慢地它习惯了，不再挣扎，甚至到它长大完全具备了挣脱的能力，它也习惯了被木桩拴住，放弃了去试着做一件轻而易举的事情。大象被拴住了，是被心理上的"习惯"拴住了。

克服不良习惯，同样要讲求方法和策略。有一个简单的规则：培养好习惯用加法，改正坏习惯用减法。

曾经有一个学生学习的时候就是坐不住，养成了总要以各种借口起来的坏习惯。为了克服这个坏毛病，妈妈用了"递减法"。最初，他要起来十次，妈妈要求他减少到八次，在规定时间内达到目标后，对他进行了奖励。接下来妈妈要求减少到五次、四次……依次递减。最终他养成了专心学习的良好习惯。

这里要注意：当孩子达到某个标准之后，就要对他进行适当奖励；当孩子达不到某个标准的要求，一定要有所限制，要惩罚，这个惩罚一定要剥夺他最喜欢的事情，这个时候不能心疼孩子。孩子通过这样的调整，慢慢就习惯了，坏毛病克服了，好习惯形成了。

习惯养成的训练中要注意以下几点：

一是训练必须持之以恒。孩子年龄小，自制力不强，比如要培养孩子仔细认真写作业的习惯，就要天天检查，直至养成习惯后再放手，要知道养成教育是个长期工程，养成一个好习惯不是一天两天，需要长期坚持。

二是训练必须严而又严。训练要严格，不见实效不收兵，有些家长溺爱孩子，总下不了狠心，孩子一求饶，一掉眼泪，心就软了。但孩子只有经过痛苦的磨炼，才能养成好习惯。

三是训练中要调动孩子的积极性。孩子在接受训练时往往会有逆反情绪，你越严我就越不按照你说的去做，所以在训练中还要充分调动孩子的自觉性、积极性、主动性。要对孩子讲清训练的道理，同时可以在训练中增加一些趣味性、游戏性等。

此外，训练中还需要配合一些方法，比如言教法、身教法，但不管怎样，都需要家长和孩子共同坚持。能不能给孩子提出符合实际的合理的要求，能不能认真地进行督促引导，能不能持之以恒而不半途而废，是对家长教育意识和教育行为的一种考验。

四、帮助孩子优化学习方法

我们常看到临近考试，很多家长会帮助孩子复习，"我帮你背背单词吧",得到的回应是"不用!""可一默写你单词写得都不对,还不用功!""背了三遍了怎么还不会!"家长着急,孩子着急,大家都累,都委屈。到了初中,家长对孩子学习上的指导,我们可以做、应该做的不再是告诉他一道题的答案和解法,而是科学的学习方法的指导,我们的责任不再是去帮助他解决具体的某一个问题,而是使他不断优化学习的策略,事半功倍地高效学习。

(一)如何帮孩子拥有好记性

我们常常看到孩子们望着通篇的语文课文、冗长的文科试题答案、繁多的英语单词和令人头晕的历史年代愁眉苦脸。背了忘、忘了再背,记忆成了苦差事。"我的记性就是不如别人",甚至有的学生一提记忆就头痛,就此放弃了背诵的内容,严重地影响了学习效果。考试中有太多的内容是以良好的记忆力作为支撑的,我们愿帮助孩子以出众的记忆完成好学习的任务,而"好记性"源于科学的方法。

1. 及时复习

学习和生活的经验告诉我们,记过的东西并不能永远地记住,而会产生遗忘。德国著名的心理学家艾宾浩斯对遗忘进行了研究,得出了遗忘的进程是先快后慢的规律。根据这一基本规律,我们为了防止遗忘要做的就是及时复习。很多学生学了新的知识之后,并不及时巩固记忆,而是等过了很长时间或快到考试时再去背诵。到那时,当时学习的内容都已经忘了很多,几乎相当于重学,需要付出大量的时间和精力。所以,复习要及时,要注重当堂复习、当天复习和每周复习。

2. 积极暗示,给自己信心

很多学生之所以记忆力不佳,是由于对自己的记忆力缺乏信心。面对记忆任务有些同学常常想"多难记呀!""这么多,我怎么能记住?"这种想法是提高记忆力的最大障碍。一位著名的心理学家说过:"凡是记忆力强的人,都是对自己的记忆力充满信心的人。"所以,在记忆的过程中,一定要进行积极的自我暗示:"我一定能记住!"

记忆的内容，有的是自然而然地被记住的，比如感兴趣的东西。但更多的内容是有目的要记住的，特别是学习中的很多知识。这就要求我们在记忆的时候，明确要记住什么，从而集中注意力，良好完成记忆任务。

3. 理解需记忆的内容，事半功倍

说到记忆，有的孩子就把它理解为一个字"背"，这就是许多孩子的记忆方法——死记硬背。但心理学的研究表明，人对理解的内容记得快、记得牢。所以在记忆的过程中，一定要加强对记忆内容的理解，防止囫囵吞枣。要努力做到在理解的基础上去记忆，多问"是什么""为什么""怎么样"。对于无意义的内容，我们也可以想办法变死背为活记，比如将历史朝代编成顺口溜。对于一些没有联系的内容，可以采用联想、谐音、歌诀等方式人为地找到联系，帮助记忆。

4. 多种感官参与记忆

一篇英语短文孩子要背下来，他们会采用什么样的方法？默默地一遍遍看？还是大声朗读？会不会用手也写写？英语老师常强调在学习中要注重"听说读写"，其实这就是很好的记忆策略。视觉、听觉、运动觉等多种感官协同作用，会通过不同的感觉通道在大脑中留下"同一意义"的痕迹，从而巩固了记忆的效果。

5. 集中复习与分散复习

采用集中复习的方法好还是分散复习的方法妙，这有赖于记忆的内容。对于材料短或容易的内容以及整体性、连贯性很强的内容，宜采用集中复习的方法，这叫"全线进攻"；对于内容冗长、琐碎或难度较大的记忆材料，适宜采用分散复习的方法，这叫"各个突破"。

6. 提纲网络帮助记忆

心理学的研究表明，归类可以提高记忆效果。知识并不孤单，我们要教会孩子对所学的知识进行梳理，找出知识纵向与横向的关联，善于将所学知识归类。通过绘制图表表格、整理卡片等形式将知识织成网络，这样有助于掌握知识的内在联系，从而有助于记忆。

尝试回忆、加强操作、讲给别人听等也是非常重要和良好的记忆策

略。相信在科学的方法指导下，面对繁重的记忆任务，您的孩子会表现得轻松、自如。

（二）帮助孩子学会思考

1. 学习的实质就是一个思考的过程

学习的过程中，"记"固然重要，但学习的实质就是一个思考的过程。思维是人智力活动的核心。它在人的学习活动中起着主导的决定性作用。思维在于掌握事物的本质与规律及事物间的关系。学习科学知识，同样强调用科学的方法，掌握学科知识内部及与相关学科的联系，善于抓住基本的问题。这些分析、综合、抽象、概括的基本过程，同样是良好学习方法的重要支撑。

人的思维能力不同，原因在于思维品质的差异。优秀的思维品质包括：善于抓住事物的各个方面，而又不忽略重要的细节；能客观地、严格地把握所依据的材料，精密验证其提出的假设，以实际结果确定假设的正确性；既不人云亦云也不自以为是；善于根据情况的变化及时改变原来的设想和计划；推理符合逻辑，结论富有说服力；在短时间内能当机立断做出决定；善于揭示事物的本质，勇于改变旧有的、僵化的思维方法等。

促进孩子思考，要引导孩子做到以下方面：博览群书，集思广益，勤于思考；善于分析与综合，分清主次，抓住事物的本质与规律；独立思考，善于批判；思考迅速，富有逻辑。此外，还要注意培养孩子的发散性思维，打破常规，多层次、多方位地思考和解决问题，举一反三，让头脑活跃起来。

2. 学会思考，提高思维能力

学会思考，要善于质疑。爱因斯坦说过："提出一个问题往往比解决一个问题更为重要。"著名作家巴尔扎克也说："打开一切科学的钥匙都毫无疑问的是问号。"思维活动起始于问题。培养孩子良好的思维，首先应帮助孩子学会质疑。在学习中要努力做到敢于怀疑前人，要善于在各项学习活动（如预习、课堂、作业和复习）中提出问题。

学会思考，要有良好的方法。下面的两个故事带给我们一些启示。

以"派克"笔闻名于世的派克先生，当初为制造出高质量、样式新的抢手笔而冥思苦想。一天，他突然想到，笔的整体功能不能改变，但如果在笔尖、笔帽、笔杆的原料、造型以及灌墨水的方法上改造一下，结果会如何呢？这样一来，五彩缤纷的想法出现了。

出门打猎的王子，留狗在家看护婴儿。王子回来后，看到婴儿不见了，狗舔着嘴边的鲜血高兴地望着主人。王子以为狗趁其不在吃掉了孩子，盛怒之下，拔刀刺死了狗。一声惨叫惊醒了床下的婴儿，同时王子也发现了一只被狗咬死的狼。此时，王子对于误杀了忠心保护婴儿的爱犬而悔恨不已。

第一个故事告诉我们，一个复杂的大问题，分成几个部分解决，整个问题就会迎刃而解。这就是分解思维方法。我们在学习中，也要善于将难题化解成小问题加以分析、解决。第二个故事虽然是一个失败的教训，但其讲述了另一种思维方式的重要。义犬蒙冤的教训告诉我们，正确地认识和判断事物，必须做全面分析。这就是要考虑所有的因素，从不同的角度进行全面、综合的整体思维。学习中离不开整体思维，我们要帮助孩子从整体上综合把握知识的内在联系，学会对事物的不同特征进行概括，学会对不同学科的知识做横向组合，以促进知识的广泛迁移。

您的孩子是否想过运用创造性的方法解决问题，在已有的知识经验的基础上找出新的联系，寻求新的答案？学习过程中离不开创造，创造性思维在学习过程中有着重要的意义。特别是在社会不断进步与改革的今天，创新精神和能力至关重要。培养创造性思维要从学会发散思维入手，要注重培养孩子从不同的方面、不同的角度去思考问题，去尽量多地想出解决问题的办法，鼓励创新、鼓励标新立异。与此同时，学会逆向思考和重视直觉与灵感同样重要。

（三）引导孩子学会读书

学习的重要途径之一是读书。我们作为家长，希望孩子爱读书。但不知您是否想过应该怎样读书的问题。似乎认识字的人都会读书，其实不然。就拿假期来说，学生们会选择这个时间去读一些课外书。常言道"读书破万卷，下笔如有神"，"读万卷书，行万里路"，读书自然是好事，家长也很欢迎。可是该读什么书，怎样读书才真正有益，确实值得我们思考。

很多家长希望孩子利用假期对以往的教科书进行阅读，达到复习的目的；还有的家长鼓励孩子对新课本进行阅读，旨在对要学习的新知识进行预习。但除去上述两种书，更多的孩子选择的是读课外书。课外学习对学生来说是具有重要意义的，它可以扩大知识面，发展兴趣和爱好，增强学习能力等。但是，学生在课外读物的选择中还是要讲求一定的原则和方法的。别林斯基曾讲："阅读一本不适合自己阅读的书，比不阅读还要坏。我们必须学会这样一种本领，选择最有价值、最适合自己需要的读物。"家长在指导孩子课外阅读的时候，要注意以下几个方面。

一是要博览群书。博览群书能使孩子在拓宽知识面的同时，活跃思维，丰富联想，更好地认识世界和社会。

二是要择是去非。这主要是指对课外读物的选择。很多孩子在选择读物时有一些偏差，如水平不高，看低幼读物，或是迷恋武侠书，甚至看一些低级庸俗读物。选择读物有三忌：一忌无目的，二忌赶时髦，三忌低层次。我们可以和孩子一起共勉。

三是要注意日积月累。阅读要有计划，速度要适当，阅读量要适度。关键在于日积月累，边阅读边积累。

四是运用科学的阅读方法。不少人读书就是简单地从头至尾读一遍，这种机械地读收效甚微。这里介绍一种由美国学者罗宾逊提出的 SQ4R 读书法。这种方法在美国曾风靡大专院校，许多学习方法指导书都专门介绍它。这种方法被介绍到我国后，在大学生和中学生中得到推广和应用，并取得了良好的效果。

SQ4R 是分六个步骤进行系统阅读的学习方法，具体步骤如下。

S—Survey，意为浏览，通过迅速阅读标题、主题句、结论、思考题等以求对一篇文章有全貌和大致的了解。

Q—Question，意为提问，根据对文章的浏览，提出与文章有关的问题，这些问题将在正式阅读中起导向作用。问题小而具体，可引导阅读文章的具体事实和细节；问题提得越广泛，阅读量和掌握的东西越多。

R—Read，是阅读或叫精读，是对文章的正式阅读，带着问题一部分一部分地仔细阅读。

R—Reflect，是思考，经过自己对已有知识的批判和创造性的梳理，达到对文章、对事物的更高层次、更高水平的理解。

R—Recite，是背诵，背诵的过程实现了对文章的重要内容、问题及其答案的记忆，对文中有价值的数据、关键的词语、妙语佳句完成了积累。

R—Review，即复习，利用多种方法回顾所读内容，对文章内容进行归纳，从整体上全面把握文章的思想观点，从而进一步理解所阅读的内容。

（四）教会孩子课前、课上和课后做什么

几乎所有的老师都在强调：课前要预习、课上要注意听讲、课后要认真复习。可是，这样要求之后，您的孩子能否清楚地知道自己在课前、课上和课后到底要做什么？

1. 学会预习

"一上初中老师就提出了预习的要求，可我觉得没什么用。反正老师上课还要讲，课前看不看没关系。"这是很多初中学生的一种心态和表现——不重视预习。实际上，预习非常重要。它可以提高听课的效率，对课堂听讲做到心中有数，集中注意力去听预习中没有弄懂的地方。有的学生不会记笔记，也和没有认真地进行预习有关。有的学生课堂上手忙脚乱，老师说什么记什么，可往往是记的书上有，老师补充的又没注意。经过预习，可以使记笔记更有针对性，并节省时间用于听讲和思考问题。

做好预习要注意选择好预习的时间，一般预习是在做完当天的作业之后。首先迅速浏览一遍即将学习的内容，了解主要内容并找出问题，然后

带着问题边思考边读第二遍。在预习的过程中做好预习笔记，可以在书上圈点勾画，也可以写在笔记本上，包括记录重点、难点、主要内容、逻辑关系、遇到的问题、解决的办法、体会以及遗留的问题。不同的学科要根据学科的特点，采用不同的预习策略，不可千篇一律。根据时间，预习可以从薄弱的科目做起，如果时间充裕，可以将预习做得深入一些。

2. 提高听课效率，学会在课上做笔记

课堂学习是学生在学校学习的基本形式，学会听课，提高课堂吸收率是学业成功的重要保证。提高课堂吸收率，除了通过预习做到心中有数外，还要在听课时积极思考，要以理解为重点，要眼耳手脑齐动员。眼睛要看老师讲课的表情、看老师的板书；耳要听清老师讲的内容，要听得准、听得清，听出重点、意图；手要记，有选择地记下重点、难点和疑问；脑要积极思考，充分把握老师讲课的思路。

说到记笔记，这里也有策略和技巧。"好记性不如烂笔头"，记笔记除了做好物质上的准备（有本有笔）外，还要有积极的心理活动的参加。有的同学依赖录音机或下课抄别人的笔记，这本身就缺少了自己积极思考的过程。笔记右侧要预留一些空间，为写下心得和拾遗补缺做准备。为了更好地记笔记，要不断提高写字速度作为保证，万一记笔记过程中有遗漏，也不要着急，要保持平和心态，下课再用其他方法补上，切忌心里总想着遗漏的部分而影响听课和记下面的笔记。

3. 课后做好科学的巩固与复习

（1）帮助孩子学会科学地完成作业

课后学生要完成的一项重要任务是做作业。家长最常问的话是"作业写完了吗?"很多孩子疲于应付写作业。有的孩子不会了就找现成的答案，或是借来同学的一"抄"就完事大吉。这样做作业失去了写作业应达到的目的和作用，对学习有害无益。通过做作业，运用所学的概念、公式、原理去解决一定的具体问题，是对知识的加深理解与巩固的过程，通过做作业可以检查自己课堂学习的优劣，此外做作业的过程也是对思维训练的过程。

科学的做作业方法包括：一是先复习后作业，不少同学拿起题就做，不会就翻书，这是一种不良习惯；二是作业中要仔细审题，有的同学做作业不仔细审题，养成了漫不经心的态度和习惯，在考试中终尝恶果；三是独立完成作业，这是深入思考的重要保证，也是培养顽强毅力的重要过程；四是作业完成后，要养成检验修改的好习惯，发现问题，及时改正。

（2）帮助孩子养成良好的课后复习习惯

课后的巩固与复习，要切忌题海战术和盲目重复性的练习。要注重对课本基础知识的复习，并要做到复习有计划，讲方法。良好的学习方法是取得学习成功的重要保证。孩子们、家长们都在苦心学习，精心借鉴。

一个孩子在学习经验介绍的班会上，得知班上学习很棒的学习委员每天回家都先睡一会儿，然后起来学习。如是效仿，怎奈，一睡下去怎么也醒不过来，即使醒了，坐在书桌旁也是昏昏欲睡，最后，沿袭此种方法，甚至连作业也难保完成。

学习方法有共性的东西，也有因人而异的个性表现。男孩、女孩在学习方面就存在客观上的差异，每个人也有各自的思维、用脑特点，像上述例子中本是"百灵鸟型"用脑特点的孩子非要去模仿"夜猫型"的学习委员，怎会取得好的效果。所以，学习方法重在适合自己，这才是最好的。家长一定要注意孩子的个体差异，因材施教。

（3）家长切莫依赖家庭教师

帮助孩子学习，"请家庭教师"和"陪读"成了两种重要的方式，而且出现了越来越普遍的趋势。这两种方式体现了父母对孩子学习的关爱和尽量提供的帮助，从这个层面上讲无可厚非。但是，这其中引发的消极影响，也不得不引起我们的关注。一味依赖家庭教师和陪读，有的孩子上课不再专心听讲；对有专人辅导的依赖，使有些孩子降低了求知的欲望，被动消极等待；家庭教师和陪读的存在，给孩子的学习造成了假象，作业都对，平时成绩很好，可考试的时候，失去了"拐杖"，很多孩子考试"失常"；还有的孩子推卸了责任，把学习当成了别人的事情，把成绩不好当成了别人的过失。作为必要的指导和辅导，可以请家庭教师，孩子学习的时候，我们也可以及时送去我们的帮助，但是，如何培养孩子主动地、独立地、自主地学习，这才是我们要考虑的长远大计。

五、引导孩子正确对待考试

（一）请家长关注考试分数背后的内容

每次考试过后，孩子们如释重负，心里有一种说不出的轻松感，不管是解脱还是担心，是失落还是期盼，总之，有一种心态在萦绕——考完了。但是更多的同学随之陷入了对考试分数的惦念，陷入焦虑的期待之中，表面上看似轻松，但内心深处无时无刻不惦念考试的情况，陷入一种考试后的焦虑（名次如何，是否及格，怎么向家长交代，如何面对老师和同学，考不好的自责和后悔）。

很多家长最关心的是孩子的考试分数，在班级、年级中的排名等。但关注分数的时候，是否每位家长都能够真正读懂和帮助孩子读懂分数所蕴含的内容。

分数背后的内容，您注意到了吗？

1. 通过考试看知识掌握的情况——端正孩子对考试的态度

我们经常听到学生抱怨："要是不考试就好了"，"考考考，老师的法宝；分分分，学生的命根。"学生在考试中是被动地接受别人的检验，是别人（老师和家长）对自己的考察，取得的分数也是如何向别人交代的问题。

有一项调查研究表明，发下评判过的试卷后，能注意及时改正错误的学生仅占59％，有近半数的学生根本不从中重新学习。

家长要帮助孩子端正对考试的态度，不要把自己变成考试的机器。正确的态度应该是让考试为自己服务，主动、有效、合理地利用考试为自己服务，通过考试检验自己的学习情况，寻找知识上的漏洞，帮助老师了解自己的学习情况，以促进良好的辅导和帮助。

如此想来，考试没有这么可怕，而且考试以后，除了分数，我们还要关注很多。

2. 为什么考出这样的分数——尊重客观，正确归因

第一，面对、接受考试的事实，不接受事实，不但解决不了问题，只会带来更大的痛苦，要积极采取措施，才会在考试中取得成功。

第二，正视成绩，做好归因。正确的归因可以发挥自我的积极性，有利于自我的潜能开发，改善情绪状态，维护心理健康。

3. 帮助孩子重新认识自己，寻找科学的方法和策略

把考试当成一次全面的素质考察，一次整体的实践活动，一次集中的人生体验。从三个方面重新发现自己：重新发现自己的智能特点，重新发现自己的人格特点，重新发现自己的体质特点。

（二）面对成绩，学会正确归因

分数作为检测的结果，反映着学生的学习情况，重视分数是必要的。但这小小的数字背后所蕴含的众多信息和含义，是否每个家长都能读懂？如何看待考试的成绩，分析获得如此成绩的原因，直接影响到对孩子的科学评价，影响到孩子今后以怎样的态度去面对学习和调整自己，对于这些，我们家长关注了多少？

1. 归因方式对孩子的影响

"这次题目太难了"，"老师讲得不好"，"本来这门课我就学得不好"，"这次运气不好，复习的没考，考的竟是没复习到的"，"我脑子不好"，这是很多学生面对不好的成绩寻找到的原因。"都是你不刻苦，不认真"，"你怎么这么不争气"，"脑子怎么这么笨？这么简单的题还错？"面对不理想的分数，家长会这样帮助孩子找原因，但如此的归因，孩子服气吗？对孩子的今后有利吗？

心理学研究表明，人们成功或失败之后，倾向于将成功或失败的原因归结为四个因素，即能力、努力、任务难易和运气。同时可以用三个维度——内部或外部、是否稳定和是否可以控制加以划分。

表7-1　归因理论的维度划分

内　　部		外　　部	
稳定/不可控制	不稳定/可控制	稳定/不可控制	不稳定/不可控制
能力	努力	任务难易	运气

　　这些不同的归因，会影响到人们的心理变化，进而影响到以后的行为。如果孩子将考试成绩好的原因归结为是自己能力和努力的结果，那么他就会期待在今后的学习中更加努力再次获得成功。如果将成绩好的原因归结为运气好这样一个不稳定的外在因素，他又怎么能对再次的成功充满信心和积极追求呢？如果将失败归因为努力不够，由于努力是一个不稳定但可以改变的内部原因，会推动对下次成功的积极追求，这是对失败的积极归因。如果将失败归因为能力低，那么，由于能力是一个稳定的、难以改变的内部因素，因而，对未来行为的期待还只能是失败。

　　家长看到孩子分数时，不论是欢喜还是焦急，除了关心孩子现有水平，查找知识的漏洞外，还更应该指导和帮助孩子科学地对学习成绩做出正确的归因。通过归因，调动孩子学习的积极心态，使其对未来成功充满信心和期待，而不是好成绩前的沾沾自喜和放松努力，更不是失败后的推卸责任和自怨自艾。

2. 如何做到正确、科学的归因

　　第一，科学归因，重要的是家长首先要有一个平和的心态，通过分数正视孩子学习的现状，过分的着急和指责会忽略了孩子可能已经取得的进步和成绩，学习成绩的提高是需要时间的。着急的心态会影响到我们对孩子的合理期望。即使学习成绩差是由于在学习习惯、意志努力等方面存在问题，对孩子指责、挖苦同样是苍白无力的。

　　第二，科学归因，要掌握科学的方法，交流归因的结果，需要技巧。只有不断肯定孩子的努力，再为他们提出希望，孩子才会不断地得到鼓励，充满信心。我们要让孩子体会到："父母关注分数，但不是将分数作为我没有学习好的证据，而是想通过分数，关心我的进步，关心我学习的漏洞，进而为我想办法、出主意，更好地帮助我。"

关注孩子的分数，是家长对孩子的爱，看到分数后，做出积极的反应，是爱的具体表现。让我们在科学的方法指导下，让这份爱成为孩子不断努力的动力。

（三）考试也有技巧

考试中取得好的成绩是每一位学生和家长的良好愿望。但考场上的失误，常令人惋惜不止。

1. 考场出现失误的原因

分析考场上失误的原因，有的同学是由于情绪的过分紧张，考前对考试的期望过高，或是没能充分复习，对考试感到心里没底。这种考试紧张的状态将严重影响应有水平的发挥。有的同学考试失误，是因为考试过程中时间分配不合理造成的：或是先松后紧，开始答题慢条斯理，到最后手忙脚乱，忙中出错，影响后面的答题效果；或是平均分配时间，无论题目难易、占分多少都花同样的时间去解答；或是把大量的时间花在一道题上，浪费了宝贵的时间。还有的同学由于粗心大意造成考试失误，没审清题，审错题，书写、计算错误等常有发生。

2. 科学应对考试的策略

科学掌握最佳的应试策略，上述的失误完全是可以避免的。第一，考前调整好竞技状态。不过度紧张，通过努力学习增强信心，掌握克服情绪大起大落的方法，考前可以进行适当的放松训练。要通过轻松的文体活动和保证充足的睡眠，让自己拥有充沛的精力。此时，开夜车是非常不可取的办法。第二，考试时浏览全卷，先易后难。可以不完全按照题目顺序答题，会的题目先答，遇到不会的题目保持心理镇静，力求把可以答出的题目有效回答出来。第三，审题要细心，读懂、看清每道题的要求。第四，合理分配答题的时间。要根据试题分数和难易，相对均衡地分配时间。分数多的题目，分配的时间要相应多一些。不要把大量的时间花费在某一两道难题上，结果难题没解出来，时间却用掉了。第五，答完题后认真检查，检查是否所有的题目都答了，有无遗漏，作答的方式是否正确，答案与题号是否对应等。第六，要避免对下一科考试的不良影响。有的同学考完一科后，急于找答案、和同学对题，当得知自己出错后就情绪烦躁、低落，会严重影响下一科考试的良好发挥。考完之后，无论好坏，都已经是过去了的事实，我们可以做的是调整好心态，保持良好的情绪，全力以赴去把握后面的考试。

应试技能和技巧，与考前复习、考前心理调节一样重要，直接影响着学习的效果和成绩。在考试中真实考出应有的对知识的掌握水平和应有的学习能力，同样是学会学习的重要组成部分。

本章作者：

董　耘　天津市实验中学心理学特级教师

李　勇　天津市实验中学心理学教师、教育硕士

第八章

帮助孩子平稳度过青春期

世界卫生组织将青春期的年龄定为 10～20 岁，初中生正值青春早期，他们的性生理、性心理都在迅猛发展，并且发生明显的变化。

青春早期的性健康教育是初中生教育的重要内容之一。

小磊问妈妈："我究竟是从哪儿来的？"妈妈说："从垃圾箱里捡来的。"

小玉说："妈妈，怎么才会怀孕？"妈妈说："去去去，问这个干什么，等长大了你就知道了。"

艳艳问妈妈："为什么女孩要来月经，而男孩却不来呢？"妈妈说："成天琢磨这些事干什么，还是多背点儿单词去吧。"

相信这样的对话在很多家庭都出现过，这也不同程度地反映了青春期性教育的欠缺。由此可见，正确而适当地向孩子传授一些与性有关的知识，帮助孩子成长，是父母必修的功课。

积极正确的家庭性教育，不仅可帮助孩子解决成长中遇到的问题，使他们能够顺利地度过这一人生重要的转折期，而且，对于孩子树立正确的人生观乃至一生的伦理道德观都会起到至关重要的作用。

一、了解性生理

性生殖系统，是人体的一个重要组成部分。该系统与其他器官系统不同，要在出生 10 年后甚至更长时间才开始发育，再过 8～10 年成熟。在青春发育过程中会出现一系列身体和心理从未体验过的现象，例如女性的月经初潮、男性的首次遗精、男女逐渐萌发对异性的兴趣等，如果此时缺乏有关知识及正确的引导，少年便极可能陷入迷惑、恐惧、焦虑之中，也有可能因处理不当而出现意外情况。

（一）家长和孩子应了解的性生理知识

进入青春期之后，家长要了解与性有关的解剖及生理知识，并要知道它们的功能。家长完全可以开诚布公地与孩子共同讨论性问题。教育中，家长要自然地引出话题，像讲人的眼睛、鼻子等其他器官一样，用科学的名词、简略的语言讲解性生理问题。以下是家长和孩子都要了解的性生理知识。

1. 生殖系统的构造及功能

女性生殖系统分内、外生殖器两部分，是接受男性生殖细胞——精子和孩子出生的通道与门户，是精卵结合和孕育胎儿的场所。

男性生殖系统包括内、外生殖器官及其附属性腺（精囊腺、前列腺和尿道球腺等），主要负责排尿和射精，也是促使精子成熟、形成和输送精液的场所。

2. 性成熟的标志

性发育与性成熟是青春期发育的突出特征。进入青春期以后，男性的睾丸体积开始增大，重量增加，内部结构逐渐发育完善，能够产生精子，并且开始出现遗精；女性卵巢发育加快，重量增加，能够产生卵细胞，并且开始出现月经。男子的第一次遗精与女性的月经初潮是男女两性性成熟的标志。性成熟即意味着有生育能力。作为性知识常识，家长和孩子都应知道。

3. 第二性征的产生及出现的时间顺序

第一性征是生下来便已存在的，也就是男女生殖器官的差别。第二性征是进入青春发育期，才逐渐发展起来的。它的出现，预示着男孩女孩童年的结束，同时也拉开了他们走向成熟的帷幕。

第二性征发育的直接控制者是性激素。性激素主要由性腺（睾丸、卵巢）分泌，也有一部分由肾上腺皮质分泌。

为了让家长朋友对照起来更方便，我们将男女第二性征出现的大致时间顺序归纳如下：

10～11岁：女孩乳房开始发育，阴毛出现；男孩睾丸、阴茎开始增长。

12岁：女孩乳房继续增大，乳头乳晕突出，内外生殖器变大，阴道黏膜出现变化；男孩喉结开始增大，前列腺开始活动。

13～14岁：女孩乳头色素沉着，乳房显著增大，月经初潮，出现腋毛；男孩先后出现阴毛、腋毛，并开始变声，睾丸、阴茎继续增大。

15岁：女孩脂肪积累增多，臀部变圆；男孩首次遗精，出现胡须，阴囊色素增强。

16岁：女孩月经规则；男孩阴茎、睾丸已同成人，阴毛呈男子型，面部身体长毛。

由于遗传、个人发育等多种因素制约，每个孩子的情况不同，所以第二性征出现的时间也存在差异，有些提前或延后都是正常的。

（二）正确回答孩子提出的性问题

很多家长反映，在被孩子问到有关性的问题时，不知如何回答，甚至有时觉得这些问题让他们难以启齿，所以家长应当首先纠正自己对于性的态度和观念，这样才能更好地帮助孩子正确认识性、了解性。以下这些问题是在家庭进行性教育时常常会碰到的。

亲子携手

走出成长困境

1. 对性感兴趣，是不是思想不纯洁？

性器官如同我们长着眼、耳、鼻、舌一样，是我们身体的一个重要组成部分，青少年应该了解自己的性生殖器官的解剖常识，关心自己身体各部分是很正常的事，不必害羞，也与道德无关。

家长要坦然面对孩子提出的性生理问题，高兴地看到他们性生理的变化，与他们共同了解生殖器官及其功能，不必害羞，也无耻辱可言，因为人们生理长得就是这个样子，而性道德、性的社会性则有真、善、美与假、恶、丑之分。

2. 生殖器官是不是很脏、不干净？

性器官本身并没有什么不洁，只是因为长在人们的下半身，又位于排泄器官附近，故此必须注意清洁卫生而已。

3. 总有性梦、性幻想正常吗？

小松在日记中写道："我昨晚梦见与小静（同班女生）发生性关系，还遗精了，真不知道这是怎么回事？都说'日有所思，夜有所梦'，我白天也没想什么，怎么会做这样的梦呢？真无耻！"

小枫说她经常会把自己想象成电视中的女主角，梦想有不少男孩子喜欢她，和她交朋友，为此浪费了宝贵时间，耽误了学习。她总想控制住不再想，可是做不到，非常苦恼。不知别人是否和她一样也会有这种情况。

如果孩子问到这些问题，家长可以这样告诉孩子。

在睡梦中与异性亲热或发生性关系叫性梦。许多少男少女都会梦到。性梦是性成熟后出现的正常现象，可以排解性欲，有利于身体健康，不必担忧。性梦与意识无关，与道德无关，它是不由人的意识控制的，因此也不代表一个人真正的行为。它与"日有所思，夜有所梦"无关。每个人性梦的性色彩程度不同，青少年常期待丰富多彩的性梦出现，对此要顺其自然，既不要刻意追寻，也不必为此羞愧。性梦是个人隐私的一部分，不必向别人袒露。

性幻想是指以虚构的与性有关的遐想，来满足自己对性的心理欲求，俗称"白日梦"。性幻想是青春期的青少年把自己在文艺作品和影视中看到的、听到的性爱场面重新组合，自己在其中充当主角，体验性乐趣，以满足自己的性渴求。在青春期这个年龄阶段，做"白日梦"是正常的。当然整日沉溺其中，自然有害学习和健康。要知道"白日梦"是一个肥皂泡，不是现实。

4. 月经是怎么形成的？

一般女孩在发现同伴来月经后都会向妈妈提出这个问题。孩子对这个问题的了解，有助于她们克服月经初潮时的恐惧心理，提前做好心理准备。妈妈可以告诉女儿：月经是女子进入青春期后，每月一次的子宫出血现象。第一次来月经，就叫月经初潮。月经的形成，与卵巢和子宫内膜的周期性变化有关系。月经初期排出的经血颜色比较鲜艳，到末期颜色会变暗一些。有月经表示有怀孕能力，它标志着一个女孩的成熟，是女孩子值得庆祝的事情。一般情况下，女性到了 45～50 岁，月经就会慢慢停止。

5. 白带是什么东西？

有的女孩常问妈妈，总有一些白色的黏液粘到内裤上，该不是得了什么病吧？

妈妈应该耐心地告诉女儿，这种白色的黏液是阴道和外阴的湿润分泌物，叫作"白带"。白带是正常的生理现象。白带的产生是因为少女进入青春期后体内雌激素水平升高，宫颈黏液分泌增加，阴道黏膜的渗出物增多而形成的。白带可使阴道保持一定的湿度，有利于阴道杆菌生长，从而使阴道液变为酸性，这样就能抑制和杀死外来的病菌，起到防御的作用。

6. 处女膜是怎么回事？

对处女膜这个词，女孩会很好奇。家长应该让女儿明确了解：处女膜是女性阴道口的一层薄膜，中间有孔，孔的大小与形状因人而异，大的可容两指，小的不能通过一指，未婚女子的处女膜一般为半月形或椭圆形，有的为三角形或筛状。初次性交时，处女膜往往破裂，有疼痛感并伴有少量出血。但个别女性的处女膜较薄，会因外界因素如震动而破裂，也有少数处女膜比较松弛、孔大，性交不破裂。因此，不能以初次同房处女膜是否破裂、出血断定女性是否贞洁。

7. 怀孕是怎么回事？

月月回家以后，愁眉不展，不说话也不吃饭，一头倒在床上。经过妈妈再三追问，月月才说："妈妈，我可能怀孕了。"妈妈大吃一惊，忙问到底是怎么回事，月月哭着说："我今天坐了强强的椅子，他刚离开，我就坐了，妈妈，我该怎么办呀？"这么一说，弄得妈妈啼笑皆非。女儿太幼稚了，仔细一想，也难怪，谁也没有告诉过她人怎样才会怀孕。

很多女孩都有过这样的疑问，甚至有的孩子认为某某男生多看她几眼或无意碰她一下，自己都会怀孕。

一般来说，上了初中的孩子，大都从生物课上知道了婴儿起源于男人的精子与女人卵子的结合。但令他们好奇和不解的是，男人的精子是怎样与女人的卵子相遇的。更有一些孩子似懂非懂地听到过"性交""做爱"等字眼，说者的神秘，更勾起他们的好奇心。家长应该很自然地告诉孩子：性交是相爱男女之间非常温暖、亲密而又美好的事情。当相爱男女拥抱在一起时有一种冲动，想要更亲近、更密切地结合。他们的身体上也起了变化，男人的阴茎开始勃起，女人的阴道也开始润滑起来，当男人的阴茎进入女性的阴道，即为性交。

在性交时，如果男子射出精液中的精子与女子每月一次从卵巢中排出的卵子相遇，就有可能受孕。

8. 夜间阴茎勃起正常吗？

当男性熟睡时，每晚会出现数次为时 20~40 分钟的勃起，这种勃起在母亲子宫里时就存在。这是鉴别一位男子勃起能力是否正常的一个标准，不必惊慌。

9. 遗精是怎么形成的，有规律吗？伤身体吗？

晓伟一早醒来，发现内裤又湿了，像前几次一样，他偷偷把内裤藏到床下，一天都心神不宁。放学回到家，晓伟吞吞吐吐地问妈妈："遗精是怎么形成的，对身体有伤害吗？"

对于遗精的问题，男孩子心中的疑问挺多，所以若谈起这个话题，父母可以多讲一些。在没有性交或手淫的状况下射精叫遗精。在睡梦中遗精，称为梦遗。如果是清醒状态下的无意识遗精叫滑精。遗精是青春期男子常见的一种正常的生理现象，是男性成熟的标志。男子到了青春期，睾丸不断分泌大量雄激素，同时产生大量精子，与精浆共同组成精液，当精液达到一定饱和状态时，便会以遗精的方式排出体外——这就是人们常说的"精满则溢"，一般不会影响身体健康。遗精没有规律，一般一个月遗精 1~8 次均属正常。如果次数多并且伴有腰酸、精神不振等症状时，应找医生诊治。

（三）做好性卫生保健

家长应了解少年性卫生保健的一些主要内容，及时给孩子以指导，必要的时候应请医生帮助。下面，我们分别谈谈男女两性的性卫生保健问题。

1. 女性性卫生保健

（1）经期保健

月经期，子宫内膜脱落，子宫内壁上产生了创伤面，行经时宫颈口松弛，阴道内酸性分泌物被经血冲淡，从子宫流出的经血又是最容易繁殖细菌的物质，这些都为细菌的侵入创造了条件，增加了感染疾病的机会，所以一定要注意经期的卫生。一定要保持经期的心情舒畅和情绪稳定；要选择安全、卫生的经期用品；要保持外阴清洁；要注意保暖，避免着凉；不吃生冷和有刺激性的食物。

（2）乳房发育不良

乳房在发育过程中受到很多因素的影响，譬如种族、遗传、内分泌、营养、体型与疾病等，这些因素均可导致乳房的发育不良或异常，常见的有：乳房先天性畸形、小乳房、乳房不对称等。对于乳房先天性畸形，应在青春期及早矫治；对于小乳房，一般通过营养，加强胸部肌肉锻炼，适当的按摩来进行矫正；对于乳房不对称，应注意纠正坐姿，保持两臂用力平衡，并经常对小侧乳房按摩，使不对称的乳房得到改善。

（3）青春期少女常见的妇科疾病

初潮异常：少女多在十三四岁即有月经初潮，如果这个年龄的女孩第二性征明显，但不见初潮，并伴有小腹胀痛的感觉，应及时去医院做妇科检查，看是否是由于处女膜闭锁引起的闭经。也有少数少女 16 岁左右才来月经，但如果延至 17 岁还未见初潮，也应去医院诊治。

白带异常：如果青春期的少女白带量过多，或者白带很臭，外阴奇痒，白带带血，或呈豆渣状，就可能是某些疾病引起的，应及时到医院检查治疗。

痛经：有的少女经期腹痛并伴有面色苍白、呕吐、腹泻、腰痛、乳胀、情绪烦躁，这就是痛经。多由于精神紧张、身体虚弱或不注意经期卫生（受寒、生冷食品食用过多）引起。如果孩子来月经后，每月长期（7天以上）大量出血，并出现了贫血、头晕、无力等情况，或剧烈痛经都应该及时去医院诊治。

继发性闭经：已经来过月经，超过自己三个月经周期或者超过六个月未来月经的，称为继发性闭经。多数继发性闭经，经过适当的治疗，同时注意锻炼身体、加强营养、合理安排学习和活动，治疗体内慢性病，注意生殖道卫生，是可以恢复的。

2. 男性性卫生保健

我们再来看看男性可能遇到的几个问题。

（1）遗精过频

生殖器官疾病（如龟头炎、前列腺炎、包皮过长、包茎、尿道炎等），内裤太紧，被子盖得太厚太热，手淫，喜欢看性刺激的书画、影视，身体过度兴奋和过度疲劳等，都会引起遗精次数增加。频繁的遗精不要讳疾忌医，找出原因后，积极治疗完全可以康复。

（2）包皮过长和包茎

一个男孩在上幼儿园的时候，保育员发现他包皮过长，这位保育员很负责任，及时告诉了男孩的妈妈，但粗心的妈妈却没当回事。直到儿子上了高中，一天早上，儿子痛苦地请求妈妈："您快带我上医院吧，我尿不出来了！"原来，男孩由于包皮过长，已经形成了包茎，尿道口已经被堵塞了。其实，医生只需动个小手术，就可以解除这一类患者的痛苦。这件事对孩子的伤害很大，而这种伤害本来是可以避免的。

男孩的阴茎包皮都能包住阴茎头，而且能自由上翻。青春期发育开始以后，包皮逐渐后退，龟头露出，这是正常现象。如果发育完成，但龟头仍未外露，盖没了尿道口，上翻时仍能露出尿道口和阴茎头，称为包皮过长；倘若包皮口狭小，紧包住阴茎，不能向后翻开露出阴茎头叫作包茎。包皮过长和包茎是男性青少年中比较常见的现象。包皮过长的危害主要是影响包皮和阴茎之间的局部清洁，由于包皮内产生的包皮垢不能得到及时清洗，可引发包皮阴茎头炎。包茎，一般是先天的，也有因包皮过长发展形成的。包茎口过小还会发生排尿困难，患者大多伴有尿路感染，膀胱及输尿管炎症。

3. 男女均应注意的卫生保健

（1）自慰行为

用手刺激阴部获得性满足的行为叫自慰，也就是多年来人们俗称的手淫。男女均可发生手淫，以男性为多，多是由于受影视、书刊等有关性的内容的刺激，出现一时的性冲动不能自我控制而产生。

手淫经常给青少年带来惊恐不安的情绪和矛盾的心理，伴随这种不良的情绪和心理状态，有时还会出现失眠、头晕、疲倦、精神不振以及男孩频繁遗精，女孩月经不调、痛经等现象。医学资料表明，手淫本身对人体健康一般没有什么危害，而手淫后的不适感主要来自因手淫造成的心理负担和精神压力。对待手淫的积极态度应该是：不以好奇去开始；不以发生而烦恼；面对已形成的手淫习惯要有克服的决心；克服之后就不会有任何不良后果，不必再担心。要树立起"手淫不是病，但要避免过度手淫"的认识。

纠正手淫习惯的方法有：白天的学习与体育时间安排得紧凑而有意义；晚上临睡前用温水洗脚；被子不要盖得过厚；睡前不胡思乱想，尽快入睡；经常清洗外阴，消除积垢对生殖器的刺激；不要憋尿，避免膀胱过分充盈引起刺激；内裤不要过于紧小，防止摩擦外生殖器而引起刺激；膳食上多吃新鲜蔬菜和豆类食品，少吃刺激性食物。

（2）痤疮

痤疮（俗称粉刺）是青春期相当普遍的一种皮肤病。

痤疮是青春期的暂时现象，随着青春发育的完成，常常自然减轻和消退。因此，不必为此发愁。痤疮一般不需要治疗，但为了减少和减轻痤疮的发生，青少年要注意保护皮肤，经常清洗，但尽量不要用刺激性太强的肥皂，也不要用过烫的水。平时不要用油性化妆品。出现痤疮时不要用手去挤压，以免造成发炎，留下瘢痕。饮食上多吃清淡的食品，少吃脂肪和甜食，少吃辛辣食品，多吃蔬菜和水果。保持大便通畅、心情愉快和充足的睡眠。

（3）性病

通过不洁性行为可传染一些疾病，如淋病或梅毒，这些疾病不但在阴部发生病变，还会传播到身体各部，产生严重的后果。

目前最为严重且无特效药物治疗的疾病——艾滋病正在全球蔓延，时刻威胁着人类的健康。

艾滋病传播的途径有性接触，输血及血制品，使用被病毒污染的针头、手术器械及母婴传播等。

预防性病和艾滋病的有效方法是：洁身自爱，反对性乱行为，不要轻易尝试性活动；不吸毒；在输血、抽血化验、注射时要注意安全卫生；不要去穿耳孔、文眉；不去不规范的医疗场所打针、拔牙、针灸、手术；不同别人共用毛巾、牙刷、剃须刀；不到不洁的理发店理发、美容等。

二、把握性心理

杂志上曾有过一篇报道，一名妙龄少女，嫌乳房过大，羞于见人，影响了正常生活和学习。于是不顾家人阻拦，跑到美容院去做缩乳手术，结果，在浪费了大量财力和时间，忍受了巨大肉体疼痛后，手术最终宣告失败，巨乳变成了无乳，而且丧失了女性特征及未来的哺乳功能。女孩后悔不已，怒将美容院告上法庭，但无论审判结果如何，这位少女的损失将是终生无法弥补的。

我们常常不能准确地估计性的成熟对青少年心理到底有多大的冲击。当女孩乳房隆起，骨盆变宽时，激动与惶恐时常困扰着她们，月经来潮更使一些女孩惴惴不安。像这位去做乳房整形手术的少女就是心性发展不平衡的具体体现。性生理的迅速发展，性心理的相对滞后，往往会给少男少女们带来无以名状的压力而做出悔恨终生的错误选择。

有人形容青春期的少男少女的心灵深处有一扇窗子，那便是他们的性心理。打开这扇窗子，让清新健康的性心理知识像阳光和空气一样，为少男少女的性心理提供营养，为他们躁动的内心做好防护，是每一位家长应该承担的责任。

苏联教育家苏霍姆林斯基说："我们的任务，就是要在孩子性本能刚觉醒之前，就使他们的理智做好充分的准备。"家庭性教育正是为这个时期的孩子"保驾护航"的。

咨询中，遇到过一位家长，她带来了一大书包东西。"医生，您看看，这都是我儿子偷着收集的女歌星、影星的贴纸、光盘、磁带，给他的饭钱全都干这个用了，他今年才 14 岁，还是重点中学的班干部，初二正是两极分化的时候，他天天想这些东西，照这样下去，将来还有什么出息，还不得变成个'流氓'啊！"

还有一位家长，她对我说："这本日记是我从女儿房里偷出来的，还得赶紧送回去，要是让她发现就麻烦了。您看看，她是不是早恋了，好像还今天喜欢这个，明天喜欢那个的，我和她爸爸都是老实人，怎么生了个这么不知廉耻的孩子。我们严格限制她打电话，不许她和同学出去玩，结果，原来她只是和我们大吵大闹，这两天干脆上同学家住去了，说要和我们断绝关系，简直把我们气死了，我们还不能不管她，您说我们该怎么办呀？"

两位家长的问题带有一定的普遍性，也不同程度地反映出初中生家长性心理教育的欠缺。

谈性色变的情况在很多家庭中都存在，更无法接受孩子收集异性照片或早恋这样的事情。其实，随着青少年性意识的萌动，产生对异性的欣赏、愉悦和向往，这是非常自然而正常的现象，完全不必大惊小怪。心理学家认为，每个健康的人性意识的发展一般可分为三个时期。

（1）性抵触期（异性疏远期）：在青春发育之初，有一段较短的时期，青少年总想远远避开异性，以少女表现得尤为明显。这主要与生理因素有关。由于第二性征的出现，青少年对自身所发生的剧变感到茫然与害羞，本能地产生对异性的疏远，部分人甚至对异性反感。此阶段持续一年左右。

（2）向往异性期（异性接触期）：至青春发育后期，随着性发育的渐趋成熟，青少年常对与自己年龄相当的异性产生兴趣，并希望有机会接触异性，或在各种场合想办法吸引异性对自己的注意。但由于青少年情绪不稳，自我意识甚强，因而在接触过程中，容易引起冲突，常因琐碎小事而争吵甚至绝交，因此交往对象常有变换。

小婷是个漂亮女孩，人如其名，别看只有14岁，已经出落得亭亭玉立了。家长发现自上初二以来，一向不爱学数学的小婷好像一下子对数学有了浓厚的兴趣，成绩突飞猛进，家长十分高兴。但后来家长慢慢觉察到小婷总爱提起成熟帅气的数学老师，她好像对老师非常了解，从老师的家庭到老师的喜好，从穿着到发型，老师说的话就像经过录音一样，都能被小婷一字不落地复述出来。一次小婷和妈妈逛街时，碰到了这位老师，小婷顿时变得异常兴奋，脸色通红，举止都有些不自然了。妈妈立刻就明白了女儿爱学数学的原因。妈妈很担心女儿会"学坏"，又不知该怎么办，于是来到心理门诊咨询。

在青春发育中期，会有一部分像小婷一样的少男少女常对周围环境中的某些在体育、文艺、学识以及外貌气质上特别出众的异性年长者，仰慕、爱戴、向往，而且尽量模仿这些长者的言谈举止，以至入迷。这一阶段又被称为牛犊恋期（仰慕长者期），然后可以过渡到对与自己年龄相当的异性产生兴趣的异性接触期。

（3）婚恋早期（择偶期）：青春发育完成已达成年阶段，青年把友情集中寄予自己钟情的一个异性身上，彼此常在一起，情投意合，在工作、学习中互相帮助，生活中互相照顾体贴，憧憬婚后的美满生活，并开始为组织未来的家庭做准备工作。这时的青年对周围环境的注意减少。女青年常充满浪漫的幻想，向往被爱，易于多愁善感，男青年则有强烈爱别人的欲望，从而得到独立感的满足，他们的心情往往较兴奋。

初中生的性心理辅导的主要内容应包括：异性交往、性别角色认同和性冲动三个方面。

（一）异性交往

1. 异性交往与早恋

进入青春期的少男少女（中学时期）性心理发生了明显的变化，由异性疏远期进入异性接近期，与异性交朋友是正常的性心理需求。

在异性接近期的少男少女开始对异性产生喜欢、欣赏、佩服的心理感受，产生了互相关注、互相接近的心理需要，喜欢在一起聊天、活动、讨论问题。这些正常的心理活动不应该定为早恋。

所谓早恋是指在青春初期异性之间产生过分的依恋感情，爱得难以分开，尽管是两性间自然的吸引，但是应认识到这种爱是朦胧的，很纯洁也很幼稚，行为富有冲动性，缺乏责任感，不计后果，极易发生性行为。

心理学家及教育学家的多项研究证实，异性交往对青少年的身心是有促进作用的，可以归纳为以下几点：获得与异性交往的情感和体验；得到稳定感和安全感；心情舒畅，度过快乐时光；获得与异性友好相处的经历和经验；宽容大度，容易理解他人；获得批评和被批评的体验；提高社会交往技能；培养诚实、求真的道德观念。

2. 异性交往中的常见问题及应对

（1）当女儿喜欢班上一名男生

首先，应该为女儿感到高兴，因为关注异性，开始探索与异性的交往，是心理走向成熟的标志，说明孩子的性意识发展是正常的。其次，不要急于阻拦，更不要随意给孩子扣上"早恋"的帽子，尊重孩子的情感，不要偷听电话，偷看日记，更不能恶语中伤。再次，应在一种彼此信任和尊重的气氛下进行沟通和分析，让孩子对喜欢的男生进行评价，家长应当对孩子的评价给予肯定，并帮孩子认清青春期的心理发育特点，喜欢与爱的区别，教会孩子掌握与异性交往的度，学会自我保护。

（2）当女儿收到了"求爱信"

在中学里，这种情况常常是在一种强烈的性好奇心和接触异性的冲动驱使之下发生的，从性心理发展角度来看，是正常的，不足为怪，也无恶意。

家长可以告诉孩子：一是应该珍惜友谊，继续与这名男生友好相处，保持正常交往，既不过于疏远和回避，也不要过分热情和亲近，落落大方，不卑不亢，是最合适的处理方法；二是每个人都需要尊重，他喜欢你，并没有伤害你，注意替对方保密，不告诉别人，也不要把信公开；三是假如对方对你穷追不舍，一再地写信，不妨找他直接谈清自己的观点和看法，也可以通过一个他所信赖的同学转达你的意见。

（3）我们在一起同学六年了，为什么不能相爱？

家长可以告诉孩子：一是相爱不仅仅意味着相互之间有热情，也同时要具备对社会的责任感和义务感，中学生的实际能力还未达到这一点；二是青少年正在成长之中，中学生的很多心理品质都处在形成和发展中，不具备步入婚恋领域的条件；三是中学时期是积累知识、学习人生经验的黄金时期，过早地承受学习、生活双重心理压力，对男、女青少年双方都是不利的。

（4）怎样把握异性交往中的"度"？

家长可以告诉孩子：一是要注意消除异性间交往的不自然感，该握手就握手，需要并肩就不要有意躲开，坦诚大方地相处；二是言谈不宜过分随便，有些话题只能在同性之间交谈，有些玩笑不宜在异性面前乱开；三是不宜过分冷淡，使人感觉你孤芳自赏，不可接近；四是不要过分亲昵，勾肩搭背，行为轻佻。

（二）性别角色认同

曾经有个男孩找到我说："我有时觉得自己是'标准'的男孩，可是，有时戴上我妈妈的围巾照照镜子又觉得我当个女生也很不错，这是怎么回事？我该怎么办？"

青春期的孩子可能会出现性倾向混乱的问题，家长不必惊慌失措。青少年正是在这个时期进一步进行性别角色认同，有时出现一些性心理幼稚的表现是正常的性心理发展中的问题。

性别角色认同，也称"性别同一性""性别自认"，就是一个人把自己看作是男人还是女人。一般说来，这种自我意识与其在生物学上的性是一致的。

正常人在 2 岁时，就能模模糊糊地区分其他幼儿是与自己一样还是不一样。4 岁时，可正确地识别女性、男性。真正的性爱的发育是人们进入青春期以后，随着性生理的成熟，对自己性别的认同和对异性的认识逐渐发展起来。

男、女生在发生性别认同障碍时，就会出现这些现象：强烈地认为自己是异性，并按照异性的装扮穿着，生活方式也随之发生改变，女生喝酒、抽烟，男生说话"娘娘腔"，行为举止像异性等。

1. 性识别障碍有多种因素

一是性染色体、性腺、性激素、内生殖器官、外生殖器官等五个方面任何一方面出了问题，都可能造成性识别障碍。二是遗传、素质因素影响，也就是从小就有异性的素质倾向者，容易出现此类问题。三是环境、教养因素，家庭及社会环境在童年早期对儿童的性特征行为的不同要求，如男孩着女装，女孩由性情粗犷的父亲抚养，对儿童以后是否出现性识别障碍有明显的影响。

2. 防治性识别障碍应从小做起

一是儿童期即应对自己的性别有正确辨认。二是在生活中孩子应多观察同性的行为，在同性中找性格塑造的榜样。三是着装打扮应与同性一致，父母不要凭自己的爱好去塑造孩子的性别。四是进入青春期的少男少女要增强社会的适应力，培养自我性别悦纳、认同和被同性、异性认可的心理素质。五是父母心理不健康者或家庭环境、教育有问题者需进行家庭心理治疗。

（三）性冲动

一名自称"烦心"的男孩在信中说："我今年上初三了，可是我发现自己变坏了，对描述性爱的电视剧和杂志特别感兴趣，有时男女性爱的镜头或图片就会让我产生手淫和遗精。最近我喜欢上班里一个女孩，她长得挺漂亮的，可我一看到她就总不自觉地把目光落在她的胸部和下身，总想去搂抱她，可她却像躲避瘟神一样躲着我。越这样我越抑制不住想她的身体，怎么控制也不行，我真怕自己变成流氓，请快帮帮我吧！"

一家妇产科医院的门口，几个小伙子正七嘴八舌地为一个男孩出主意。原来女孩在做中期引产手术，由于出血过多医生正在抢救。男孩原本想得很简单，"我们曾经发生过几次性关系，后来她有几个月没来月经，也没当回事，等知道怀孕了要去做流产，大夫说月份太大，只能做中期引产了。她也不敢告诉家里人，我就陪她来了，没想到现在会成这样，太可怕了。"

青少年在性激素分泌增加的作用下，在青春萌动时，在异性交往中常常出现性冲动的表现，这很常见。像"烦心"男孩的这种性冲动在青春期的性心理中十分典型。少男少女们大多不掌握应付青春期性冲动的方法。在他们躁动的内心里，有着对性强烈的探究心理。他们会对性关系的故事和传闻表现出很大兴趣，搜集、翻阅有关性的书刊，注意异性的生活方式和成人的异性交往。有些男孩在好奇心的驱使下可能发展到偷窥女浴室和女生宿舍。

也有很多少男少女会在一种难以抑制的欲望和冲动的促使下，不顾一切地去进行性体验与尝试。首先是对自身性欲冲动的体验。如男孩子在性幻想中的遗精，可使其得到不可言状的快感，那么想持续获得这种快感，便会很容易养成手淫的习惯。有些孩子想把这种体验对象化，就极可能会实行带有冒险色彩的性尝试活动，而他们年龄尚小，认知尚未成熟，还不懂得考虑性行为的后果，对于性生理知识、避孕知识和自我性保护知识知之甚少，于是就极可能出现像那个女孩一样危险的后果，这一后果对于女孩心理的影响和日后的成长会有着无可估量的负面效应。另外，还有少数涉足恋爱的中学生，往往处理不好感情问题，又苦于家庭和社会的压力，长期处于抑郁和激动的情绪之中，很容易引发青春期心理疾病。

因此，帮助孩子建立性安全的意识，使性冲动得以合理地转移和平息是十分必要的。

在适当的时候要告诉孩子以下问题。

（1）性是正常的、美好的，不是肮脏的，但是，性也是有危险的，当把握不住自己的时候或当对方向你提出性要求时，要想到推迟第一次性行为是性健康意识的具体体现，是对自己的负责。

（2）正确看待自己。对自己难以自持的性心理表现有正确的认识，努力做到不沉湎其中，不自卑自责。

（3）升华性兴趣。参加有益的文体活动，多方面发展自己的兴趣爱好，在知识的海洋里遨游，发展特长，增长技能。多读书，读好书，提高自己的审美情趣。

（4）扩大交友范围。积极参加集体活动，在活动中结识更多的朋友，学习同性和异性同学的长处，培养自己健康的心理品质。学会把关注的目标不放在某一人身上。尽量减少与某一位异性单独过密接触的机会。

（5）加强体育锻炼，也可以在自己房间准备简单的运动器械（如哑铃等），有助于宣泄"性积郁"。

（6）坚强自己的意志，增强对情感的自控能力。

三、重视性道德和性保护

（一）关于性道德的几个问题

性道德，即社会道德渗透在两性方面的社会规范和行为准则，是每一个男性或女性都要遵从的道德规范和行为标准。

1. 提高性道德认识

古往今来，男女两性的交往总是要经过一定的社会途径、采取一定的社会方式、遵从一定的社会规范才能进行的。任何一种社会都要通过法律的、道德的形式，规定男女两性交往的行为准则，因此，每个人都不能把性看作只是男女之间的私事。

2. 培养健康的性道德情感

要引导孩子学会划分友谊和爱情的界限，正确对待男女同学之间的交往。进入青春期的少年，在两性接触中，常常不知如何把握自己的情感，分不清什么是友情，什么是爱情，不知怎样和异性相处。

友情是建立在共同理想、共同事业上的同学、同志或朋友之间的深厚感情，而爱情是男女之间的爱慕并渴望成为终身伴侣的最强烈的感情。友情和爱情的联系十分紧密，但界限又十分严格。友情可以在任何心灵相通的人之间产生，而爱情只能在异性之间产生，而且以特殊的温情和忠贞为特征，具有排他性。教育家陶行知先生曾作过这样一首诗："爱之酒，甜而苦。两人喝，是甘露。三人喝，酸如醋。随便喝，要中毒。"作为一个中学生，应保护友谊的美好情感，不随意超越友谊的界限去追求所谓的爱情。

对于已经早恋的孩子，家长要避免简单粗暴、生硬拆散的做法，因为这样做只会给孩子的心理以沉重的打击，不但解决不了问题，甚至会适得其反，闹出乱子。理智的方法是，讲清道理、摆明利害，特别要以孩子身边的事例引导他把眼光放远些，在哪个年龄阶段做哪个年龄阶段该做的事情，逐步走出早恋的泥沼。

3. 培养良好的性道德习惯

要引导孩子从日常小事做起，在两性交往中使用文明语言，男同学要注意处处尊重、关心、照顾女同学，女同学举止要端庄、大方，不要对异性流露过分的热情和亲近。男女同学之间不应传阅不健康的书刊、音像制品等。

4. 树立自尊自爱的性道德原则

要引导孩子学会自我爱护与珍惜贞操。有的少女放纵自己，认为与异性在一起"玩玩"无所谓，把失身于人当作儿戏，这只会造成终生的悔恨。同时要告诉孩子：贞操也关系到男性的名誉和人格，同样要倍加珍惜。

5. 培养起健康的异性交往意识

提倡男孩女孩之间的广泛接触，友好相处。异性交往对于培养孩子健全的心理状态是十分有益的。交往中，能够达到性格互补的目的，促进个性得到良好的发展。在异性交往中，男孩女孩应该语言表达得体，体态从容大方，衣着打扮符合身份，行为活动把握好分寸。提倡群体间的异性交往，尽量避免"一对一"的接触。另外，异性交往中应杜绝动手动脚的轻浮举动，不开庸俗的玩笑。

6. 要培养自制能力

青少年的情绪不稳定，感情的自我调节与控制能力很差，应教给他们一些增强自制力的方法。欲望剖析法：分清正确欲望与错误欲望的界限，当自己产生某一错误的欲望时，可假想别人对自己实施及所造成的结果，由此来抑制自己不正当的欲望。提高认识水平法：正确地认识自己，正确地认识行动的意义，能有效地增强自制力。自我暗示法：用自我暗示与激励来控制意念，增强自制力。

（二）少年期的性保护

1. 及时进行性教育，建立性保护意识

家长要使孩子能正确认识自己成长发育尤其是生殖系统发育的情况，如乳房、外生殖器的形状、卫生和保护；让他们了解性心理的变化及男女之间主要的性别差异；使他们知道性权利受到法律保护，并学会性保护的方法。

一位家长谈起这样一件事，一次她中途回家取东西，看见女儿在卫生间赤裸着下身用小镜子察看自己外阴的形状，把她气坏了，"你怎么这么不知廉耻，我不在家你就偷着干这个，真不要脸。"她夺下女儿手里的镜子摔个粉碎。

还有这样一位父亲，当儿子问他阴茎应该有多长时，他嘲讽地说："你小小年纪，思想怎么这么脏？"

显而易见，这两位家长的做法是错误的。孩子对自己隐秘的生殖器官的好奇，对自己生理变化的疑问，或是偶尔的自慰行为，都与他们性意识的发生发展有关，他们性的欲望是自然而正当的，是很正常的。对这种好奇与疑问，父母唯一应该做的是给予正确的引导和解释，绝不应该呵斥、讽刺甚至打骂。这两位家长的做法只能给孩子的心灵以巨大的伤害，只能使孩子形成这样错误的认识：性是丑恶的，是见不得人的，是下流的。这无疑会给他们的性意识蒙上一层阴影。

2. 如何应对性骚扰

性骚扰现象普遍存在于世界各地，很多女孩的家长对性骚扰这个词非常敏感，而男孩家长却似乎不太注意。实际上，男孩也会受到性骚扰，只是比女孩少而已。另外，男性在被界定何谓性骚扰时，有较大的容忍度或是不太介意性，比如，同是被人拍拍腰背，女性较男性敏感，也有的男性因怕伤自尊而不愿对人诉说。

所以家长应当明确，无论何人，不论性别、年纪、外貌、特征或背景，均有可能受到性骚扰，可能发生在同伴之间，与陌生人之间，也可能发生在与熟悉的成年人之间，且年龄愈低受骚扰的现象愈严重。

有些家长，当孩子幼时受到成人性骚扰时，不愿意诉诸法律，一则因为干坏事的人常常是亲友、熟人和邻居；二则怕事传出去，对家庭和孩子的名声造成不好的影响。因此常常姑息了坏人，同时侵犯了孩子应该受到保护的性权利。我们说，对任何少男少女进行性骚扰的坏人都不能姑息。

家长应告诉孩子遇到性骚扰一定要：第一，首先表明"我拒绝接受"的态度，不要"不吭气"，以免对方认为你乐意接受，另外也不要过分敏感，反应太激烈，以免激惹起对方攻击、报复；第二，可以抽身离开或利用周围人的力量躲避开现场；第三，向父母、值得信任的伙伴、老师等人倾诉，一起找出应对办法；第四，如若经常受到性骚扰，应将发生的日期、时间、地点和对方的言语行为记录下来，以便作为投诉的证据。

以下是几种孩子可能遇到的性骚扰现象，家长应该给予指导。

（1）遇到"露阴癖""裸体狂"的人怎么办？

应冷静避开，假装没看见什么，不要尖叫、惊慌，否则骚扰者会感到兴奋。

（2）师长利用职权表示"关心"进行性骚扰怎么办？

明确表示你不喜欢这样，尽量减少单独秘密接触，如果他利用职权作为威胁，应向家人寻求帮助。

（3）在公共汽车上遇到一男人故意抚摸我，我能喊吗？

你可以说："请你离我远些!""请将你的手拿开!"情况严重时，应告诉司机及时报警。在其他公共场合也可以用类似方法。

（4）我接到性骚扰电话怎么办？

严肃地对他说："你打错电话了！"或对着话筒用力吹一口气。

家长在得知孩子遭遇性骚扰后，应当：第一，保持自身情绪的稳定，冷静分析，积极思考应对措施；第二，安慰孩子，劝说他不要自责，也不要消极逃避、自认倒霉，只是哭泣不能解决任何问题，事情需要我们冷静地分析，尤其要分析当事人的社会背景、可能的影响因素，及早地将事态影响控制在萌芽之中尤为要紧；第三，遇到较复杂、麻烦的案例时，要寻求法律帮助。

如果孩子在谈话中"欲言又止""吞吞吐吐"，你可以通过以下问题进行探询：第一次发生是在什么时候？现在仍然继续吗？你曾经遇到过违背你性意愿的事情吗？你害怕回家吗？你觉得你是处于危险之中吗？你的伙伴喝酒多吗？他用什么药物吗？他对你的骚扰影响每天的生活吗？你现在对"性"怎么看？你曾考虑过自杀吗？

如果孩子反复提到自杀，应立即与专门进行"危机干预"的机构取得联系，直到他得到帮助为止。

人的一生中，青春期是最富于活力和朝气的时期。顺利地度过青春期，对孩子的一生具有至关重要的意义。家长朋友要在家庭教育中注重开展以性教育为主的青春期教育，给孩子上好这堂人生的必修课。

本章作者：

张　嫱　天津市精神卫生中心儿童青少年心理科副主任医师、中国心
理学会科普委员会委员

孙　凌　天津市精神卫生中心儿童青少年心理科主任、主任医师、国
家二级心理咨询师

第九章

提高孩子的伙伴交往能力

一、人际交往是孩子心理发展的需要

（一）初中生人际交往是适应社会生活的需要

成鹏在同学们眼里是个怪人，虽然成绩一直在班里数一数二，人缘却不太好。其实成鹏也没什么大毛病，就是不大爱说话，有点儿凡人不理的意思，而且眼角眉梢常常流露出些许对别人不屑一顾的态度。同学们觉得他太傲气，藐视大家，索性不理睬他。老师们虽然看重他的学习成绩，但是因为他总是拒绝参加学校的活动，对老师也常常是爱理不理的，也认为这孩子不明事理、恃才傲物。由于成鹏"人气"不旺，尽管成绩优异，所有的荣誉称号都与他无缘，这些倒对他没有造成太大的影响。不过英语学得极好的他因为平时的表现差强人意，失去了一次代表学校出国访问的机会，受到了前所未有的打击。成鹏的父母对这件事也很不满，他们认为自己的儿子才华横溢，不应当落选。孩子从小就聪敏过人，家里不遗余力地培养他，钢琴、绘画、英语都是从几岁开始就学起，而且成鹏很争气，学什么像什么。因为绝大多数精力都用在学习和发展自身素质上了，成鹏很少有时间和同龄人一起玩。渐渐地他也不愿意和同龄人接触了，尤其是上了初中之后，感觉到同学们都很肤浅，热衷于谈论的都是那些被成鹏称之为"垃圾"的东西，甚至对有些老师也颇有微词。回家和父母说起这些，父母就告诫他学自己的得了，别管那么多，学习好就是资本，于是他和同学们的距离越拉越远。

成鹏的发展前景令人担忧，如果他的父母仍然认识不到自己的成才观过于片面，一如既往地教育和引导孩子只关注学习，放任其以排斥的态度对待周围的人，成鹏的未来将危机四伏。成才既需要"才气"，又需要"人气"，这是一个简单而重要的道理。家长应当认识到人际交往是孩子适应未来社会生活的需要。

心理学家认为，人的交往需要是一种本能，是一种人类祖先就已经很好地形成起来的生存能力，人是群居动物。人天生就有与别人交往的需要，也只有与别人保持正常的充分的心理交往，人才能真正具有安全感。

发展心理学研究成果提示我们要认识到：孩子是生活在两个世界中，一个是包括父母和其他成人的成人世界，另一个是同伴世界。这两个并存的世界对孩子的心理发展有不同的影响。

孩子在童年岁月主要在家庭里度过，与其相互作用的主要对象是父母，随着年龄的增长和活动范围的扩大，他们逐渐远离父母，要花大量的时间和同龄伙伴在一起，形成伙伴关系。

（二）初中生人际交往变化特点

初中生受纵横两种人际关系的交互影响：前者是指亲子关系，后者是指伙伴关系。随着年龄的增长，伙伴关系对中学生心理发展的影响越来越大，这是因为伙伴关系在青少年从家庭走向社会转变为独立的社会成员的过程中起到了桥梁的作用。

随着知识经济的到来，科学技术迅猛发展，信息制造业和传播业在生产力发展中发挥着越来越大的作用，人们之间的联系更加广泛和密切，与人相处的能力在人的发展过程中的地位和作用更加突出，可以说没有人际交往本领在未来社会获得成功的机会就很小。很多家长认为，只要孩子学习好，上所好大学，有真材实料，将来就不愁找不到好工作，这是一种片面的认识。再加上独生子女越来越多，孩子的社会交往原本就越来越少，造成一些孩子出现交往障碍，甚至引发较为严重的心理与精神疾病，贻害终身。家长必须充分认识到这一点，给孩子创造交往的条件，使孩子能适应未来社会的需要，能在将来的竞争中获得更大的主动权。

心理学家的研究成果表明，从婴儿期到青年期人际交往发展变化趋势如图9－1所示：

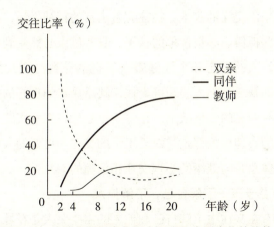

图9－1　从婴儿期到青年期人际交往发展变化的趋势

（1）儿童与父母的交往随年龄的增长而下降。

（2）与同龄伙伴的交往随年龄的增长而快速上升。

（3）与教师的交往在小学中年级之前随年龄的增长而上升，之后则一直维持交往比率的20％左右。

这种变化趋势特别值得父母重视，孩子在10岁以后伙伴关系迅速发展。初中生的伙伴关系在生活中的重要性远远超过亲子关系。

（三）伙伴关系在初中生心理发展中的作用

综合心理学家和教育学家研究的成果，伙伴关系在初中生心理发展中的作用可归纳为以下几个方面。

1. 交往有益于孩子身心健康发展

身心健康是现代人才观念中的主要内容之一，没有良好的心理品质，孩子不可能适应竞争激烈的社会，也无法面对生活中的种种挫折。处于身心迅速发展中的中学生更需要交往，只有交往，才能得到情感上的满足，获得接纳和认可，从而在心理上产生安全感和归属感，减少焦虑不安，解除烦恼。那些乐于交往的孩子，往往有着丰富的精神生活，心情愉快，身体健康。而那些孤僻、心情忧郁的孩子，身心健康必然受到影响。

众所周知，人的心态和个性健康水平直接受到与别人交往关系的影响。一个人长期缺乏与别人的积极交往，缺乏稳定的良好的人际关系，那么这个人往往有明显的性格缺陷。在青少年心理咨询的实践中也发现，绝大多数青少年的心理危机都是与缺乏正常的交往和良好的人际关系相联系的。健康的个体总是与健康的心理交往相伴随的。

2. 交往有益于孩子了解自己，了解他人

每个人都有在交往中了解自己和他人的需要。人是在社会交往中了解自己的，没有父母、老师、同伴、同事等人的评价，他们无法获得有关自己各方面情况的信息，别人的看法为他们提供了发现自身特征的广泛角度。在与人交往中，孩子不仅认识了自己，而且也在不断地了解别人。孩子交往的范围越大，接触的人就越多，就能鲜明地感受到更多人的品性，获得更多的社交经验，不断提高自己的生存能力。

3. 交往有益于孩子个性的发展和社会能力的增强

同伴交往中所形成的同伴关系对孩子评价他人的能力和自我概念的形成具有重要的作用，可以有效促进其社会能力的发展和完善。在交往中孩子可以获得更多的经验，可以学习很多适应社会所必需的知识与技能。如学会考虑他人意见，证明自己的意见和建议，学会接受属于自己的任务并

对自己的行为负责等。同伴团体对孩子的影响很大，作为有效的参照群体，它有不成文的但又起着重要调节作用的行为规范，对其成员的价值观、态度、志向、抱负和行为都有直接影响。此外，同伴团体有其奖励和惩罚的方式，对每个成员的个性形成和发展都有重要影响。

4. 良好的人际关系可以提升生活幸福度

一位哲人说过，人生的美好是人情的美好，人生的丰富是人际关系的丰富。在初中阶段重视伙伴关系的建立，增强人际交往能力，会使孩子受用终身，是孩子心理正常发展，个性逐步完善，人格日臻健全，生活具有幸福感的必要前提。

二、指导孩子与伙伴正常交往

芳芳因为搬家，上初二时转入了新学校。新学校无论从办学条件还是教学水平，都比原来的学校好得多，但是芳芳就是不喜欢。开学还不到一个星期，芳芳就闹着要回原来的学校，即便路远也愿意。芳芳的父母认为孩子刚到一个新环境，一开始不太适应是正常现象，安抚她一段时间应该就好了，再说同学们大多学习成绩很好，应该不难相处。没想到一个月过去了，芳芳的问题不但没有解决，还更加严重了。她一直无法融入新的集体，整天看着同学们有说有笑的，自己就像个多余的人。她插不上话，也不想和别人讲话，感觉很糟糕。而且芳芳认为自己来自一所边远校，同学们看不起她，即使自己的学习状况在班里不算差的，仍然受歧视。芳芳很想念原来的同学和老师，情绪压抑，常常哭泣。父母一方面着急，另一方面也越来越不耐烦，不明白孩子怎么如此不听劝告，上学主要就是学习，那么关心同学的态度根本没什么必要。芳芳心情不好，又得不到父母的理解，苦闷至极。班主任老师发现她的状态很差，找她谈心，了解到真实的情况后，给她讲了许多道理。班主任同时又找来班干部了解情况，同学们说是芳芳不爱理人，几乎不和同学们讲话，总是一副不高兴的样子，大家索性就不接近她了。老师告诉大家，既然是这样，就更应当关心芳芳，因为主动关心和帮助新同学是一项义务也是重要任务。经过大家的努力，芳芳平静了许多，慢慢地，基本适应了学校的生活，然而仍旧放不开，原本挺活跃的她沉默了许多。与新伙伴相处不利给芳芳的生活投上了一层难以散开的阴影。

初中生非常重视伙伴关系。如果与伙伴相处不融洽，则会直接影响他们的身心发展和学习状态。因此，指导孩子正确与伙伴相处就成为家长的一项重要责任。帮助孩子学会与人相处，需要让他们领会和掌握以下几方面内容。

（一）初次见面争取给人一个好印象

交往总是从第一次开始，而且第一次的印象对交往有很大的影响。因此，与人初次见面要给人一个好印象。著名心理学家卡耐基在《怎样赢得朋友，怎样影响别人》一书中，总结了给人留下良好第一印象的几点建议：

（1）真诚地对别人感兴趣；

（2）微笑；

（3）多提别人的名字，鼓励别人谈他自己；

（4）做一个耐心的听者；

（5）谈符合别人兴趣的话题；

（6）以真诚的方式让别人感到他很重要。

这六条告诉孩子们，与人交往要做到尊重对方、真诚待人，信任和喜欢对方，这样准会给对方留下一个好的第一印象。第一印象是与人建立良好关系的开始，如果处理得不好，就要花好大的力气才能有所改观。

（二）主动与同伴交往，珍惜与同伴的友谊

交往是互相的，但总有一方要主动些，如果双方都不主动，都等着别人主动，那就等于都被动，不但建立不了良好的关系，而且连沟通也谈不

上了。其实，很多孩子未必不愿意交往，比如上面提到的芳芳，只是他们缺乏信心，心存疑虑罢了。因此，要帮助孩子建立信心，消除疑虑，鼓励孩子主动与同伴交往，这样才有可能与同伴有效沟通，并建立良好的关系。

良好的同伴关系建立起来以后，就应该珍惜它，发展它，巩固这份友谊。如果与同伴之间发生矛盾和冲突，要学会用理智的态度面对，用适宜的方法解决，不能轻易放弃。只有这样，才能保有更多同伴的友谊。如果不但不珍惜，还朝三暮四，同伴就会逐渐减少，甚至被孤立。

（三）完善和优化自身的人格结构

每个人都有自己的人格结构，可以鲜明地体现在为人处世的风格当中。在人际交往中，有些人格特征极为不利，如孤芳自赏、狂妄自大、目中无人、狭隘自私、阳奉阴违等。如果不改掉这些坏毛病，或保有一些不良习惯，那么与同伴的友好相处就成为一句空话。与同伴友好相处，就要不断完善自己的人格，改掉自己的一些坏毛病。根据有关研究，决定初中生是否被人喜欢的品质和行为方式，可以用"同忧同乐、相互关心""兴趣相投、能谈得来""思想、性格好""成绩优秀、有特长"等语词表达。1983 年，我国台湾省学者曾让初中生描述他们喜欢的同伴的特征，结果发现主要的一些品质是：友好、谦虚、助人、诚实、勤奋、好学、不造谣、整洁、慷慨、谈吐文雅等。国外类似研究也得出了类似的结果：受欢迎的同伴被认为是合作的、有成就感、有吸引力等。因此，家长要教育孩子不断完善自己，使自己的人格具有更强的吸引力，这样就能交到更多的同龄朋友。

（四）要真诚地关心、帮助同伴

每个人都希望得到别人的关心和帮助，少年儿童更是如此。你关心和帮助别人，别人也会关心和帮助你。正如《诗经》上说："投我以木桃，报之以琼瑶"。注意、关心自己的同伴是维持沟通和交往的重要条件。与同伴友好相处，就要主动地关心他人。如果都等着对方先关心自己，那同伴之间的友好相处很难维持下去。

在与同伴的交往中，帮助有困难的同伴是良好品德的体现。有些孩子，从小娇生惯养，心中只有自己，只接受他人的帮助，而不懂得去帮助别人，这是很难与同伴处好关系的。帮助是互相的，如果只想得到同伴的帮助，而不去帮助同伴，就会被同伴认为是小气、吝啬、爱占便宜。同伴就会渐渐疏远这样的人。当然，帮助同伴也要注意不要为了某种目的，要真诚、无私。这样，不但能与同伴很好地沟通，而且还能建立良好的关系。

（五）要诚恳、宽容地对待同伴

诚恳和宽容是赢得同伴友谊的重要品质。所谓诚恳，就是真诚地赞扬和善意地批评自己的同伴。真诚待人有两个意思：一是待人要诚恳、坦白，不能虚假做作；二是悦纳他人，也就是说打心眼里愿意与同伴处好关系。每个人都有得到他人赞扬的心理需要，初中生也是如此。如果我们的孩子能经常地赞美和表扬自己的同伴，就会赢得他们的好感。当然，赞扬要实事求是，要诚心诚意。千万不要阿谀奉承，无中生有，言不由衷。否则，时间一长，就会引起同伴的反感。待人诚恳、坦白很重要。家长还应教育孩子要善意地批评同伴。一般来说，人们都不喜欢批评，但如果是好朋友，就不应该视而不见，常言说得好，"良药苦口利于病，忠言逆耳利于行"。善意地批评同伴，同伴会理解的。俗话说，"路遥知马力，日久见人心"。当然，批评要讲究方式、方法，不能伤害同伴的自尊心。这样的批评不但不会使同伴疏远自己，还会增进友谊。

待人宽容是现代人的品质之一。能宽容自己的同伴，对于与同伴沟通和建立良好的关系是非常重要的。一个人心胸狭窄，不能容人，怎能与同伴沟通和建立良好的关系呢？愿意与同伴友好相处，就应包容同伴的缺点、毛病。俗话说，"金无足赤，人无完人"，世界上没有完美无缺的人。

更何况，中学生正处于发展时期，还很不成熟，更谈不上完美无缺。古人讲"水至清则无鱼，人至察则无徒"，可将它改为"水至清则无鱼，人至察则无朋"。也就是说，如果不能包容同伴的缺点和毛病，就永远也不会有朋友。再说，同伴之间不可能没有一点矛盾，一有矛盾就赌气或翻脸不认人，时间一长，同伴就会觉得跟这样的人交往没有意思，他们就会逐渐离你而去。

三、帮助孩子解决伙伴交往中的问题

在孩子的交往中，常会出现一些心理问题，家长应及时发现并解决交往中的障碍和问题，帮助不合群的孩子消除这些心理问题，使他们走出孤独，健康地与同伴交往。

首先，家长要以良好的教养方式影响孩子。采用民主型教养方式，有益于孩子积极的社会交往。父母尊重子女的权利和人格，对子女关心、爱护，能与子女平等相处，子女愿意与父母交流思想、感情，也乐意听取父母的合理意见。这样有利于使子女养成独立、爽直的性格。他们在初中时开始表现出积极向上的倾向，对老师和同学亲切、友好，在家里肯发表意见，乐于向父母提出各种要求，即使自己的意见遭到否定时，也不会产生消极情绪，能接受相反的意见。

不正确的家教方式，往往是引发孩子交往困难的主要原因。采用专制型的教养方式教育子女，无视子女的各种要求，即使是合理的要求也会遭到压制。这种高压教育最常见的现象是打骂，不问青红皂白地动辄使用父母权威，即使错误也要子女服从。这种教养方式会给子女的心理造成压抑感，性格容易出现偏差。要么可能会使孩子变得很自卑，胆小，怕事，不敢与人交往；要么可能使孩子变得粗暴、怪癖、冷漠，甚至会产生反社会人格。溺爱型的教养方式，由于对子女百依百顺，使孩子形成"以自我为中心"的观念，任性、缺乏道德和依赖，对其社会交往很不利。放任型的教养方式，家长对子女不闻不问，任其发展，那么社会环境对孩子的影响就非常大，如果周围环境风气好，孩子到了初中就有可能向好的方向发展，否则，就有可能向坏的方向发展。

其次，家长要以自身良好的社会交往方式影响孩子。孩子的社会交往方式一定程度上是在模仿家长的社会交往方式中形成的。家长要特别注意自己的社会交往方式，使自己的社会交往方式更为积极、健康，更有利于社会交往。

再次，家长不要过多干预孩子的交往。要注意：第一，要接纳孩子的同伴；第二，为孩子正常的社会交往提供条件；第三，不要随意监视孩子的交往；第四，不要过分干预孩子的交往，鼓励孩子自己解决交友中的各种问题。家长可以为孩子交友提供一些意见，但不能事事过问，要让孩子自己在交往中积累经验，提高能力。

对于如何提高社交能力，社会心理学家提出了下面一些建议，家长朋友们可酌情采用。

（1）建立自信心，确认自己是有价值的人。

（2）多参与社会活动，不必希求立即获得回报，参与社会活动的主要价值在于学习社会能力，并借机让别人认识与了解你。

（3）练习自我表达能力。

（4）练习听取别人意见并尊重团体决议，先能与别人和谐相处，然后才有可能培养出感情。

（5）在生活上培养慎独的功夫，以期在个人独处或失意时也不至于会有太大的寂寞之苦。因为，失意与独处是人生无可避免的。

此外，家长还要通过学习和自身的经验总结，帮助孩子掌握和运用社交技巧，使孩子能够自如地应对各种社交问题，不断地增强自身的社会适应能力。

现将常见的初中生伙伴交往问题及如何应对列举如下，供家长学习参考。

（一）同桌关系紧张

经常听到初中生这样讨论同桌。

甲："我同桌太讨厌了，讲脏话，随便动别人东西，擦鼻涕的纸乱丢，脚放在书桌上。"

乙："我同桌她像个母老虎一样，稍不如意就大声喊叫。用书打我胳膊，不许越过'三八线'。还总到老师那儿去告状，哭哭咧咧地好像我欺侮她了一样。"

丙："小明的同桌是个打架大王，他喜欢捉弄、欺侮小同学，还经常说，'有本事单挑！咱校外桥底下见！'小明真不幸，遇上一个这样的同桌，我看他每天忍气吞声的。"

丁："小齐的同桌经常让他替写作业，替抄笔记，还让他买雪糕，买文具。写作业给两块钱，买东西跑腿费三块钱。小齐不敢告诉自己家长，也不敢告诉老师。他同桌美其名曰'我付工钱。'可这些都不是小齐心甘情愿的啊。"

遇到以上这些情况，家长应帮助孩子做到以下几点。

（1）改正自己的不良习惯，如果孩子存在前面提到的讲脏话、打人、不讲卫生、大声喊叫、粗鲁冲动等问题，则要帮助孩子及时改正，否则会影响孩子在同学心中的形象。

（2）做人要大度宽容，在频繁接触中，人与人之间难免会出现小矛盾。同学之间要互帮互学，努力营造一种亲密无间、融洽和谐的同桌关系。

（3）要学会勇敢地拒绝别人的不合理要求。拒绝时语气要坚定，让对方感受到你的决心和力量。当然，有时也可以用委婉亲和的方法拒绝对方的不合理要求。

（4）要多交朋友，免得落单，孤独无助。

（5）寻找老师和家长的帮助。

（二）被人欺负

初中生中欺负、被欺负的情况较多，其原因可能有以下几点。

（1）对生活中一些情境的学习和模仿。

（2）电脑游戏中的暴力行为，可以刺激初中生产生进攻心理和攻击性行为。

（3）初中生大脑行为控制能力尚未发育成熟。

（4）青春初期阶段的情绪容易波动，自控力差，虚荣心强，好显示自己。

小伟的父母是进城打工的农民，校内有一男生经常欺负小伟。该男生在家庭中被家长娇宠，在外面经常显得霸道无理，不能吃一点儿亏，经常欺负弱小。他经常把小伟的书扔到地上用脚踩，唆使同学打他，踹一脚打一拳是经常事。小伟只得忍气吞声，默默流泪，不敢把实情告诉父母。

有的同学是经常挨高年级学生欺侮，最多见的是勒索钱财。

小辉放学后独自一人走在偏僻的马路上，突然窜出两个高个子男生拦住他，让他把身上的钱都交出来。小辉说："没钱。"对方揪住他衣领就要打，小辉只好交出钱包……两个男生得到钱后威吓小辉："不许告诉任何人。"

欺负包括两种形式：一种是直接欺负别人，如嘲弄、取笑、威胁、打斗、冲撞、勒索等，男生这种行为较多；另一种是间接欺负，多发生在女生中，如散布谣言、孤立别人、编讲下流故事等。

被欺负的现象在校园中较普遍，有调查显示，50%左右的学生坦言在校园中受到过欺负。因此校园欺负行为是一个不容回避的问题。

哪些人经常容易被人欺负：

（1）不会和人打交道的；

（2）性格行为较怪异的；

（3）性格内向，懦弱的；

（4）没有朋友的；

（5）不善于表达的；

（6）身体智力有障碍的弱势群体。

应对被欺负的策略为：

（1）改变自己懦弱的性格特征，让自己坚强自信起来。

（2）敬而远之，俗话说得好，"惹不起，躲得起"，"好汉不吃眼前亏"，有时需要"智斗"，而不是硬拼。

（3）多交朋友，这样可以有人帮助自己，上学和放学时尽量结伴而行。

（4）有时要敢于告状，不敢告状就可能会一直挨打。

（5）平时少带钱，不"露富"、不炫耀，以免被人注意。

（6）勇敢面对，见到周围有人时，可大声呼救，极力反抗，拔腿就跑。

（7）寻求社会帮助，包括自己的父母、老师等。和老师、学校、对方家长共同协商解决问题的方法，避免矛盾激化。

（8）远离容易被人敲诈的场所，如游戏厅、网吧等。

（9）家长发现孩子神情不对时，要及时鼓励孩子说出事情的真相。

（10）家长要注意保护孩子的自尊，给孩子留足情面，不过分传扬。

（三）被人嘲笑

小涛的父母是下岗工人，结婚多年未生育，老来得子。小涛的父母和他同学的父母比起来，年龄要大许多。表面看上去，说他的父母像他的爷爷奶奶，都会有人相信。小涛的学习成绩一般，朋友很少，经常独来独往。由于他头发发黄，面部消瘦，有一个男生就给他取外号"孙猴"。小涛很生气，谁喊他外号，他就反骂、追打谁。这样就更引起其他男生的嘲笑与捉弄。

小文已经上初二了，外表看俨然一个大男孩儿，胆子却小得很，很多事情都不敢做，包括和同学们一起去玩儿，因此常常受到同学们的取笑，一些调皮的学生还给他起了个绰号叫"姑娘"。小文很厌恶这个绰号，每当听到同学们这样叫都非常生气，可是不知道该怎么办才好，看着他面红耳赤、气鼓鼓的样子，同学们乐得更欢了。渐渐地，小文越来越害怕同学取笑，直到连学校都不想去了，而且心里总是很难受，压抑得透不过气来。妈妈找到班主任说明情况，班主任老师也没想到同学们之间的玩笑给小文如此大的影响，于是找来挑头的几个学生批评了一通，责令他们以后不许给同学起绰号。从那以后，大家不大敢明目张胆地取笑小文了，取而代之的是疏远甚至是鄙夷。小文感觉更难受了，状况很糟，父母不得不带他去看心理医生，接受相应的治疗。

有调查表明：初中生中90%以上的同学被起过绰号或被嘲笑过，几乎100%的同学对嘲笑感到生气愤怒，30%的同学对被起绰号很无奈、很生气。

每个人在成长过程中难免会遇到被人嘲笑的情况。受嘲笑的原因，可能来自身体的特征、缺陷，也可能是能力不佳或某个笨拙的动作，也常常发生在某次出丑的经历或姓名的特点等。

嘲笑可以有不同的类型，有打趣逗乐的，有戏谑玩笑的，也有损人贬低、伤害侮辱、捉弄别人的。要分辨清楚是发生在朋友之间友善的玩笑和逗趣，还是恶意的嘲笑。在初中阶段，学生比较敏感，自尊心较强，自我控制力比较差，做事容易冲动，思考问题又不很周全，因此，被同学嘲笑往往会产生比较严重的后果。

当孩子遭受别人嘲笑时，家长和孩子应这样应对：

（1）鼓励孩子吐露心声。家长要耐心专注地听，平静地鼓励孩子说下去，了解整个事件的来龙去脉，告诉孩子嘲笑是可以化解的。

（2）与孩子讨论对策。自己身体有特点，有缺陷，要善于悦纳自己，面对现实，自己会轻松一些。对取笑自己的人一笑了之，如果你不理睬，没有那么强烈的反应，久而久之，对方觉得没趣，也就不再说了。

（3）赞同嘲笑者的说法。"我真的没有你高"，"你说得没错，从小我一跑起来就像鸭子，到现在还没改过来"。

（4）幽默化解。"我虽矮，但浓缩的都是精华"，"小眼迷人"，"我瘦不用操心减肥"等。

（四）嫉妒心理危害多

咨询室里迎来了母女二人。

母亲抢先介绍情况："我的女儿今年上初二了，从小学四年级起她迷上了漫画，我就给她找了学习班单独学习。她进步很快，现在在班上也是画得最好的孩子之一。她的漫画曾经被日本一家出版社录用，小小年纪现在已经得了不少稿费了。问题是她现在不能看到有谁比她画得好，看见谁的画画得比她好，她就十分生气，愤怒、发泄或挑剔别人的不是。其他同学的画得到老师表扬时，她会说：'我灭死她的心都有！'我觉得十分可怕，所以带她来咨询，请你们多多帮助她。"

一个人在超越不过别人时产生愤怒、怨恨、自卑、羞愧等的复杂情感，就是嫉妒。

嫉妒的心理一旦产生，会对正常的交往活动带来危害，产生消极影响。如看见别人成功了，就生气、难过、发脾气；听到别人比自己强，就散布谣言，诋毁别人；发现几个人来往亲密，就施"离间计"，破坏安定团结等。

嫉妒心理产生的消极行为会影响和谐的人际关系形成，在孩子成长中会起到严重的阻碍作用。严重者还会产生报复心理，为青少年犯罪创造了心理条件。

如果一个人感觉到了被别人嫉妒，最正确的应对方式是：采取不卑不亢、我行我素的态度，对嫉妒者笑脸相待。

家长要引导孩子克服嫉妒心理。首先，要改正自己认知的偏差。正确认识和分析一个人为什么会获得成功，学习别人的长处，克服自己的不足。其次，把自己不服气的心理引到积极的、正能量的方面，求上进，不服输，争取在其他方面超过对方，使自己获得一种新的心理平衡。再次，要学会合作、团结互助、学会欣赏、学会分享。

（五）自我中心影响伙伴关系

小丽在初一上学期时是班里的宣传委员，她学习成绩优秀，也很聪明能干。但是半年后，班里改选班委，她连提名权都未获得。

同学们反映小丽："她太自我了，当宣传委员时，事事时时都要大家听她的，别人的意见、建议她都不听，我们都是她的仆人了！都为她服务！凭什么呀！""更要命的是，她的主意也不都是正确的，错的想法还坚持，别人的正确意见她都一律不采纳，说了也白说！"

自我中心是人的一种个性特征，是自我意识发展的畸形产物，在交往中是一种非常不利的个性品质。

具有自我中心特征的人表现为：

（1）很少关心别人，与他人关系疏远，时常事事都从自己的利益出发，从不顾及别人，似乎人人都应该为他服务。

（2）固执己见，唯我独尊，在人群中常讨没趣。在明知别人正确时，也不愿意改变自己的态度或接受别人的态度。

（3）自尊心过强，过度防卫，有明显的嫉妒心，对别人的成绩非常嫉妒，对别人的失败幸灾乐祸，不向别人提供任何有益的信息。

极端的自我中心会导致一个人自我封闭，因为更多的人对他是"敬而远之"，也阻挡新朋友的来临。久而久之，则会形成自闭性格，变成了封闭、孤立、隔离、多烦恼的人。

改变自我中心的表现，避免形成自我中心的特征，有以下两个有效的办法：

（1）能够接受别人的批评。包括接受别人的正确态度，承认自己态度的错误性和接受别人的批评。改正过去固执己见、唯我独尊的形象。

（2）能够与人平等相处。以一般交往者的身份与别人平等相处，不对别人过分苛刻，也不对别人冷眼相待。

（六）多疑易产生不信任

自从母亲又生了个弟弟之后，小玲就经常闷闷不乐，认为妈妈肯定不会喜欢自己了，妈妈说的每句话，她都认为是"朝着自己来的"。

妈妈说弟弟："你可不能再吃了，吃得太多了。"小玲认为妈妈是说她吃得多。

妈妈说："吃完饭，就快写作业，好好复习功课吧。"小玲也不高兴，认为妈妈喜欢弟弟，和弟弟一起玩，不愿意和她说话。

在班里，小玲也认为别人瞧不起自己，三个女生在一旁说笑，她认为："这三个人又在议论我。"小玲的同学认为："她太敏感了，我们不敢惹她，不知为什么她又不高兴了。"

对别人的防备心过重，怀疑一切，即是多疑。多疑是一种完全由主观推测而产生的不信任心理，认为人人都不可信，人人都不可交，严重者可以整天疑心重重，常常无中生有。

多疑产生的原因有两个：

（1）由思维偏差而导致。古代的"疑人偷斧"故事即生动地描述了这样一种人："当他怀疑是邻居的家人偷斧时，即从这个'无'中生出来的假想目标出发，观察邻居的言谈举止，觉得他们的神色态度无一不是偷斧子的样子，思考的结果进一步巩固和强化了原先的假想目标，于是他断定小偷必定是邻居的家人。"

（2）对自己缺乏信心所造成的。有人在某些方面自认为不如别人，因而总以为别人在议论自己，看不起自己，要算计自己。

家长可以教给孩子一些抛弃多疑心理的妙方。

（1）用理智的力量克制冲动情绪的发生。当发现自己开始怀疑别人时，应当立即寻找产生怀疑的原因，在还没有形成恶性循环思维之前，引进正反两个方面的信息，不要轻易提出为自己的怀疑服务的单方面依据。

（2）学会使用"自我安慰法"。如果觉得别人怀疑自己，应当安慰自己，暗示自己不必为别人的闲言碎语所纠缠，不要在意别人的议论，甚至要为受到别人的注意而自鸣得意，这样不仅解脱了自己，而且还取得了一次小小的精神胜利，产生的怀疑自然也就烟消云散了。

（3）培养自信心。人有所长，亦有所短，每一个人都应当看到自己的长处，培养起自信心，相信自己会与周围人处理好人际关系，会给别人留下良好的印象。这样就不会担心、怀疑别人是否会挑剔、为难自己了。

（4）正确认识别人。学会在交往过程中认真观察别人，了解他人，把握他人的性格特征、处事方法等。例如，当你了解到对方为人正直、从不说人闲话，而且待人坦诚时，就没有理由怀疑此人了。

当然，生活中我们常说一句老话："害人之心不可有，防人之心不可无。"这句话是有一定道理的。人们在交往时有一些顾虑和怀疑是正常的，也是免不了的。特别是对于初中生，由于他们涉世未深，家长要注意教导他们在与人交往尤其是与陌生人交往时，要先有几分猜疑，多问自己几个"为什么"。这些是必须而合乎情理的，和以上所说的多疑不能同日而语。

（七）害羞阻碍正常交往

小敏是个十分内向的孩子，自幼胆小、怕事。在上幼儿园时，她就不喜欢和小朋友一起玩耍，总是自己在一旁玩玩具。上小学后，她见到生人都不敢说话，家里来了亲戚，她常常自己回屋躲起来。她上课从不举手回答问题，老师提问时，她的脸憋得通红，低着头，用很微弱的声音回答问题，读课文时她的手都会发抖。在初中上学的两年中，小敏"害羞"的状况没有任何改善，她见人胆怯，说话就脸红。由于"怕说错话"而事事谨小慎微，觉得自己处处都不如别人。

小时候，家长认为小敏这样"不是毛病"，"长大就好了"，"学习好就没有大问题"。现在，家长有些着急了，觉得这样下去，孩子会离社会越来越远。

害羞是指一个人过多地约束自己的言行，以至于无法表达自己的思想感情，阻碍了正常交往的状态。

在现代开放的社会里，过分的害羞是一种严重的交往心理障碍。

害羞产生的原因有四个：

（1）先天原因。天生性格内向，不合群，见人胆怯，说话就脸红的人会常常表现害羞。

（2）教育不当。进入初中学习之后，孩子生理年龄已进入青春期，这时候孩子对自己的言行非常重视，也对别人的评价十分敏感。这种心理状态导致了他们在交往中，特别是在陌生的场合，会表现得不自然、腼腆，羞于在公开场合讲话。而青春期正处在孩子不愿意和父母交流的低谷期，此时，容易错过教育的时机。

（3）缺乏自信。对自己评价过低、自卑，事事谨小慎微，不相信自己的能力，因此，在交往中没有自信，羞于和别人交流。

（4）挫折的经历。有些人由于在成长中屡屡受挫，使他们变得胆怯、消极、被动，经常害羞。

害羞给孩子带来的影响是：

（1）阻碍孩子与别人进行正常的交往，影响建立亲密的友谊。

（2）可以导致不良情绪的产生，使人焦虑、悲愤和感到孤独。

家长可以教给孩子以下克服害羞的办法。

（1）丢下包袱。在日常生活中丢掉一切顾虑，允许自己失败，允许自己会做错事。成长中只要汲取教训，都是可以改正的。错误和反面经验也是成长中的宝贵财富。

（2）树立自信。要看到自己的力量，能鼓起勇气，勇敢地迈出第一步，发现自己的闪光点，增强自信心。

（3）学会交往。害羞的人常常不会交往，也就是说，他需要学习基本的社会交往技能，要指导他观察周围的人是怎样交往的，还要多向周围人取经，尤其是向从以往的"害羞"中走出来的人学习经验。

（4）增强体质。先天性格内向的人，遇事胆小、退缩，见人害羞，用体育锻炼的办法最有效果。但要注意的是，一定要坚持体育锻炼，而不是心血来潮，偶尔练一下，也不是三天打鱼两天晒网。只要坚持三个月以上，一定会看到好的效果。

（八）孤僻，不合群

不随和，不合群，"形单影只"，即是孤僻。

孤僻有三种情况：一种是性格内向，不合群；另一种是生性怪僻；还有一种就是孤傲清高。

孤僻心理严重地影响了一个人正常的交往，离开社会性的活动，人们很难获得成功。孤僻使生活变得枯燥、单调，更较少得到快乐和幸福。

若想改善孤僻的个性，孩子可以从以下两方面做起。

（1）正确认识自己。孤僻的人一般都不能正确认识自己，总是拿自己的优点、长处和别人的不足、缺陷相比。他们常常给人"自命不凡"

的印象。因此，只有正确认识自己，才会找到消除孤僻心理的突破口。

（2）优化性格。孤僻的人大多都是喜欢独处、内向的人。因此，要通过多参加正当、良好的交往活动，在活动中敢于与别人交往，逐渐和别人成为朋友，在活动中"尝到甜头"，获得愉快感，逐渐会变得随和、合群。

笔者曾指导一初中生改变孤僻性格。

一对年轻夫妇来到心理咨询室，介绍了他们的孩子情况。

孩子是个初一的男孩，身体健康，学习优秀，从小学就没有让家长为学习而费心过。进入市重点中学之后由于个子矮小，他总是坐在第一排。每天上学按时到校，放学准时回家，他没有朋友，不主动参加学校的各种课外活动。

"我们担心他将来走向社会会有各种障碍。只是学习成绩好又有什么用？"孩子的母亲这样说。

"我非常同意你的观点。你们能从孩子的全面发展考虑问题，关注他个性中的缺陷或不足，尽早想办法矫正，我非常欣赏你们的做法。"我和他们交流着。

"可是我们能有什么好办法？他每天抱着书本，让他出去找其他同学玩，我们想赶都赶不走他。"母亲和父亲都表现出束手无策的样子。

"我帮你们想一些办法吧。"我让他们把孩子接到校心理辅导室。

他是一个清秀、帅气的小伙子，且很文静。

"今天你放学后去哪里？"我问他。

"我回家。"

"同学们都在做什么？"

"今天有男生踢足球，有的同学要打球，还有好多同学是啦啦队的，他们都不走，我什么都不是。"他告诉我。

"我建议今天你也先别回家，参加班级啦啦队，给你们班足球队员助威。"

"我没有易拉罐。"他为难地说。

我知道有的啦啦队队员用空的易拉罐内装些小石子来当啦啦队呼喊的

道具。

"我相信你会在下午四点半以前解决好这件事的。"我扶着他的肩膀，向他投以信任的目光。我们约定下周汇报这次活动的情况。

几天后，孩子眉飞色舞地描述着当时的情况，仿佛还沉浸在当时的欢乐中。"我想告诉您，我们班男生踢足球赢了！我们班的大个子进了五个球，他说看见我为他助威，他多进了三个球。大个子还对我说：'小个子！谢谢你！'"

我说："太好了，我也为你们班高兴，这里有你的一份功劳！"他不好意思地低下头笑着。

"你再看看你们班交来的板报设计，有什么问题吗？下周板报评比，现在修改还来得及。"我和他翻看着各班交来的板报。

看着看着，他突然放开手说："我叫班长和宣传委员来！"

不一会儿，两个孩子被他拉来了。

"你们看！咱们班的板报不如别的班好，咱们拿回班里再重新弄一下吧，不然，咱们连第三名都评不上。"他指着各班设计的板报说。

"太感谢你了"，"你怎么发现的？你为咱班立大功了！"两个班委边夸奖他边一起抬走了板报……

半年后，这对夫妇特意来学校感谢我，并告诉我："孩子大变样了，他关心班集体，愿意参加学校组织的活动，并且有了四个好朋友，再也不是那么孤僻、不合群的孩子了。"

本章作者：

张　嫦　天津市精神卫生中心儿童青少年心理科副主任医师、中国心
　　　　　理学会科普委员会委员

孙　晶　天津市塘沽第一中学心理辅导中心心理教师、中学高级教
　　　　　师、教育硕士

第 十 章

指导孩子学会生活

绷紧的弦易断，张满的弓易折。如何徜徉于紧张的学海之中，游刃有余地安排自己的课余生活，对还不成熟的初中生来说，是必须面对与思考的重要课题。但他们又缺乏对生活的深刻体验与理解，缺乏生活实践经验和把握生活的能力，因此，对初中生进行学会生活的科学指导，是摆在每位初中生家长面前的重要课题。

一、培养健康情趣，提升课余生活的质量

富有意义的课余生活可缓解紧张情绪，是一种积极的休息，并且可以培养个人的爱好，增进与同龄朋友的交往，促进友谊；可以培养更多的才能，使生活更充实，学习效率更高，促进身心健康发展。

不少初中生在小学阶段曾有过丰富多彩的兴趣爱好和课余文化生活，但是一进入中学，就因为"影响学习""瞎耽误工夫"等理由被家长扼杀或禁止了。初中生不仅要学会安排自己的学习活动，也要学会在学习之余选择恰当的、适合于自己的课余活动。家长应引导孩子认识课余活动的意义，自身

必须先了解课余生活的重要性，鼓励孩子选择适合于自己的课余活动。

（一）了解初中生课余生活的现状

初中生的课余生活非常丰富。了解他们的课余生活现状，倾听他们内心的真实想法，才能更好地引导他们的课余生活，使他们身心健康成长。

1. 目前一些初中生课余生活描摹

现在每到周末、节假日，熙熙攘攘的大街上总能看到一些家长和孩子拿着乐器或者画板，行色匆匆地走着。不用说，这是去给孩子"开小灶"的——参加课外特长项目学习。除了学琴、学棋、学书法、学画画外，还有练体操、打篮球、学电脑、学外语等，项目多多，这些似乎成为学生课余生活的全部。

一名刚上七年级的初中生在周记里写道："妈妈说，每天语文读 1 小时！爸爸说，每天数学学 1 小时！哥哥说，每天英语读 1 小时！天哪！我要疯了！怎么什么都是 1 小时、1 小时的？但是他们从来没提出过让我看电视 1 小时，玩 1 小时！家长们望子成龙，望女成凤！我们都不能玩了！爸、妈，我能有玩的时间吗？"某校语文老师介绍，像这名初中生这样经常在日记、周记中抱怨、诉苦的学生不少。

中国社会调查所的一项调查表明，初中生根本没有闲暇时间的占 8.47%。原因是学习负担重，作业量过大。除了学校布置的作业用时普遍较长外，家长布置作业的占 18%，家庭教师布置作业的占 6%，提高班、特长班教师布置作业的占 8%。有些学生的课余生活也都用在学习上了。在双休日有 35% 的学生参加家教和课程补习、提高班，73% 的学生双休日不参加任何体育活动，49% 的学生独自度过双休日，与同龄人没有任何交往，而娱乐活动主要是看电视，然后是上网、听音乐、看小说。在家里或游戏厅、网吧玩游戏和上网的为数较多。然而，真正在闲暇时间里，丰富自己的知识，发展特长爱好，接触社会，参与社会公益活动的人为数不多。

2. 家长对初中生课余生活的指导不够

在实施素质教育的今天，我们必须充分认识生活素质的重要意义，科学地指导孩子提高生活素质，学会生活。

生活素质影响着人的一生。一个人的生活素质高，他的生活能力就强，从而能妥善地解决生活中遇到的各种问题，从生活中得到身心需要的满足，获得愉快、幸福的感受。这样，必将有利于个人学习、工作任务的完成。从长远的观点看，初中生早期良好生活素质的形成，有利于促进一生事业的成功。

全面生活素质的培养，主要靠教育，尤其是家庭中的生活教育。虽然孩子通过自己的观察和模仿，可以掌握一些较简单、较常用的生活知识和技能，但是一些较复杂的生活知识和技能，则离不开成人的指导和帮助。至于养成健康、文明、科学的生活态度、生活习惯和生活情趣，更需要成人长期耐心细致的指导和帮助。

初中生正处于半幼稚、半成熟，身心发展的关键时期，他们独立意识增强，渴望和需要丰富多彩的课外生活。苏联教育家苏霍姆林斯基曾说："只有当孩子每天按自己的愿望随意使用5~7个小时的空余时间，才有可能培养出聪明的、全面发展的人来。离开这一点去谈论全面发展，谈论培养素质、爱好和天赋才能，只不过是一些空话而已。"

课余生活是由孩子们自己选择、自主进行的，具有自主性、兴趣性、灵活性、开放性等特点，因而对促进孩子全面发展具有独特的作用。它可以适应孩子的多种需要，丰富他们的精神生活，陶冶情感，磨炼意志；它可以激发孩子的兴趣爱好，发展他们的特长，培养其创造才能；它可以扩大孩子的生活领域，密切与社会的关系；它可以调节孩子的生活，愉悦身心，增进交往与友谊……促进孩子在德、智、体、美等诸方面生动活泼地得到发展。

然而，面对当今国内外形势复杂深刻的变化，某些腐朽没落的生活方式、媒体传播的有害信息等各种消极因素，对涉世未深、辨别是非能力与自控能力不强的初中生的影响不可低估。对他们的课余生活，只抓课业学习和特长培养或放任自流，管理不力，不加以正确引导，会对他们身心的健康发展造成严重的有害影响。对于课外辅导班，不是不可以给孩子选择，但是要理性、有效地选择。

（二）如何正确指导初中生的课余生活

家庭教育、家庭生活的经验对初中生生活能力的提高和个人的发展有独特的作用，家长应充分发挥这种优势，加强对孩子课余生活的指导，帮孩子打下坚实的生活基础。

父母可以详细了解学校的课外活动安排，以便引导和帮助孩子安排好离开学校后的时间，让积极的、有意义的活动占据孩子的课外时间。父母也可以通过亲戚以及邻居，及时了解孩子的课余生活情况，不使其在无任何约束的情况下放任自流。

具体说来，家长应该从以下几个方面对孩子进行引导。

1. 指导孩子提高自理能力，学做简单家务

随着我国第一代独生子女步入婚育年龄，他们的孩子更是"集万千宠爱于一身"。爸爸、妈妈、爷爷、奶奶、外公、外婆六个大人宠爱一棵"独苗"，不少孩子过着饭来张口、衣来伸手的日子，自理能力较差。

某中学组织军训活动，学生们统一集合，坐大巴到基地，原则上不允许家长到军训基地探班。但是每年都有一些家长不遵守学校的规定，硬要自己开车送孩子到基地，基地门口还经常围着一群给孩子送零食、送游戏机的家长。教官要求学生整理床位，结果一些学生叠得乱七八糟。

家务劳动，是家庭生活的重要内容，也是孩子学习生活知识、技能，养成良好生活态度、生活习惯、生活情趣的主要途径。然而，目前中小学生做家务的情况令人吃惊。

上海对 1 500 名中小学生的调查表明：51.9% 的学生长期由家长为他们整理生活用品和学习用具，只有 13.4% 的学生偶尔做点家务。北京对 500 名中小学生家长的调查发现：近 40% 的中小学生从来没有洗过自己的袜子，生活能力相当差，即使做一点家务，也并非主动认真，马马虎虎消极应付的不少。因此，家长应首先帮助孩子认识做家务的重要意义，安排他们完成必须完成的家务劳动，指导他们认真完成每一项任务。

其实，爱劳动是孩子的本性。家长应充分引导和爱护孩子劳动的积极性。然而，现实生活中，一些家长替孩子包办一切，只让他们享乐，连起码的锻炼和体验都取消了，结果造成子女缺乏独立的生活能力，依赖性强，自信心缺乏，上进动力不足，经不起困难与挫折的考验，甚至还有好逸恶劳、追求享受等弱点和缺陷。

2. 指导孩子学会合理消费

目前初中生的消费情况也不尽如人意。有的孩子参与家庭财物管理和自主购物的机会较少，从而不会花钱，没有消费能力；有的孩子由于手中有较多的零用钱，则大手大脚，胡乱花钱。

调查显示，全国 0～12 岁孩子每月消费总额超过 35 亿元，其中北京、上海排在最前面。初中生喜欢选择进口货，在 80% 的工薪家庭中，一个孩子的平均消费超过一个成年人。

《武汉晚报》2013 年 2 月 16 日有一篇报道，《八成孩子压岁钱涨了——初一学生收 1 万元》。调查称，83% 的孩子表示，今年收的压岁钱变多了。有 64% 的孩子压岁钱收入会在 1 000～5 000 元，压岁钱总收入在 5 000 元以上的有 2%。有一个初一男生，收到的压岁钱有 1 万多元。

然而令人担心的是，一些孩子手里有钱了，却花销无度，经常与同伴攀比，一点儿也不爱惜钱财。一双名牌运动鞋就要五六百元，一场生日派对花费数千元……一些"现代少年"为了满足自己的虚荣心和好奇心，不顾家庭经济状况进行高消费。由于家里过分娇惯，比名牌、比花钱、比烟酒……这些攀比的结果导致一些学生崇尚"读书无用"论，荒废学业。

我们常常可以见到这样一幕——孩子放学回到家，放下书包，便说："妈妈，给我点儿钱，我肚子饿了。"妈妈马上从口袋里拿出些钱递给孩子。这无疑是与"让孩子学会花钱"相矛盾的。

因此，家长应当对孩子进行消费常识的教育，培养孩子的消费能力，学会合理消费。父母应根据孩子的年龄、性格与自己家里的经济状况，根据孩子学习与生活的需要，适当给孩子一些零用钱，并监督和指导孩子正确使用。父母应教给孩子一些管理零用钱的方法，如让孩子学会到银行存取零用钱的办法以及养成收支记账的习惯。家长还要定期检查孩子使用钱的情况，最好能让孩子在每次使用钱之前给家长一个说明。

父母给孩子零用钱要做到"八不"：①不要以金钱作为奖励或惩罚孩子的工具；②不要养成孩子随意用钱、有求必应的坏习惯；③不要让孩子有借钱和欠款的恶习；④不要随意增减孩子的零用钱；⑤不要用钱来讨好、贿赂孩子；⑥不要在孩子面前宣扬拜金主义；⑦不要引导孩子高消费或超前消费；⑧不要让孩子的零用钱超过家庭成员的人均水平。

3. 指导孩子用好闲暇时间

由于实行双休日，孩子们的闲暇时间大大增加。怎样度过闲暇时间，也有积极与消极之分。孩子闲暇时间的活动，存在问题最多的是娱乐。有的孩子在休息、娱乐的时间上分配不合理；有的孩子在娱乐的形式、内容上不科学、不文明、不健康。这就需要家长的指导。一是要教育孩子珍惜时间，学会科学计划闲暇时间，娱乐应合理安排，适可而止；二是要求孩子自觉抵制内容不健康的娱乐活动，娱乐形式多样；三是家长也应尽可能地和孩子一起娱乐，既要尊重孩子的个性爱好，又要培养亲子间的共同兴趣。这样，才能真正达到娱乐的目的——不但调节生活，而且也能增长知识，开发智力，锻炼身体，提高素质。

家长要和孩子一起对时间进行管理，合理分配并有效利用时间，使学习有效率，生活有规律，闲暇时光有意义。在帮助孩子树立时间管理意识的同时，还要教给孩子管理的方法。闲暇时间只要不违背原则，都要鼓励孩子安排自己喜欢的活动。培养他们阅读、绘画、听音乐等兴趣爱好，并不要求他们一定要有很高的造诣，只是作为个人才艺修养，让他们的人生体验更丰富。如果孩子想要看电视和上网也不必反对，只是耗在上面的时间如果太长，就该建议他们多和同学、朋友出游，亲近大自然，感受更多乐趣。

家长可与孩子一起制定时间表，但要注意以下几点。一是时间表必须和孩子共同制定、执行，告诉孩子轻重缓急的原则，有分歧协商解决。尊重孩子的自主意愿，才是培养其独立性的关键。二是不同时期的时间分配也有所不同。注意开学前及开学后、期中考、期末考、寒暑假内不同的劳逸结合时间分配，要杜绝"一表到底"的生搬硬套。三是尽管父母承担监督职责，但更多的应是引导。对于自律性较差的孩子，还可以设立合理的奖惩机制。但记住，这只是约束的最低手段，重点还是言传身教。

美国总统奥巴马和米歇尔夫妇努力融入女儿的休闲生活：和女儿手牵手滑旱冰；相互击掌鼓励对方；萨沙坐在父亲腿上看姐姐马莉娅踢足球。无论是萨沙的舞会，还是马莉娅的篮球赛，他们都尽量参加。米歇尔的每日安排都有"玩耍"一项。马莉娅和萨沙可以做自己喜欢的事情，但不能越界。奥巴马夫妇允许她们与青少年乐坛偶像"乔纳斯兄弟"见面，但拒绝让她们参演风靡全美的少儿电视剧《汉娜·蒙塔纳》；可以使用iPod音乐播放器、照相机和电脑，但不能违反学校规定把手机带到课堂。

奥巴马一家住在芝加哥时，每周末都有固定的安排：举行家庭舞会和比萨饼午餐。奥巴马当参议员期间经常不在家，米歇尔和女儿就制定了"促膝时间"，即母女三人躺在床上聊天。

到华盛顿后，为了让女儿多参加户外活动，奥巴马夫妇在白宫院子里搭建了秋千和绳梯。斯平克斯·富兰克林说："玩这些普通游戏装置，孩子们可以用到最基本的运动技巧。即使天气寒冷，她们也会到户外玩，理应如此。"

4. 指导孩子增强体育锻炼

《城市快报》2010年2月报道：天津市初中生中"小胖墩""豆芽菜"接近半数（44.9%的初中生为较低体重或超重）。天津市关心下一代工作委员会组织专家对本市中小学生健康状况进行的调查显示，在初中生中，40.7%的学生每周参加体育锻炼1～2次，48.3%的学生每周锻炼3～4次，有11%的学生每周不参加校外体育锻炼。

常言说得好："生命在于运动。"休闲生活就是要让孩子学会在课余时间如何玩，玩出健康，玩出水平，让自己的能力、见识、身体等诸方面都有所提高。这里，让每个孩子行动起来，无疑是非常重要的一环。有的孩子不喜欢运动，不是觉得累，就是觉得危险，他们怕苦畏难，退缩成运动场上的落伍者。这时就要对他们进行心理辅导，让他们知道体育与智慧的关系密不可分，保持身体健康，就一定要参与运动，这是客观规律，也是自然法则。多参加体育运动，尤其是益智的体育项目，能使人变得更聪明，在学习上更得心应手。父母可以一些身边的人和事为例，说明体育运动给人带来的好处，再身体力行，提高孩子的积极性。要为他们选择合适的运动项目，如电视健身操，结伴游泳，打球等。要制订计划，确定恰当的运动量，循序渐进，因势利导，让孩子在休闲时能自觉参加一定的运动，激发生命潜能，激扬创造个性。

5. 指导孩子学会审美

初中生的家长们发现，孩子开始注意自己的穿着打扮了，爱照镜子了，意识到自己的形象能给人以好感。这是初中生初显的对美的向往和追求。

家庭是审美教育的摇篮，父母是审美教育的第一任教师。少年感知敏锐、情感丰富、富于想象，有强烈的独立意识和成人感，并观察细微、模仿性强。他们观察父母的一言一行，更体察父母的内心世界。

想塑造孩子美好的心灵，父母就要首先塑造自己的心灵，培养和塑造孩子心灵美、仪表美、风度美、气质美、语言美、行为美和节俭美等诸方面。引导孩子学会审美，提示家长注意：①要为孩子营造一种美的环境或充满美的氛围；②使孩子熟悉相应的行为规范；③引导孩子亲近大自然；④引导孩子进行讨论，各抒己见，畅所欲言；⑤指导孩子正确地接触各种传播媒体；⑥走出狭窄的，甚至是错误的审美教育误区，主要包括来自娱乐文化、低俗文化的影响，服装文化追求的时髦，对影视节目和文学艺术追求感觉型、情绪型的审美情趣。

学会审美是追求生存的高质量。从本质上讲，审美教育也是一种生命教育。审美教育就是直接对人的生命存在本身进行塑造、规范和引导的一种教育。其根本目的是提高生命质量，培养和发展人的感性能力——包括感受力、鉴赏力、判断力、想象力和创造力等，对人性进行塑造和改造，去除人性中卑劣、污浊、肮脏、丑陋的一面，培养和发展人性中高尚、美好、光明的一面，使人变得更加完善，使人的世界变得更加美好。一句话，审美教育的目的就是培养健全高尚的人格，塑造完美理想的人性，创造合理美好的人生。其实，所有教育的最终目的都是如此，但审美教育则是最直接的途径。

二、让网络成为孩子的益友良伴

当今世界，是信息的世界，电子媒介进入了家庭，特别是电脑、智能手机、平板电脑等进入家庭后，以及 3G 的普及、移动互联网的发展，引发了家庭教育形式、内容、方法的诸多变化，也给我们带来了许多新的思考。

网络世界资源共享，就像一个聚宝盆，一座取之不尽用之不竭的"富金山"。初中生可以从中最快地查找学习资料，可以学会更多课堂外的知识，并灵活地运用课内知识，促进思维的发展，培养创造力。上网还可以超越时空和经济的制约，在网上接受名校的教育，有什么问题，也可以随时通过 E-mail 请求老师的指导。而且互联网上的交互式学习、丰富的三维图形展示、语言解说等多媒体内容，使得学习变得轻松、有趣，这是任何教科书都不可能具备的。

另外，上网可以及时了解时事新闻，获取各种最新的知识和信息，对以后的学习和生活都有很好的指导作用。上网可以充实头脑，只要留心就可以学到许多学校里学不到的知识。学生的一个被人经常提及的缺点就是缺乏信心，不敢与外界对话、交流。现在有了互联网，他们可以彻底克服这个心理障碍，并且在对外交流的过程当中，又开阔了自己的视野。网络为教育资源的交流提供了便捷的通道，不仅老师，而且学生也可以通过互联网登录各类教育网站获取学习资讯。网络还可以促进初中生个性化发展，消除心理障碍，他们可以没有顾忌地向网友倾诉心事，减轻课业负担所造成的心理压力。

随着互联网在我国的飞速发展，越来越多的初中生学会了上网。互联网在一定程度上综合了报纸、广播、电视等媒体的优点，又有信息量大、传播及时方便、价格低廉等特点，有助于初中生认识这个世界的变化。上网学习、娱乐、获取信息、沟通情感，成为初中生课余生活的新时尚。有关研究人员对北京、上海、深圳、成都、重庆等五个城市中学生开展的相关调查显示，城市中喜欢并经常上网（周上网时间达 4 小时以上的）的学生，已超过 40%。家长、教师（学校）与网吧争夺沉溺于网络的学生的报道也经常见诸报端。

（一）网络对初中生的魅力和诱惑

上初二的小龙有一个十分响亮的网名"飞龙在天"，别看小龙在学校萎靡不振、哈欠连天，回到家里的他可是精神抖擞。每天一放学，小龙就冲回家，在自己的卧室里上网聊天或者打游戏。作为一个资深网迷，小龙有一系列应付爸爸妈妈突击检查的招数，实在来不及就拔电源迅速关机。小龙恨不得吃饭、睡觉都抱着他的宝贝电脑，每天在网上流连忘返，常常一天只睡四五个小时。

13 岁男孩小远，现读初一。他 10 岁时随同学去网吧玩游戏，开始每周放学去 1~2 次，到时间还知道回家。以后他逐渐迷恋于网上的暴力游戏，去网吧次数越来越多，上网时间不断延长，常通宵达旦地在网吧度过。自从网络成瘾后，小远常逃学，上课注意力不集中，记忆力下降，终日不忘网上活动的情景，学习成绩每况愈下。小远变得孤独，开始厌倦社会活动及家庭聚会。近一年来，他又痴迷于网上聊天，结识了一些网友，他说在网上得到了同情和安慰。从此，他不分昼夜、废寝忘食地上网聊天，欲罢不能。

后来小远发展到为上网不择手段，没钱就与网友结伙在校外抢劫低年级学生的钱财，有时还偷家人的钱。他曾受到公安部门的教育，但不知悔改。为上网他曾将家中一些电器偷偷卖掉获 500 元钱，全部挥霍在网吧。家长批评、劝说都无济于事。小远一旦离开网吧，就终日无精打采，情绪时而激动，时而焦虑、抑郁。当家长不让他上网玩游戏时，他会失去理智地打家长、砸东西。他以前是个乖孩子，很听父母的话，成绩在班上名列前 10 名，现在却科科不及格……

近年，我们经常听到未成年人沉湎网吧，学业荒废，遭勒索打骂，甚至欠下高额网费，畏难离家出走的故事。课余时间光顾网吧成了一些学生的"必修课"之一，他们长时间待在乌烟瘴气的网吧里，不亦乐乎地聊天，废寝忘食地玩游戏，偷偷摸摸地浏览不健康网站……

虽然网吧的门口醒目处都贴有"禁止未成年人入内，未带有效证件不得入内"的告示，但形同虚设，不管是自称已满18岁，还是称忘带证件，都很容易进入网吧。很多网吧里空气混浊，人员密度大，充满烟味、食物味、汗臭味和机器声、打闹声、脏话声。

据不完全统计，我国目前有近1/3的少年与电子游戏和网络都有"亲密接触"。我国青少年网络成瘾人数已经超过1 000万，其中13～17岁的初中生和高中生网络成瘾现象最为严重。

1. 为何初中生对网络如此着迷？

网络对初中生来说怎么会有那么大的魅力？

第一，网络的独特力量吸引着初中生。美国心理学家格林菲尔德曾经说过：网络之所以有让这么多人上瘾的强大力量，是因为它能让使用者产生亲密感、无时空感和无压抑感，而这种力量是其他任何事物都不曾有过的。具体说来，首先，网络为初中生拓宽了信息来源和沟通的渠道。在信息社会里，谁能更快、更多地掌握信息，谁就会在竞争中获得主动权。为快捷、高效地获取所需信息，初中生就会求助于网络，而他们较弱的自制力则往往使他们迷恋乃至依赖网络。其次，网络扩大了初中生的社交范围和沟通对象，满足了人与生俱来的渴望参与、合群的原始动力。那些在现实生活中有着重重顾虑的初中生可以在此尽情地发泄情感，放心地畅所欲言，并轻而易举地找到自己的"归宿"。再次，网络为初中生提供了花样繁多、引人入胜的娱乐活动。网上最新的流行歌曲、精彩的影视大片，新颖刺激、变化无穷的网络互动游戏，对他们有着难以抗拒的诱惑力。一旦被这些娱乐所吸引，为获得更多乐趣，他们就会不惜大量时间上网，结果是欲罢不能。

第二，初中生身心发展的特殊性也导致他们容易沉迷于网络。初中阶段正是人生理与心理剧变、走向成熟的特殊时期。这一时期的孩子对新事物敏感且容易接受、寻求自我并实现自我、好奇心强、渴望友谊和交流、自制力相对较弱。正是由于这些特点，再加上目前激烈的学业竞争环境，他们特别需要别人的理解、认同和支持。但在现实生活中，由于受一些因素的制约，如现在大多数的初中生都是独生子女，真实人际关系的建立和巩固并非易事等，因而对于人际关系、社会支持、自我实现等各种需要就难以在现实中得到满足。而网络以它特有的方式和丰富的内容，展示给人们一种全新的虚拟社会环境，这无疑为初中生提供了满足自身需求的最好舞台。网络游戏可以使他们找到自我、实现自我，网上聊天给了他们倾诉的空间和对象。当他们在这个虚拟的世界里第一次获得快乐与满足时，便会希望重复获得。由于他们相对较弱的自制力，这种重复行为往往不能得到很好的控制，当达到失控的程度时，他们也就上瘾了。

第三，初中生中存在的一些心理问题也易使个体迷恋网络并发生不良网络行为。如那些性格内向、不善于交往但希望得到重视的孩子，生活中受到某些挫折的孩子，家庭不和的孩子，没有特长、学习成绩不突出的孩子，因环境变化导致成绩下降又难以适应的孩子，最容易出现此类问题。这些初中生在现实生活中感受到的不是成功，而是挫折和失败，而网络具有的匿名等特殊性质，使他们在网上易获成功。这种网上的游刃有余和现实生活中的不断遭遇挫折，势必导致更多的重复上网行为。

第四，在网络中初中生摆脱了家长的束缚。初中生产生了强烈的独立意识，他们希望摆脱成人的束缚，渴望社会、学校和家庭给予他们成人式的信任和尊重。然而在现实生活中，他们的自主需求却是很难得到满足的，长辈们望子成龙心切，对孩子保护过度，干涉加重，造成孩子的烦恼和苦闷。而登录互联网后，初中生们却可以完全不受约束，想去哪儿就去哪儿，想看什么就去访问哪个网站，想读什么就下载什么。通过 QQ、聊天室、BBS、专题讨论区、微博、微信等，他们可以自由表达自己的观点，拥有对事物独立的看法。

2. 初中生迷恋网络行为的主要表现

（1）花费时间较长，卷入程度较深

初中生在网络上花费的时间是比较多的，尤其在节假日。一到周末、寒暑假，网吧成为初中生的"快乐之家"。其中不乏每周末都要上网直至深夜甚至通宵的"网痴"。还有一些被"网"住的学生更是欲罢不能，甚至占用学习时间泡网吧，沉醉于网络构建的娱乐空间，忘记了时间，忘记了学习，忘记了对现实社会的关注与了解，致使精神萎靡，与现实人际交往形成障碍，学习成绩下降，耗费金钱与时间。此种迷恋网络的行为在初中生中最为普遍，也是学校和家长最感头痛、最难管理的网络行为问题。

（2）放纵自我，追逐低级庸俗的网上活动

一些研究表明，在少年网络成瘾者中，他们主要对具有双向沟通功能的网上聊天、网络游戏等有着很大的兴趣，而对只有单向信息功能的信息搜索、网页浏览及收发电子邮件等则缺乏兴趣。在网络世界中，一些初中生与网友交谈时毫无顾忌地吹牛撒谎，以蒙骗网友为乐事；有的学生在网上频频使用污言秽语，一些聊天室脏话充斥；还有一些初中生对具有思想性和一定文化品位的健康信息与游戏不屑一顾，专门去寻找所谓带刺激的不良信息，玩充满血腥和暴力的游戏。特别值得注意的是，不少初中生对色情网站和网页感兴趣。新浪网上的一项调查统计显示，在经常上网的初中生中，有近一半的学生光顾过色情网站，还下载其中的黄色图片；有的学生还在网上说些庸俗低级的带有性暗示、性挑逗的话语。极个别的学生还发展到私下制作黄色网页供人浏览。2001年11月，成都市就查获了一起初中生制作黄色网页的案件。

家长可以参考以下上网成瘾的诊断标准：①上网已经占据了孩子的身心；②不断增加上网时间和投入程度；③无法控制上网的冲动；④将上网作为解脱痛苦的唯一办法；⑤由于特殊原因不能上网时，会感到烦恼不安；⑥隐瞒迷恋网络的程度；⑦面临失学或失去朋友；⑧上网后有所后悔，但第二天却仍然忍不住还要上网；⑨导致睡眠节律紊乱等躯体症状。具备四条或四条以上症状，就表明孩子可能患上了网络成瘾症。

网迷和网瘾有本质的区别。通过说服教育或者培训的方式，能够比较快地接受道理，明白自己行为的后果，能控制自己的行为，这种不属于网瘾。网迷只是沉醉于网络，而网络成瘾症是一个无法自控的上网冲动，这是一个最主要的区别。

（二）如何预防和避免初中生网络成瘾

其实并不是上网就是有网瘾或者就会引发网瘾，现实生活中有很多孩子是"被网瘾"了。有个网瘾戒除机构的负责人说过，学习是孩子的死结，学习好了玩电脑游戏那叫放松，学习不好玩游戏叫不思进取，甚至查资料也会被说成强词夺理、不务正业。

一旦孩子出现网瘾状况，很多家长痛心疾首，他们可能没意识到，造成孩子迷恋网络的罪魁祸首往往就是他们自己。中国青少年网络协会曾进行一次问卷调查，近半数家长认为网络就是造成孩子染上网瘾的原因，一些家长情急之下，甚至用拔网线、砸电脑等方式阻止孩子与网络接触。然而，对孩子不管或管得过严、方式粗暴，无形中却帮了网瘾的忙。

因此，家长要解决自身的问题，即家长应以身作则，正确面对网络，成为家庭大众传媒合格的把关人。不能自己本身就沉溺于电视、电脑、智能手机、平板电脑，却一味要求孩子远离这些电子产品，或放松对孩子的要求。

如果孩子对网络着迷或者已经出现网络成瘾的现象，该怎么办？

1. 满足孩子的合理要求

孩子之所以会迷上电子游戏或网络，都是出于自身的心理需要，家长应该尊重并适当满足他们。一方面，满足孩子正当的玩电子游戏或上网的要求；另一方面，满足孩子的各种心理需要并非只有一种途径，通过其他途径满足孩子的心理需要是非常重要的。

如果孩子因为缺少社会交往，通过上网来满足自己这方面的需要，家长可以鼓励孩子参加有意义的集体活动，通过多种多样的活动增加同伴交往，获得更多的朋友。要分析孩子的心理，找到根源，对症下药。孩子的合理要求应该满足，应避免过分压抑而造成的不良后果。

2. 转移孩子的兴趣爱好

许多网络成瘾的孩子都把自己的兴趣完全集中在游戏和网络上，他们没有别的兴趣爱好，或者其他"兴趣爱好"都被老师与家长规定和限制了。有的家长就把孩子每周迫不得已去参加的某些"兴趣特长班"称之为孩子的爱好。这样的"爱好"，孩子显然是从内心里不接受的。

所谓转移孩子的兴趣爱好，一定是通过这样一种方式：引导介绍，就是让孩子了解各个项目的乐趣所在；自由选择，就是让孩子自己去体会其中的乐趣，感受成功的喜悦，然后由他们自己做出选择；自由发展，也就是玩什么、练什么让孩子做主，家长在必要时给予指导和帮助。

孩子有了广泛的兴趣爱好，自然就会减少上网和玩游戏的时间，把精力分配到其他事情上。

3. 分享孩子的电子乐趣

电子游戏中充满了竞争和合作，一个人玩的乐趣是有限的，所以现在网络游戏才能大行其道。如果家长能够和孩子分享其中竞争与合作的乐趣，不但可以增进亲子关系，还可以以同伴的身份管理和监督孩子。当然，这需要家长首先抛开偏见，真正去了解电子游戏和网络。

网络是新时代的重要工具，家长不要把它当作孩子学习的大敌，试着去了解它，运用它，甚至享受它，和孩子一起畅游，不仅感受许多亲子间的天伦之乐，还可以更好地引导孩子。

4. 规范孩子的作息习惯

作息习惯对一个人来说实在是太重要了，而且培养作息习惯一定要从小开始，父母是孩子习惯养成的关键。很多网络成瘾的孩子都是从小作息习惯不良，经常无节制地上网、玩游戏。如果从小就有着规范的作息习惯，将来无论工作、学习还是娱乐都不会毫无节制。

我们不能用学习时间来衡量孩子的用功程度，而应该以效率来考核。能够以最高的效率在正常的工作、学习时间内完成任务，并将休闲和学习分开，保证良好的作息习惯，才是最聪明的人。

5. 隔离处理

对于处于"中毒沉溺"的成瘾学生，必须采取隔离处理，将其送到全日制看护的"隔离学校"或戒网训练中心等，强制切断他们与网络的联系之后，通过"洗脑""励志""育心"等环节，最终回归。

与传染病治疗相似，学生隔离期间，原来的环境必须加以"消毒"

处理，否则原来的环境没有改变，回来后复发的可能性很大；与戒毒相似，回来后必须做好监控工作，否则复发率很高。

（三）亲子共享网络空间

那么该如何避开陷阱，使网络真正成为初中生学习和生活的得力助手呢？

一位家长苦恼地说："女儿今年上初中了，我们很想和她谈心，可她总是敷衍我们，说和我们没有共同语言。她在家只顾上网交朋友、聊天。要是我们干涉多了，她就会回一句，'你们连上网都不会，还好意思教育我。'"她的这种态度，让父母既伤心又无可奈何。

随着新技术的普及和信息网络时代的到来，越来越多的父母因电脑知识的缺乏而遭受孩子的讥讽，父母的传统权威正受到前所未有的挑战。

不少家长常感叹："我们对孩子知道的越来越少，而孩子对成人世界知道的越来越多了。""不及时学习，教育孩子就没底气了。"过去孩子们获得知识的途径很狭窄，父母是孩子学习、模仿甚至崇拜的对象，父母的权威至高无上，家庭教育显得很有力度和见成效。但信息网络时代在一定程度上改变了这一切。现在普通的中小学已经全部实现"校校通"，在小学阶段就开始开设信息技术必修课，小学一年级学生上网聊天已不稀罕。在学生眼中，电脑和网络不仅仅是学习工具，还能将自己不愿让人知道的秘密记下来并加上密码，比日记本更私密；能让大千世界尽收眼底，能与四面八方的人尽情交谈。这一切都不需要父母太多的指导和参与。难怪许多家长无奈地感叹："除了孩子要靠家长养活，我们对孩子的影响力越来越小。"

在电脑和网络知识学习方面，家长和孩子处于同一起跑线，但许多家长由于工作繁忙或其他原因，根本没有时间去学习，即使自己曾经是大学本科或研究生毕业，也难以应付孩子提出的各种问题。因此，家长不妨再当一次"小学生"，以知识重塑权威，与孩子一起学习，共同进步。

有一位家长是这样做的，他说："儿子上中学了，非闹着要一台电脑不可。想想让孩子接触电脑和上网已是发展的趋势，我便给他买了一台，放在他的卧室，并立即注册了上网账户。从此，儿子如鱼得水，一放学就泡在网上。过了几个星期，他对电脑的过于痴迷引起了我们的警惕。他好像对什么都失去了兴趣，就连平时喜欢的足球也很少踢了。他做家庭作业时心不在焉，有时还完不成。他还经常上网到深夜，早晨起不来。老师也反映他的学习成绩下滑了。我们意识到不该对孩子上网如此放任。我们把孩子的电脑搬到了客厅，并与孩子约法三章，规定了上网时间和要求。我们还上网搜索了一些适合孩子的网站，收藏起来供孩子浏览；看到一些好文章，我便下载下来，存在电脑硬盘上，留给孩子阅读。"

现在的孩子之所以热衷于上网聊天、玩游戏，与下面因素有关：家长除了天天盯住孩子学习外，缺乏和孩子的交流；现在的孩子被禁锢得太紧了，乏味的功课和学习使得他们极度缺少轻松和愉快；孩子可以玩的地方和东西太少了。而家长对这些问题的错误认识和不适当的教育往往会起到"催化剂"的作用，其实积极地面对要比一刀切的禁止更有效。

（1）家里有条件的可购买电脑，尽量不要让孩子到网吧去上网。

（2）把电脑从孩子的卧室搬到客厅，不让他有闭门沉迷的条件。

（3）限定上网时间，每周末在完成作业后可以上网，但每次不能超过两个小时。

（4）帮助孩子消除对互联网的神秘心理，引导他们正确使用网络。由于互联网具有的新颖性、虚拟性和互动参与性等特征，使广大初中生产生迷恋，本身是无可厚非的。因此，以简单的"堵"的方式禁止初中生上网显然是一种因噎废食的做法，应该进一步普及网络及相关知识，使初中生了解互联网的实质。越是对互联网了解，就越能以平常心来看待它，这样初中生对网络的迷恋程度就会大大降低。家长应指导初中生上网时提高自我保护意识，如注意远离含有赌博、色情、反动、暴力等内容的电脑游戏，不随便把自己的电话、地址等信息告诉网上陌生人等，并逐步引导和教育少年正确利用网络资源，促进学业进步和身心健康发展。

（5）上网时家长尽量陪孩子一起"冲浪"。这样既能起到监督作用，还能对网上的内容及时进行分析解惑。如没有时间陪孩子上网，可以通过检查他浏览过的网页，若发现不良倾向，及时"亡羊补牢"。同时，找出几个较好的初中生网站和电子报纸，作为孩子固定浏览的站点。

（6）从网上下载防"黄"软件，凡是不健康的网站一律不让孩子进入。另外，教育引导孩子培养健康的兴趣和爱好，增强"免疫力"，自觉抵制不健康的东西。

（7）加强孩子心理教育、性知识教育、情感教育等，坦诚地与孩子谈心，不要说教。

三、掌握自护知识，从容应对生活不测

孩子天性好动，好奇心强，喜欢冒险。但由于缺乏生活经验，对周围环境可能存在的危险认识不足，往往在突发事件来临时容易受到伤害。因此，家长要重视对孩子进行自我保护教育。

在新闻媒体报道中，近些年来，初中生因缺乏安全意识、自护手段等，被伤害甚至失去生命的事件不断发生。《辽宁日报》对全国 11 个城市 4.3 万名幼儿及中小学生进行的意外伤害调查显示，非致命意外伤害的发生率为 24.1%，其中，造成人身缺陷的占 1.64%，造成永久性伤残的占 1.01%。国内其他相关调查也显示，每年有 20%~40% 的儿童因意外伤害需要给予医学关注，其中 1/3 需要手术治疗、卧床、休学或 1 天以上活动受到限制。而在对儿童死因的调查中，意外伤害也是第一杀手。儿童意外伤害，带给社会、家庭和孩子本人的严重损伤，往往永远无法愈合。

学会自我保护，是最浅表、最起码、最基本的要求，核心是个安全问题。

首先，学生生活在一个复杂的社会。社会中的每一个初中生，在家庭、学校、社会生活的各个领域，时时、处处都面临着"风险"或"不安全"因素。这就需要他们能树立安全意识，把不安全、不确定因素降到最低点，以利于身心健康成长。

其次，孩子们的自救、自我防范能力缺乏，身心健康受到伤害的事例

时有发生。加强初中生的安全意识和自护知识教育，可以让孩子在灾难发生时首先科学自救，然后可以互救。同时，要使孩子对社会上的犯罪行为具有一些防护常识。

以下是一些成功案例：

王先生带着儿子小辉到某家具城买了一组沙发，叫了辆架子车拉着，走到半路时，王先生接到单位的电话先走了，走时嘱咐儿子看着把沙发拉到家中去。不料，当小辉走到某路口时，被两个二十多岁的男子拦住，对方说他们是小辉爸爸的朋友，刚才小辉爸爸打电话让他俩帮忙把沙发送到家中去。小辉想爸爸刚走，朋友不可能这么快就来，便没相信他俩的话。其中一男子见状拿出手机拨了个电话，对着电话说了些"你儿子不相信"等的话，然后对小辉说："这下你信了吧，我刚给你爸打完电话。"小辉机智地对那男子说："那你说我爸的电话号码是多少？"男子支吾着说不出来。见年幼的小辉不好糊弄，两人灰溜溜地走了。

某中学上初一的四名学生骑着车子闲转时，被三个十八九岁的青年拦住，他们让四人跟他们走，见对方身强力壮，四人只好听他们的话。行至某单位门口时，四名学生中的小同见这个单位有保安，便跑了进去，其余的三个同学也都跟了进去，对保安说了实情。保安让几个孩子待在房内，自己出门查看，还在门口的三个青年见保安手提电棒走来，吓得仓皇而逃。

重庆市沙坪坝区一名16岁的初中生被绑架后，借绑匪外出收取赎金之机，用碎玻璃将捆在手上的麻绳割断，成功脱险。

"4·20"芦山7.0级强烈地震袭来，天全县是受灾最为严重的地区之一。90%以上房屋成为危房，10余万灾民因缺少物资等待安置。天全中学全部学生安全疏散，无人伤亡。据报道，自汶川地震后，天全中学每学期都会进行一次应急疏散演练。4月20日8点02分，全校学生正在上课，突来的地震未让老师和学生慌了手脚，学生们迅速有序地按指定路线集中到了操场，没一个同学伤亡，整个过程只用了一分半。

据有关部门统计，我国中小学生每年意外伤害事故死亡人数在万人以上，平均每天有一个班的孩子因意外伤害事故死于非命。有些事故，如乘车、坐船出事故，房屋倒塌，公共场所突然灾害等应由社会有关部门、学校努力预防，但有些事故则应教育孩子学会自我保护。

（一）帮助孩子树立安全意识

1. 生命为本教育

帮孩子树立安全意识，为人父母者最重要、最核心的任务是引导孩子不断增强生命意识，引导孩子逐步地感悟生命，并学会使用生命和升华生命。要告诉孩子生命是宝贵的，每个人只有一次。更要告诉孩子，轻生是对生命、对自己、对亲人和对社会的不负责任；用自残的办法来威胁和报复别人是危险的，更是愚蠢的。要引导孩子正确理解在"特定情况下的英雄壮举"，科学地分析"见义勇为""舍己为人"和"一不怕苦、二不怕死"的真正含义，既不能把孩子引导成"贪生怕死""苟且偷生"的"胆小鬼"，也不能让孩子盲目、草率，拿生命当儿戏。

2. 心理素质教育

在发生突发事件时，心理素质较好的孩子一般能采取果断、正确的行动，降低被伤害的程度。因此要加强对孩子的心理防御和防范教育，使孩子遇到危险时能镇定自若、临危不乱。

3. 防范常识教育

告诉孩子：独自在家时，不要给陌生人开门，遇到危险时大声呼救；上学时不带贵重物品和太多的钱；放学时要结伴而行；在公共场所迷路时，向民警求助，不要轻易相信自动找上来的"好心人"。

4. 自救方法教育

家长要告诉孩子，生活中有真、善、美，也有假、恶、丑。在遇到坏人时，要设法脱离险境，避免跟坏人正面冲突，要记住案发地点、路线、坏人特征，为破案提供线索。当遭遇自然灾害时，要保持冷静，迅速地分析情况。因为大部分自然灾害的发生都会有一定征兆的，越早发现越早做好逃生准备。同时，就近寻找逃生的工具。比如地震了，如果是高楼，不要跳楼或在拥挤的楼道下楼，最好找厕所或者坚硬的桌子底下躲起来。

此外，要教育孩子辨别不同层次、不同职业人员的特征和工作方式，让孩子掌握常用的急救、火警和匪警电话，年龄稍大的孩子可学少年自卫术防身。

其实，父母对子女进行安全教育，只要满足两个条件，就能基本做好：一是父母自身增强安全意识，不断丰富安全知识；二是充分利用和孩子在一起的机会，随时随地进行"现场解说"。比如，领孩子过马路时，反复讲解交通规则和注意事项；带孩子走胡同时，提醒不要紧挨墙根走，以免被掉下的东西砸伤；和孩子一起看电视、听广播、读书看报时，也可结合相关内容讲解安全常识，传授与坏人做斗争的经验。这样做，既省时省事，又有深刻印象，效果一般比正规上课还要好。在这里，父母的安全意识强弱和安全常识多寡，至关重要。

（二）帮助孩子从小构筑安全防线

人在社会中生活，随时可能受到多种威胁和侵害，如水、火、电、气、菌（有害细菌）、器（刀、枪、机器）、场（不安全的场地、场所）、动物（虫、蛇、狗及野兽）、坏人和自身的行为过度等，都存在着危险，为人父母者必须教孩子认识这些东西和情况。

1. 自然灾害的自我保护

发生水灾时怎么办？发生水灾时，应及时做出反应，奋力往高处跑，或山上或屋顶上，并大声呼救；无处可跑时，应努力放松自己，利用自己平时所学的游泳技术使自己浮在水面上，或抓住漂浮的东西；一旦发现有较安全的地方，应设法靠近并呼救。最重要的是始终保持清醒的头脑，有着强烈的求生欲望，不放弃任何获救的机会。

地震时怎样保护自己？抓紧时间紧急避险。若感觉晃动很轻，说明震源比较远，只需躲在坚实的家具旁边就可以。室内较安全的避震空间有：承重墙墙根、墙角，有水管和暖气管道等处。室内最不利避震的场所是：没有支撑物的床上，吊顶、吊灯下，周围无支撑的地板上，玻璃（包括镜子）和大窗户旁。地震时不可选择电梯逃生，也不可跳楼。若是在外边，千万不可靠近楼房、烟囱、电线杆等任何可能倒塌的高大建筑物或树木，要离开桥梁、立交桥，跑到空旷的田野。

2. 在家的自我保护

孩子常常自己一人在家，家长要教给他常发事故的预防和保护措施，在家里的自我保护如下。

（1）着火。教育孩子在家里不能随便玩火。用炉火或煤气灶要按操作规程使用。家里应预备一些灭火器材，如灭火器、灭火粉，教孩子如何使用。告诉孩子一旦发现火情如何处理：及时关闭电源、煤气灶阀门，同时打开门窗，呼唤邻居、行人帮助灭火，另外，应迅速拨 119 报警。此外，要让孩子学会火灾中的自救与逃生：井然有序撤离火场，不要大声喊叫，以防吸入烟雾窒息；弄清楼层通道，不要盲目乱跑、不要盲目开门；冲出房门，要用湿毛巾捂住口鼻，低势跑行；楼梯火小，就冲出去，火大就用绳子、被单等从窗口、凉台上滑下；身上着火，要脱掉衣服，或在地上打滚压灭火。

（2）跑水。告诉孩子家里自来水的总开关在哪里，一旦发生跑水情况，先把总开关关闭。如果拧不动，要赶快请邻居帮忙，等家长回来再找人修理。

（3）煤气。炉火、液化气和管道煤气使用不当或管道泄漏都可能导致一氧化碳中毒。要教给孩子预防煤气中毒的常识，告诉孩子一个人在家感到不舒服时，赶快开门开窗，及时请邻居帮助查看炉火、煤气灶有什么问题，给家长打电话。

（4）防盗。孩子一人在家，要把屋门、防盗门从里面反锁上，钥匙放在固定位置。有人叫门，不能轻易开门，如果是陌生人或仅仅似曾相识的人，不能开门，应委婉拒绝。如果来人强行进门，则应大声呼救。

3. 在家外的自我保护

（1）教育孩子严格遵守交通规则。走路要走人行道，骑自行车要走非机动车道，过马路要看清信号灯，不要在马路上追逐打闹、滑旱冰、滑轮滑，不要追车、扒车、强行拦车。骑车不要带人，不要三五成群并肩而行，也不要聊天、勾肩搭背，更不能追逐或曲线骑行。不乘坐无牌、无营运证、超载的车辆；乘坐校车或其他车辆听从安排，行驶中不要将头、手、身体伸出窗外。除了养成良好的交通行为习惯，还要冷静处理交通事故。一旦遭遇交通事故，应立即设法自救，逃离险境，或请求别人帮忙，拦车送往医院，或拨打120、110，另外，要记住肇事司机的相貌、车牌号码等可能有用的信息。

（2）教育孩子在体育活动中注意安全，不能做有危险的动作。游泳应在有安全保障的游泳区内进行，严禁下河、下塘、下溪等游泳。参加游泳应由大人带领，不可单独前往。

（3）教育孩子在劳动中注意安全。

（4）教育孩子如在外发现火灾、有人溺水等，要大声喊人，不要自己去救火，不会游泳、不会救护，千万不能下水救人。

（5）预防精神污染。家长要经常和孩子讨论什么是健康的、什么是有害的影视报刊，提高孩子的鉴别能力。家长要以身作则，洁身自好，以良好言行保护孩子的纯洁心灵。

（6）教育孩子识别骗子的骗术，防止受骗上当。现在，社会上有一些不法分子专门骗孩子的钱，甚至诱惑孩子走歪门邪道。有的骗子诱惑孩子赌博，有的以赊账的方式卖给孩子吃的东西和玩具，有的用讲故事的方法散布封建迷信或淫乱思想，有的组织孩子去捡废品挣钱，有的向孩子兜售摇头丸、迷幻药等。家长要给孩子分析这些社会现象，告诉他这些坏人、骗子的真实面目，遇到这类事，一定动脑子想一想，绝不盲从，回家以后要跟家长说清楚，还要向老师汇报。

（7）防止被拐卖。现在还有许多拐卖儿童的不法分子，他们常常在孩子单独行动时，以认识孩子父母或亲友、带孩子出去玩等为由拐骗孩子。家长要明确告诉孩子注意防范：在上学或放学路上、外出游玩时尽量结伴而行，走人多、明亮的地方，天黑以前回家，不轻易和陌生人接触，不随便接受陌生人的馈赠，不给陌生人带路，不跟陌生人到任何地方去，即使是认识的人也表示要回家告诉爸爸妈妈，如果有人强制干什么就大声呼救。

当发现自己被骗而落入魔爪时，应做到：保持冷静，设法呼救，发出求救信号；记住行走路线或周围的景象、歹徒的特征；故意找借口拖延时间，制造麻烦；佯装顺服，麻痹他们，一旦他们稍有放松就伺机逃走；暂时无法脱身时，一定要保持清晰头脑，利用一切机会向外发出求救信息；为营救人员尽量留下一些线索。总之，沉着冷静、机智勇敢是遇到这类危险时最好的办法，利用对方的弱点，寻找一切机会，就可能战胜对方、保护自己。

（8）防范性侵。告诉孩子：凡背心、裤衩覆盖的地方，不许别人碰；任何人的任何行为，只要让你感到痛或不舒服，就立刻反抗，即使是老师或其他有权威的人，也要敢于说"不"；外出随时与家长联系，未得家长许可，不可在别人家夜宿；女孩应该避免单独和男子在家里或是偏僻、封闭的环境中会面，尤其是到男子家中；不随便吃喝陌生人给的食品或饮料等。

英国的《儿童十大宣言》中明确提到女孩三角裤、背心覆盖的地方不许别人摸，要诚实但坏人可以骗，遇到危机可以砸碎玻璃打烂家具，遇到危险的时候可以自己先跑……以上看似简单的问题，很多被家长忽视。进行自我保护教育的内容很多，家长应从实际出发，在生活中随时进行教育。要多给孩子讲实例，加深孩子印象。讲自我保护方法要简明、具体，有操作性。

本章作者：

邱瑞玲　天津市教育报刊社家庭教育专刊编辑部主任、中级记者

第十一章

帮助孩子做好人生的
一次重要选择

一、帮助孩子做好人生一次重要选择的必要性

（一）经济和社会的发展需要初中毕业生做出选择

我国正处于社会主义初级阶段，升学或就业必然要受这个阶段经济和社会发展的制约。在计划经济体制下，人们"一颗红心，两种准备"，基本上不需要学生、家长为升学或就业做出选择。随着改革开放，我国的经济体制发生了很大变化，社会主义市场经济的建立使整个经济和社会发生了翻天覆地的变化，劳动就业制度的改变、多种经济成分的出现、不同产业结构比例的调整、新兴产业的崛起、教育的多元化，使学生面临着多种升学或就业选择。

我国每年有一千多万初中毕业生，这些十五六岁的学生面临着生命历程中的一次重要选择。是选择普通高中还是选择职业学校？哪所高中适合自己？哪一类专业的职业学校适合自己？以天津市为例，

2013 年天津市有 79 545 人参加中考，普通高中本市生源招生计划 50 539 人（占中考人数的 63.5%），中等职业学校招生计划 23 740 人（占中考人数的 29.8%），五年制高等职业教育招生计划 760 人。在中等职业学校招生计划中，普通中专、职业高中 20 240 人，技工学校 3 500 人。于是选择成为必要，学会选择显得更加重要。正确的选择有利于学生今后的学业生涯或职业选择。

由于我国地域辽阔，各地区经济发展不均衡，选择也出现了多样性。还有极少数的城市学生选择出国留学，一些农村学生经过短期培训选择就业。

随着改革开放的深入，近几年出现了"留学热"。一方面，是由于人均收入的不断增长，另一方面，随着经济全球化的发展，出现了全球性的教育商业化，澳大利亚、美国等国家对中国开放教育市场。以往主要是成绩中等偏下但家境富裕的学生选择留学，现在留学生源呈现多元化趋势，成绩优异的"尖子生"、难以入读国内一流大学的普通学生等也加入留学行列。以往是大学生毕业选择出国深造，现在更多的学生从高中甚至初中就开始选择出国留学，出国读中学的人数在增加，留学低龄化成为新的特点。据留学机构介绍，2006 年我国仅有 65 名赴美中学生，2011 年达到 6 725 人，2011 年高中生出境学习人数占我国留学生总人数的 22.6%。出国留学是孩子的想法还是家长的想法？哪个年龄段出国留学合适？出国留学学什么有利于孩子将来的发展？出国留学要目的明确，理性选择。家庭要有经济储备，家长要对国外的社会环境、教育体制有较多的了解，孩子要有独立意识和自控能力。最关键的问题还是孩子适合不适合出国留学。中国青少年研究中心少年儿童研究所所长孙宏艳建议，家长和孩子要有充分的心理准备，把出国留学作为长远发展规划，根据自身情况加以理性对待，切忌盲目跟风、仓促决定。

（二）初中生年龄尚小，需要家长帮助他们做好选择

初中生的自主意识和选择能力一般都比较差，在升学、就业和专业的选择方面具有相当的盲目性和随意性。大多数的学生、家长根据考试成绩

的高低进行选择，依据各类学校历年录取的分数线"对号入座"；有的学生、家长从众心理严重，不依据自身实际，把热门专业或名牌学校当作自己选择的目标。这种选择忽略了学生的兴趣爱好、能力特长、学习的潜能和个人的理想，不利于学生的终生发展；这种选择只考虑录取的可能性，而忽略了行业的发展、社会的需求。

家长帮助孩子做好选择，绝不等同于家长的包办代替。初中生的自我意识在增强，他们需要得到帮助，但又不愿受家长的支配和摆布。选择要有利于孩子的个性发展。

（三）合理的选择有利于孩子的发展

每个有初中毕业生的家庭，到了填报志愿时都是最焦急的时候，学生面临着选择，帮助孩子做出选择是家长义不容辞的责任。每个孩子的能力不同，志向不同，选择也不会相同，合理的选择有利于孩子的发展。

1. 选择要适合孩子

很多家长都遇到过这种情况，初中毕业时两个孩子成绩相同，进到同一所学校甚至同一个班学习，可是三年之后，两个孩子学习成绩却有很大不同。这是为什么，家长往往抱怨学校不好，老师不好，可是没有想想自己的原因，是不是自己的孩子不适应这所学校的学习。在填报志愿时，家长不能简单地根据孩子的考试分数而定，还要分析孩子考试分数背后的内容：这个分数是孩子正常发挥的水平还是孩子超长发挥或者失误的水平；是孩子学有余力的成绩还是孩子已经拼尽全力的成绩；是孩子主动学习取得的成绩还是在老师、家长督促下取得的成绩等。孩子的学习基础、学习习惯、学习方法都将影响到今后的学习。同时家长还要了解填报的学校，了解学校的办学特色、育人环境，了解学校的课程内容、教学方式是否适合自己的孩子，分析孩子在这所学校学习的有利因素和不利因素，选择适合孩子的学校。孩子的学习是一个长期的过程，选择要有利于孩子的发展。

小王，以优异的成绩从一所普通初中升入一所重点高中。开学不久，他发现初中、高中学习内容有很大不同，高中的教学方式、学习方式也与初中有很大差别，他很不适应，学习吃力，成绩下滑，由原来的年级第一变成了现在班级的"小尾巴"，考上重点校的喜悦也荡然无存。长期的学习成绩下降，使他心理受挫，自尊心受到打击，学习热情降低，已经厌倦了数学、物理这些学科的学习。高中毕业，他勉强考入一所普通大学。

高中阶段是学生发展与成长的关键阶段，高中阶段教育是连接义务教育与高等教育的桥梁，为学生未来的学习、职业与生活打好基础。由于初中毕业时家长期望过高选择不当，小王对三年高中学习生活不堪回首，身心疲惫。小王失去的不仅仅是没考上重点大学，还有他对学习的热情、他的自信。小王经历了初中的辉煌和高中的失落，他用大学四年的时光不断调整自己，慢慢地才从高考失利的阴影中走出。美国的心理学家曾对1450—1850 年世界上出现的 301 位伟人进行研究，发现他们不仅是智力水平高，更主要的是他们都具有自信、坚强、乐观、百折不挠等优良的心理品质。成功，需要良好的心理品质。

2. 选择要有规划

填报志愿可以几天完成，但帮助孩子做好选择绝不是短短几天就能完成的，它是一个长期的过程，要帮助孩子做好职业生涯规划。欧美等发达国家开展职业生涯规划教育已经有上百年的历史，这些国家从中小学甚至幼儿园就开始着手培养学生的职业生涯规划意识，让学生体验不同的职业角色，把现在的学习与未来的职业联系起来，学会规划人生。我国从"七五"期间开始在中学进行"职业生涯规划"课题研究，帮助学生了解社会，了解职业，了解自己，树立正确的就业、择业观念，了解就业、升学形势，培养学生择校、择业的决策能力，使学生将理想与现实结合起来，激发学生学习的内在动力。

二、面临孩子人生的重要选择，家长要更新观念，调整好心态

选择是有风险的，但风险与机遇共存，我们要抓住机遇。

（一）面临孩子人生的重要选择，家长不正确的观念和心态

1. 包办代替

长期以来，许多家长认为孩子是自己生、自己养，视孩子为自己的私有财产。孩子从生活到学习，从兴趣到特长，全受家长支配，孩子自己选择的余地很小。家长对孩子包办太多，使孩子缺少独立生活和自己处理问题的意识，这样只能增加孩子的依赖性，不利于孩子的成长。更何况学是孩子自己上，路要孩子自己走，"不经历风雨怎能见彩虹"，家长怎能一辈子都替孩子做主？许多学生学习内在动力不足，与家长的处处包办不无关系。现在时代不同了，社会进步了，家长的观念也要更新。孩子不是家庭的附属物，孩子年龄虽小，但是他们是独立的生命个体，他们有自己独立的人格，他们有自己的需求，有自己的权利，他们和父母是平等的，他们需要得到父母的尊重。在面临人生的重大选择时，父母要尊重孩子的兴趣、人格和权利。

2. 望子成龙

每个家长都希望自己的孩子接受最好的教育，希望自己的孩子成功成才，把自己全部的希望都寄托在孩子稚嫩的双肩上。孩子考上一般高中，家长非让孩子上重点高中；孩子考上重点高中，家长又想让孩子上重点高中的重点班。孩子能否成才还要依据其自身的发展。许多家长不顾孩子的具体情况，一味追求重点学校、名牌学校，却很少考虑孩子已有的知识水平、学习习惯、学习能力和学习潜力。孩子承载了父母过高的期望，承载了父母期望带来的过大压力。孩子能够承受考不好的成绩，但不能承受父母失望的眼神。

作为中国载人航天工程总设计师，周建平是位受人尊重的科学家，但是在儿子老师的眼里，他是一位对儿子学习不"上心"的家长。儿子小学6年期间没考过一次100分，他没觉得这有什么严重的。他的教育观点是，"你不必强调他不出错，为什么一定让他考100分呢？为什么一定要培养成高才生呢？"他拒绝把孩子送到奥数班，也没为儿子择校。尽管如

此，周建平的儿子依然是人们羡慕的高才生，被保送清华大学。

3. 盲目从众

20世纪80年代职校热，90年代普高热，2000年开始留学热；20世纪80年代医学类热，90年代计算机类热，2000年开始经济管理类热……这些热点的出现，固然与市场经济的发展和社会的需求变化有关，但在一定程度上与家长盲目"赶时髦"有关。家长们在从一个"热门"转向另一个"热门"时，一定要考虑孩子的自身条件是否与这些"热门"相匹配，还要考虑这些"热门"职业的发展前景，不要导致"热门"过热，形成录取比例过小，使许多孩子失去选择良机。同时，热门专业随着经济的发展或产业结构的调整，若干年后也会变成冷门专业，如计算机类的专业，随着IT行业的发展，现在的家长对这一专业的选择趋于理性，不像以前那样挤破脑袋也得上这个专业。冷门专业也不是一个恒定状态，如数学专业前些年属于冷门，这几年由于金融等相关专业的发展，这个专业也逐渐成为学生报考的热门。

4. 轻视劳动

在家长的头脑中，"惟有读书高"的观念根深蒂固，上大学、挣大钱、当白领才是"正路"。农、林、地、矿等专业之所以"冷"，也与家长陈旧观念有关。2013年北京地区不同性质企业的应届毕业生岗位竞争指数由高到低依次是：上市公司、国企、合资企业、事业单位、外商独资企业、股份制企业、民营企业。民营企业虽然岗位占比最高，但是岗位竞争指数最低；相反，报考国企、公务员，一再受到青睐。职业只有分工不同，没有贵贱之分，每种职业都能对社会做出贡献，都能实现自己的价值，都有自己的职业自豪感，关键在于是否人尽其才，才尽其用。

中华全国律师协会未成年人保护专业委员会佟丽华主任认为："当前学校教育的观念和方法固然存在很多问题，但制约儿童身心健康成长的首要问题却是我们所有家长的态度以及由此形成的整个社会风气。家长的观念以及各种不负责任的做法才真正制约了孩子的健康成长。"

（二）家长要更新观念，调整好心态

面临孩子人生的重要选择，家长要提高自身素质，更新观念，调整好心态。

1. 正确把握选择的重要程度

初三学生面临人生的一次重要选择，但人生并非仅此一次选择。选择成功了，固然可喜，失败了，也要善于总结，人生还有许多选择的机会。一次选择定终身的时代已经过去。

改革开放以后，特别是现在，社会为人们学习、就业提供了多种选择和机会。以高考为例，千军万马过独木桥的时代已经过去，孩子可以有很多选择的权利和机会。上大学可以实现人生价值，不上大学也可以走向成功。人才选拔与上升通道日益开阔，这是时代的进步。学历教育和非学历教育协调发展，职业教育和普通教育相互沟通，职前教育和职后教育有效衔接，现代国民教育体系更加完善，终身教育体系基本形成。以就业为例，社会为从业人员提供了多种受教育的机会，由过去的一次性教育向终身教育发展，此外在就业前、就业过程中、转岗期间、待业期间还可接受培训。从业人员可以根据职业的需要及个人的意愿选择受教育的方式，如自学、业余学习、函授、脱产学习等。由于职业的不断发展与变化，从业人员转换职业越来越频繁。在一些发达国家，人一生能转换职业 6～7 次。每次职业转换都会对从业人员提出新的要求，这就使得人们必须摒弃一次选择定终身的传统观念。在"双向选择"的机制下，人们对职业的选择更加个性化、自主化，从业人员的职业流动促使劳动力结构趋于合理，从业人员对职业更加适应，从业人员在选择的过程中不断调整人生道路，提高生活的质量，实现人生的价值。

2. 适当把握对孩子的期望值

现在的初中生几乎都是独生子女，家长对孩子的关注程度几乎达到了极限。特别是面对孩子的重大选择，家长更是倾注了全部心血，他们要借助孩子来实现自己的梦想。然而现实与理想是有差距的，期望值过高，必然与现实的差距就大。

家长对孩子的期望目标不能定得太高，太高了孩子达不到，反而会严重挫伤孩子的自信心，影响孩子的社会化；目标也不能定得太低，太低了缺少动力。应该是"跳一跳，能把果子摘下来"，适当的目标才有利于孩子的发展。孩子学有一技之长，能自食其力，对社会有益，而且还可以继续深造，家长的教育就是成功的。

小董，初中毕业后因成绩不佳，没考上高中而上了职专。学习期间，在老师的指导下，在家长的鼓励下，他充分发挥了自己动手能力强的优势，喜欢上了自己所学的数控专业。职专毕业后他考取了天津中德职业技术学院继续深造。经过三年的学习，他的知识丰富了，技能提高了，学习的劲头更足了。2005年，他终于被天津理工大学录取，实现了他的大学梦。

数控专业的学习使小董发挥了学习的优势，激起了他的学习兴趣，使他全身心投入到学习，人也变得自信、开朗了。上中等职业学校不仅能学习一技之长，也能继续学习深造，国家关于职业教育的多项政策，解除了家长、孩子的后顾之忧。小董的选择告诉我们，面对选择，家长要心态平和，不要急于求成。

3. 关注孩子的心理健康

许多家长在生活上无微不至地关心孩子，过于看重考试成绩，但在心理上缺少对孩子的关心和爱护。家长平时要多与孩子交流，加强理解与沟通，创造一个和谐的家庭环境与学习氛围，帮助孩子树立正确的人生态度，教育孩子学会正确对待自己，指导孩子科学用脑，劳逸结合，让孩子多参加集体活动等，使孩子顺利地升学。

毕业于美国芝加哥大学医学院精神系的华人心理学家张道龙，多年的心理咨询实践使他深刻认识到：儿童、青少年时期需要的不仅仅是基于书本的应试教育，更需要基于人文情怀、因势利导的心理咨询。孩子的成长最重要的是心理的成熟，而不是把他们当容器，往里面灌输知识，教育远远不止这些。而家长是孩子天然的人生导师和心理咨询师，学习、掌握心理学相关知识和技能就显得非常重要。教育和成长的过程中，心理素质好与差越来越成为重要的因素——没有良好心理素质的人，他的生活和工作就没有幸福的基础。

　　林书豪从板凳球员一跃成为耀眼明星的传奇故事现在已经家喻户晓。林书豪的父母是在 20 世纪 70 年代从我国台湾省移民到美国的，在林书豪的成长道路上也曾遇到教育重压和个人兴趣选择的问题。林书豪的妈妈一直坚持传统的教育理念，敦促林书豪练习钢琴，以后成为一个医生。幸运的是他有一位开明、不功利的父亲，尊重孩子的选择，支持他坚持做自己感兴趣的事情。"我完全没有想把他培养成职业球员的想法。如果那个时候他说自己不喜欢这个运动，那么我不会强迫他做这些事情。"在孩子的成长过程中，父母对孩子的影响很重要。

　　受到父亲的影响，林书豪从小就喜爱篮球运动。每天一放学，林书豪会迅速完成家庭作业，然后从晚上 8 点半开始与父亲一起训练。在培养起孩子的兴趣后，林书豪的父亲做到了风雨无阻的坚持。他确信：成功来自于扎实的基础。"很多亚裔家庭对学业看得太重了。但我觉得，能与孩子们一起玩耍同样很棒。我很享受这一天伦之乐。"

　　高一时，林书豪入选了校队，虽然拥有美国国籍，但歧视和嘲讽一直在学校里伴随着林书豪。每当他走进篮球场的时候，就会有人不屑地说："快回去吧，中国人，这里是篮球场，没你的事！"面对受委屈的儿子，父亲告诉他："即便有些人对你品头论足，你也必须保持冷静，绝对不能因此动怒。只要你赢下比赛，人们自然会尊重你。"林书豪果然做到了。高中最后一个赛季，他交出了场均 15 分、7 助攻、6 篮板、5 抢断的华丽数据，率队取得 32 胜 1 负的惊人战绩，并最终在加州二级联赛成功夺冠。这时候，林书豪的身高也蹿到了 1.88 米，甚至超过了那些曾经取笑他的学生。林书豪父亲的话颇有深意，首先是要保持冷静，别让别人的言谈激怒自己；其次，反击他们的最好方式就是自己的表现。

　　当孩子遇到挫折的时候，不可避免地产生自卑感，这是成长必经的过程，同时也是成长的拐点。面对并战胜挫折的过程，也是打造孩子人格的过程。在孩子的成长过程中，父母不仅要重视孩子的学习，更要重视孩子人格的培养。

4. 尊重孩子的选择

　　在选择过程中，遇到与孩子意见不一致时，家长要冷静分析，心平气和地与孩子商量，求得共识。家长帮助孩子选择，绝不等同于家长的越俎代庖。孩子了解自己，做出选择的过程也是"成长"的过程，在这个过程中，孩子逐渐认识了自己，能客观地评价自己，将自己的理想与现实紧密地联系在一起。

小耿，上小学时参加了小红旗艺术团到日本的演出，第一次走出国门，被日本文化深深吸引，"一定要到日本上大学！"一个梦想在她的心中萌发。小学毕业后，父母尊重了孩子的心愿，到天津外国语大学附属外国语学校读日语。她多次参加学校的口语大赛，高二时就通过了日语一级考试。小耿不仅掌握了扎实的日语知识，更了解了一些日本的风俗文化、民族习惯、思维方式等。她始终执着地追寻着自己的梦想，希望有机会更深层次地体味日本文化的魅力。学校的早稻田大学推荐制度，为她开启了通向日本名校的通道。2013 年，她实现了到日本著名大学继续深造的梦想。尽管父母并不是很赞同孩子的选择，但最终还是被小耿不懈的努力打动，尊重了孩子的选择。

三、如何指导孩子做好人生的一次重要选择

家长对孩子的升学和职业选择具有重要影响，家长如何帮助孩子做好选择呢？

（一）要了解社会的需求

我国初中毕业生大部分（大城市市区和沿海经济发达地区所占比例大）进入高中阶段学习，少部分（农村、经济不发达地区、偏远地区所占比例大）不能升学，经过短期培训后就业。对大部分初中生来讲，面临的选择是升入普通高中还是职业学校。

1. 对普通高中"热"的思考

现在上普通高中的热潮一浪高过一浪，许多家长都认定"上高中、

考大学、找个好工作"这样一个模式，抱着"不管孩子将来能否考上大学，先上完高中再说"这样一种心态，希望把竞争推后几年，希望孩子多一次机会。2001年天津市教育科学研究院的一项调查显示：接受调查的家长中，有87.8%的家长希望孩子上普通高中；希望孩子上普通高中的家长中，有54.3%的家长希望孩子上市重点中学。至今，大多数家长仍然希望自己的孩子能上高中，能进重点高中。这一方面反映了广大家长希望孩子接受良好教育的迫切愿望，另一方面也反映了家长"万般皆下品，惟有读书高"的观念根深蒂固。那么，人人都上普通高中是否可行？每个孩子是否都适合上普通高中呢？

普通高中的设置，是受国家政治、经济制约和政府宏观调控的，到目前为止，还没有哪个国家能够把高中阶段完全变为升学预备型学校。多年来由于高等教育规模偏小，满足不了学生、家长对更多、更好教育的需求，出现了"千军万马挤独木桥"的局面。但近几年，这种状况有了很大改善，高等教育扩大规模，高等职业教育快速发展，满足了更多学生、家长渴望上大学的需求与愿望。

（1）普通高中的培养目标

教育不仅要"培养数以千万计的专门人才和一大批拔尖创新人才"，还要"培养数以亿计的高素质的劳动者"，这是我国国民经济发展的需要。汤姆林森博士认为，在生产中高级工程技术人员、技术员、熟练工人、一般工人的比例应为1：5：25：25，这样生产才能比较协调，才能提高劳动生产率。

普通高中肩负着进一步扩大和加深学生的知识与技能、为学生日后步入成人社会而承担起个人的生活责任做准备的重任。普通高中的任务有两个：一是为高一级学校输送合格的毕业生；二是为社会各行各业输送素质较高的劳动者。

（2）普通高中对学生能力的要求

高中生作为未来社会的公民，客观上要求他们在高中阶段既要学习具有一定基础性、专业性的学术性知识，又要他们掌握一定的实用性知识，为其今后不同的分流发展、个性需要、职业生活打好基础。同时，要求他们不仅要掌握认知领域的知识，而且在情感、态度方面也应加以培养；不仅要掌握读写算的技能，还要掌握社会交往能力、应变能力、思考能力、创造能力等。报考普通高中，需要的不仅仅是中考的分数，还有分数背后孩子的学习能力。初中阶段学习不稳定、基础不扎实、成绩不理想的孩子在报考普通高中时要三思，最好征求一下班主任的意见，看看孩子是否具备上普通高中的能力。

在市场经济条件下，教育对个人而言已不仅仅是消费行为，而且也是一种投资行为。据教育部统计，2008 年我国高考报名人数达到历史最高峰——1 050 万，之后几年急剧下降，现在趋于平稳。报名人数下降的主要原因：一是人口出生率下降，二是部分学生出国留学，三是就业难。考虑到上大学的投入与回报，一些农村学生放弃高考。现在，一些家长和学生开始审视高考，并进行多元化选择。

2. 对职业学校"冷"的思考

在我们对初三学生、家长升学问题的调查中，不足 10% 的学生、家长选择职业学校。许多学生实在考不上普通高中不得已才上职业学校，进了职业学校大多数学生感到自卑，家长更是感到无奈。也有一些学生上不了普通高中宁愿放弃学习机会也不上职业学校，致使职业学校生源"匮乏"。许多家长不愿意让孩子上职业学校，认为职业学校学生没出路、没前途，更没面子，对职业学校有偏见。"劳心者治人，劳力者治于人"的观念积重难返。学生、家长还需要对职业教育有更多的了解。

中等职业教育是我国高中阶段教育的重要组成部分，担负着培养数以亿计高素质劳动者的重要任务，是我国经济社会发展的重要基础。21 世纪以来，中等职业教育快速发展，招生规模与普通高中教育"大体相当"，在校生人数占据高中阶段教育的"半壁江山"，就业率也遥遥领先。

（1）选择职业学校，实现人生梦想

中等职业学校按其培养目标和学制年限的不同，分为中等专业学校、职业高级中学、技工学校。

中等专业学校培养具有一定专业理论基础知识和较强实践技能的应用型的中级专业人才，对工科来讲主要是培养技术员。招收初中毕业生，学制为 3 年，招收高中毕业生，学制一般为 2 年。毕业生就业一般采取供需见面，双向选择，择优录用。

职业高级中学重点培养具有综合职业能力，在生产、服务一线工作的高素质劳动者和技能型人才。学制为 3 年。

技工学校培养具有现代化生产技能的技术工人。学制为 3 年。以生产实习教学为主，注重实际操作能力。毕业生不包分配，由学校推荐，用人单位择优录用。技工学校实行毕业证书和技术等级证书"双证书"，受到用人单位的欢迎。

中共中央、国务院在《关于深化教育改革全面推进素质教育的决定》中指出，"高等职业教育是高等教育的重要组成部分。要大力发展高等职业教育，培养一大批具有必要理论知识和较强实践能力，生产、建设、管理、服务第一线和农村急需的专门人才。"高等职业技术院校招收职业高级中学、中等专业学校、技工学校的毕业生，不仅促进了高等教育的发展，加快了标准职业教育体系的建设，也为广大"三校生"提供了继续学习深造的机会。

2013 年 6 月 4 日《中国教育报》报道了浙江省中职小发明成果展洽会上梦想的绽放——朱振霖的故事。朱振霖从小就对车有一种特殊的感情，但贫穷的家境，使儿时的他连拥有一辆玩具汽车都成为奢侈的梦想，这是他日后制造汽车的动力源泉。

中考后，在梦想的指引下，他选择了浙江省象山县技工学校汽车检测和维修班。进入技工学校的第二个月，朱振霖的脑海里就萌生了要造汽车的念头。当时他画了个草图给班主任徐老师，徐老师看了之后非但没有否定他，还在理论上给了他许多详细论证，并领他去学校创新创业指导老师那里进一步论证。正式开始制造是在 2011 年 5 月，经过近 7 个月论证设计后，朱振霖开始了所有零件和工具的采购，进行造车试验。两个月后，第一辆车从他手中诞生了，这是一辆油电混合动力车。之后，在老师的建议下，朱振霖又开始琢磨太阳能汽车。2012 年 3 月，在指导老师的帮助下，朱振霖制造了太阳能汽车。各大媒体先后报道了朱振霖制造的太阳能汽车，山村孩子的造车梦传遍全国。之后，他又陆续发明了多项专利产品：智能防盗报警装置、变速器油封安装装置、智能变光系统。目前，朱振霖已与他人合作成立公司，将智能变光系统正式投产，推向市场。

2013 年 3 月，朱振霖获选"2012 年浙江教育年度十大新闻人物"。在浙江省中职小发明成果展洽会上，朱振霖又将他的太阳能汽车开到了会场。"我相信只要心怀梦想，坚持住、沉下心，成功早晚会来。"现在的朱振霖正心怀梦想，走在创新的路上。

随着经济社会的发展，从"中国制造"走向"中国创造"，从"中国数量"走向"中国质量"的要求越来越迫切，经济结构的转型和调整，对高素质技能型人才的需要正飞速增长。高端人才可以引进，百万劳动大军必须靠自己培养。在高等教育发达的欧美国家，像瑞士的钟表匠、意大利的皮匠、法国的厨师、德国的木匠和铁匠，都是职高、技校毕业或从学徒入职，他们的收入可观，受人尊敬。朱振霖的故事告诉我们，职校生也可以大有作为，实现自己的理想。

（2）职业技能大赛，搭建圆梦舞台

全国职业院校技能大赛是职业院校最重要的比赛，现在已经成为中国职业教育界的年度盛会。它是由教育部发起，联合国务院有关部门、行业和地方共同举办的一项全国性职业院校学生竞赛活动。从 2008 年至 2013 年一共举办了六届，主办单位由 11 家增加到 31 家，赛项数目由 24 个增加到 100 个，参赛选手从 1 862 人增加到逾万人，参与企业从近百家增加到近千家。职业教育是以就业为导向，前五届大赛获奖学校就业情况呈现"三高一好"（就业率高、就业对口率高、就业社会认可率高、发展前景好），成为职业教育改革创新的最亮丽的名片。同时，职业院校毕业生初次就业率仅次于"985"高校，大学生"回炉"职校以求更好就业等现象颠覆了许多人的传统观念。一年一度的全国职业院校技能大赛，是促进中国劳动力由数量型向技能型转变的一个加速器，也成为职校生追梦圆梦的舞台，它激励职校生将个人梦、职业梦融入国家梦、民族梦，用双手开创成功之路和美好生活。

2013 年 6 月 30 日的《每日新报》报道了全国职业院校技能大赛中"技能状元"的故事。2010 年，家在天津市蓟县农村的小赵高考成绩不如意，经亲戚推荐，他选择了天津中德职业技术学院的电气自动化专业。在开学典礼上，小赵听到了刚刚获得全国职业院校技能大赛一等奖的学长的演讲，得知技能大赛可以实现技能提升与进本科院校深造的机会，当时就定下了冲击全国大奖的目标。小赵努力学习，勤练技能，2012年参加天津市比赛获得一等奖，2013年凭借过硬的技能获得全国技能大赛一等奖的第一名。成为大赛状元后，小赵实现了进入本科院校继续深造的梦想。职业技能大赛，为他搭建了圆梦舞台。

（3）职教新政策，建立人才培养立交桥

2013年4月，教育部出台《关于积极推进高等职业教育考试招生制度改革的指导意见》。《意见》明确要求：高等职业教育考试招生制度改革，逐步与普通高校本科考试分离，重点探索"知识+技能"的考试评价办法，为学生接受高等职业教育提供多样化入学形式，逐步形成省级政府为主统筹管理，学生自主选择、学校多元录取、社会有效监督的中国特色高等职业教育考试招生制度。

《2013年中国高等职业教育人才培养质量年度报告》中发布，近三年来，我国高职生就业率稳中有升，高职生整体上在毕业三年后实现了收入倍增，增幅达120%。毕业三年后自主创业的比例为5.3%，比毕业后自主创业的比例增加了2.3倍，有56%的毕业生获得职位晋升。

2013年6月4日《中国教育报》报道了浙江省中职小发明成果展洽会上职校里的"爱迪生"——夏冬的故事。2009年初中毕业后，由于成绩进不了普通高中，夏冬来到了浙江省富阳市职业高级中学模具制造与设计专业学习。通过一段时间的学习，夏冬看到了实现自己价值的方向，职高学习有一半是实训，要动手操作，这对于从小就爱动手的他来说简直如鱼得水，小制作小发明开始伴随他的成长。

还是在上小学的时候，夏冬注意到老师用两只木头支脚圆规画圆，经常会出现支脚滑动的情况，当时就有了改进教学圆规的想法，但没有条件实现。来到职高，在机械基础课上夏冬接触到了可以用在教学圆规上的零件——轴承。通过这个普通的轴承他很快就研制出了第一个教学圆规，虽然外形比较丑，但从实用角度讲，比老式木头圆规要稳定多了。相继地，他又研发了第二代、第三代，教学圆规成了他研发之路的起点。在之后的日子里，他把发现问题、解决问题的习惯延伸到生活和专业领域的各个角落。"在创新研发的过程中我遇到过不少坎坷，有些成果可以说是由无数次失败与挫折堆积而成的。"夏冬说，"当想法慢慢变成一种思路，思路清晰之后画成图纸，再将图纸加工成实物，并以专利成果呈现在自己面前时，心里会产生一种难以名状的成就感和自豪感。"

2012 年，即将毕业的夏冬谢绝了几家企业的高薪聘请，选择继续留校深造。因为学校里有专业技术优秀的老师，还有便利的实训场所和设备，这些都可以帮助夏冬的创新发明之路走得更加稳健。刚满 20 岁的夏冬已经拥有了"拖把挤水器""真空垃圾桶"等十多项发明和专利，被人们称为校园里的"爱迪生"，研发已经成为他生活中必不可少的一部分。由于他在创新研发上取得的成绩，被推选为"富阳市青春梦想代言人"。

职校生要重新认识自己，找到自己的兴趣、爱好，充分发挥自己善于观察、动手能力强、踏实肯干等优势。如果能充分发挥自己的兴趣特长，以特长求生存、求发展，就会多一条就业创业之路。今天的小发明小创造，必定能够成就明天的大发明大创造。2003 年 12 月在北京召开的全国第一次人才工作会议明确提出：要把品德、知识、能力和业绩作为衡量人才的主要标准，不唯学历，不唯职称，不唯资历，不唯身份。很多用人单位越来越看重人才的实际能力和工作业绩。各级政府对职业教育高度重视，2013 年，江苏、浙江、山东、广东等省率先开展现代职教体系建设改革试点，推进以中职与高职、高职与本科、中职与本科、普通高中与中职的沟通与衔接为主要内容的现代职教体系建设，建立起与现代产业体系相适应的高技能人才培养的"多层立交桥"。搭建职教人才成长"立交桥"：中职毕业可以考高职，高职毕业后还可以考本科；普通高中和中职也能互转。既能学习一技之长好就业，又能直通本科继续深造，更好地满足学生和家长的教育选择。

（二）要了解职业的需要

每个人都要在社会上从事一定的职业，就目前的情况来讲，职业第一是人谋生的手段，第二是为社会服务，第三是人的发展的需要，是人生价值的体现。

1. 初中生了解职业的主要途径

初中学生对职业的了解有几个途径：一是通过九年义务教育基础课程的学习对一些职业有所了解；二是通过身边人们的工作来认识职业；三是通过社会实践活动加深了对一些职业的亲身感受；四是通过各种报纸、杂志、书籍、网络来了解职业，等等。

2. 中学生的职业意向

2007 年 11 月至 12 月期间，张卫民、蒋宏达对浙江省衢州市城市、农村初中三年级和高中二、三年级学生调查表明，中学阶段处在职业预备期，由于年龄、知识和身心发展水平的关系，思想还不成熟，缺乏明确的奋斗目标。在问到"是否有长远的职业理想"时，41.24% 的学生回答"我有目标，但不止一个"，37.63% 的学生回答"有一些考虑，但不确定将来做什么"，仅有 14.95% 的学生回答"我的目标很明确，只有一个"。在选择的职业种类中，选择最多的是"老板"，占 26.81%，其次是"公务员"，占 20.29%。在问到"你对将来所学专业及社会上相关的各种职业工种的了解程度"时，"了解不多""很不了解"的人数合计达到 38.66%，"了解""很了解"的人数合计占 14.32%。

3. 我国的就业形势与人力资源供求状况

改革开放以来，我国由计划经济向市场经济转轨，从业人员也由国家统一分配转向劳动者与用人单位双向选择，劳动力作为商品进入市场，参与竞争。过去是国家给"饭碗"，现在是自己找"饭碗"，劳动者要想在市场竞争中处于优势，就必须提高自身素质，增强竞争力。

人才供给结构由教育体制决定，就业需求结构由经济和社会发展决定，两者如果不匹配，就会带来人才供给和需求的结构失衡。现在人才市场面临的突出问题有两个。一是大学生"就业难"和企业"招工难"同时并存。2013 年被称为"最难就业季"，全国高校毕业生规模达到 699 万人，再创历史新高。全国高校毕业生就业形势严峻，部分高校专业"毕业即失业"的现实让学生和家长在选择高考志愿时更加谨慎。企业需要的是技能型人才，大学毕业生来了用不上，光有文凭也没用。二是高入学率和"技工荒"同时并存。我国高技能人才占技能劳动者比重为 25.6%，而在发达国家为 45% 以上。普通高校毕业生虽多，但动手能力弱、专业对口率低，高职类院校毕业生虽然就业率和专业对口率高，但人才引进难，毕业生偏少，学生综合素质相对偏低。

《中国教育报》2013 年 7 月 3 日报道，受多种因素影响，北京高校毕业生面临比较大的就业压力。一是毕业生人数不断增加。2013 年北京地区高校毕业生 22.9 万人，比去年同期增加 6 000 人，就业压力不断加大。二是岗位需求明显下降。北京各高校统计的就业岗位需求比去年减少 18.8%，北京市属用人单位高校毕业生需求比去年减少 14%。三是仍然存在供需结构性矛盾。毕业生中"有业不就"和"无业可就"现象并存，高校的专业设置、培养模式和不同学历层次的培养规模无法及时适应市场需求结构变化。

学生、家长在升学、择业时一定要考虑社会的实际情况，将个人的理想与社会的需要紧密地联系在一起，不仅要考虑自己"小家"的需要，还要考虑国家的需要，不仅要看孩子的现在，还要想到孩子的未来。适合孩子发展的选择才是最好的选择，这样才能在社会中找到个人的位置。

（三）要了解孩子的特点

初三学生随着知识的丰富，社会活动范围的扩大，潜意识里觉得自己已经长大了，于是产生了独立的要求，希望摆脱对父母的依附，不愿接受家长的过分关照、说教和监护。他们已经十五六岁了，对自己的前途不会没有考虑，对自己升学或择业不会没有想法。只是由于他们的思维水平有限，社会经验不足，在考虑自己的未来时往往带有理想主义色彩，看问题有时偏激，选择志愿时爱感情用事，不够理智。因此孩子的意向常常有其合理的一面，也有其不合理的一面。家长在指导孩子选择时需要重视孩子的意见，需要从孩子的身心发展考虑，帮助孩子做好选择。

家长与孩子朝夕相处，是否十分了解自己的孩子呢？大多数的家长往往看自己孩子的优点多，缺点少，长处多，短处少，因而很难全面地、客观地分析孩子的优势与不足。家长了解孩子的途径有几种：一是有目的地观察；二是在社会实践活动中了解孩子的表现；三是心理测试。我们建议家长在升学或择业上除了考虑孩子的学习成绩外，还要考虑以下几方面因素。

1. 了解孩子的身体素质

无论是学习还是工作，健康的身体是基础，是保证。不同的专业或职业对人的体格、相貌等是有要求的，像教师、护士、餐厅服务员、导游等职业，要求工作者五官端正，无口吃，同时对身高也有一定的要求。家长要了解孩子身体素质的特点及不同的专业或职业对人的身体素质的要求。在选报志愿时，一不要填报自己限考的专业；二不要填报不符合职业对用人者身体特征要求的专业。

2. 了解孩子的职业心理素质

美国帕森斯的特质—因素理论认为，职业选择过程是人选职业、职业选人的过程，择业者只有正确分析职业的多种因素和自我的个性特点，才能找到个人与职业的最佳结合点，选择一种既适合个人特点又可能获得的职业，使人与职业相互匹配，合理组合。因此，家长了解孩子的职业兴趣、职业能力、职业个性，对升学或择业是很有帮助的。

（1）了解孩子的职业兴趣

职业兴趣是在众多的职业活动中一个人对某种职业的偏爱。一个人只有对自己从事的职业有浓厚的兴趣，才能积极主动地学习和工作，取得创造性的成果。从职业兴趣的发生和发展来看，一般要经历有趣—乐趣—志趣三个阶段。凡是有所成就者无一不是志趣的结果。据研究，一个人从事他感兴趣的工作，能发挥他全部才能的 80% ~ 90%，从事他不感兴趣的工作，只能发挥他全部才能的 20% ~ 30%。

（2）了解孩子的职业能力

能力分为一般能力和特殊能力。一般能力是指完成各种活动都必须具备的基本能力，也称为智力。孩子的智力水平是升入高一级学校继续学习的基础，智力水平偏低、学习基础较差的孩子不适宜升入普通高中继续学习。特殊能力也称为职业能力。职业能力是完成某一专门职业活动所必须具备的能力。一个人职业的成功不仅与他的知识技能、工作态度、物质条件、健康状况、人际关系等因素有关，还与他的能力密切相关。观察与研究表明，每个人的能力是各不相同的，如有的人擅长言语交谈，有的人擅长实际操作……每种职业对人的能力的要求也是不同的。作为家长要善于发现、认识孩子的能力，这是前提，是培养、发展的关键。

面对未来激烈的人才市场竞争，要努力培养孩子成为复合型人才，跟上时代的步伐。未来社会需要什么样的人才呢？杨进博士通过对发达国家经济发展的转变的研究，得出与这种转变相适应的人的基本素质是：良好的表达、理解能力；宽专多能和良好的适应能力；良好的文化教育基础和进一步接受教育与培训的能力；良好的理性思维、分析判断能力；良好的经营管理能力、社交能力和合作精神；良好的责任感和敬业精神。

（3）了解孩子的职业个性

每个人都与别人有所不同，每个人都有自己独特的风格，人与人之间都存在着个别差异。每个人的独特性和差异性就是人的个性。美国心理学家和职业指导专家霍兰德经过几十年的跨国研究，发现人的个性大致可划分为六种类型，把成千上万的职业也划分为相应的六大类。我国的研究人员根据霍兰德编制的量表，结合我国的国情，编制了职业个性的自测量表，现在介绍给各位家长，通过测试看一看您的孩子属于哪几种职业个性类型，适合做哪几类工作。

职业个性自我评定量表

下面是一系列的问题，请你按自己的真实情况，一一如实回答。如果你请教师、家长、朋友共同来帮助你评定每一个问题，则效果更好。

第一组　　　　　　　　　　　　　　　　　　　　是　　　否

1. 你喜欢把一件事情做完后再做另一件事吗？　　（　）　（　）

2. 你喜欢在做事前，对此事做出细致的安排吗？　（　）　（　）

3. 你喜欢修理家具吗？　　　　　　　　　　　　（　）　（　）

4. 你喜欢出头露面、引人注目吗？　　　　　　　（　）　（　）

5. 你喜欢使用锤子、榔头一类的工具吗？　　　　（　）　（　）

第一组总计次数（　）　（　）

第二组　　　　　　　　　　　　　　　　　　　　是　　　否

1. 你喜欢解决数学难题吗？　　　　　　　　　　（　）　（　）

2. 你认为自己更多的是属于思考型而不是情感型的人吗？

（　）　（　）

3. 你具有研究自然科学的能力吗？　　　　　　　（　）　（　）

4. 你喜欢对难题做出深入的研究和探讨吗？　　　（　）　（　）

5. 你喜欢独自做实验吗？　　　　　　　　　　　（　）　（　）

第二组总计次数（　）　（　）

第三组　　　　　　　　　　　　　　　　　　　　是　　　否

1. 你喜欢做实际工作吗？　　　　　　　　　　　（　）　（　）

2. 你动手能力强吗？　　　　　　　　　　　　　（　）　（　）

3. 你怕难为情吗？　　　　　　　　　　　　　　（　）　（　）

4. 你喜欢修理电器和做罐头食品一类的事吗？　　（　）　（　）

5. 你喜欢修理自行车、电视机、收音机吗？　　　（　）　（　）

第三组总计次数（　）　（　）

第四组　　　　　　　　　　　　　　　　　　　　　是　　　否

1. 你喜欢照顾别人吗？　　　　　　　　　　　（　）　（　）

2. 你爱交际吗？　　　　　　　　　　　　　　（　）　（　）

3. 你责任心强吗？　　　　　　　　　　　　　（　）　（　）

4. 你对具体工作感兴趣吗？　　　　　　　　　（　）　（　）

5. 你对咨询工作感兴趣吗？　　　　　　　　　（　）　（　）

　　　　　　　　　　　　第四组总计次数（　）　　（　）

第五组　　　　　　　　　　　　　　　　　　　　　是　　　否

1. 你具有冒险精神吗？　　　　　　　　　　　（　）　（　）

2. 你喜欢售货吗？　　　　　　　　　　　　　（　）　（　）

3. 你善于为自己的观点辩护吗？　　　　　　　（　）　（　）

4. 你喜欢组织各种活动吗？　　　　　　　　　（　）　（　）

5. 你喜欢当经理吗？　　　　　　　　　　　　（　）　（　）

　　　　　　　　　　　　第五组总计次数（　）　　（　）

第六组　　　　　　　　　　　　　　　　　　　　　是　　　否

1. 你喜欢写诗或小说吗？　　　　　　　　　　（　）　（　）

2. 你喜欢绘画吗？　　　　　　　　　　　　　（　）　（　）

3. 你具有音乐、艺术和戏剧方面的才能吗？　　（　）　（　）

4. 你喜欢记者工作吗？　　　　　　　　　　　（　）　（　）

5. 你具有唱歌、跳舞方面的特长吗？　　　　　（　）　（　）

　　　　　　　　　　　　第六组总计次数（　）　　（　）

第七组   是   否

1. 你喜欢有条不紊的事务性工作吗？   （ ）   （ ）

2. 你喜欢遵照上级的指示做细致的工作吗？   （ ）   （ ）

3. 你做一项工作既仔细又有效吗？   （ ）   （ ）

4. 你喜欢办公室的统计工作吗？   （ ）   （ ）

5. 你喜欢做分类工作（诸如书刊分类、邮件分类等）吗？

                                      （ ）   （ ）

第七组总计次数 （ ）   （ ）

第八组   是   否

1. 你喜欢独立工作吗？   （ ）   （ ）

2. 你喜欢生物课程吗？   （ ）   （ ）

3. 你喜欢自然科学研究方面的工作吗？   （ ）   （ ）

4. 你爱阅读自然科学方面的杂志吗？   （ ）   （ ）

5. 你喜欢物理课程吗？   （ ）   （ ）

第八组总计次数 （ ）   （ ）

第九组   是   否

1. 你喜欢社会活动吗？   （ ）   （ ）

2. 你喜欢与人协作吗？   （ ）   （ ）

3. 你具有较强的口才能力吗？   （ ）   （ ）

4. 你能帮助后进生甚至是犯错误的同学吗？   （ ）   （ ）

5. 你喜欢结交朋友吗？   （ ）   （ ）

第九组总计次数 （ ）   （ ）

第十组   是   否

1. 你喜欢行政工作吗？   （ ）   （ ）

2. 你喜欢在许多人面前发表言论吗？   （ ）   （ ）

3. 你喜欢推销商品吗？   （ ）   （ ）

4. 你喜欢参加会谈吗？   （ ）   （ ）

5. 你善于做别人的思想工作吗？   （ ）   （ ）

第十组总计次数（ ）   （ ）

第十一组   是   否

1. 你是一个沉静而不易动感情的人吗？ （ ）   （ ）

2. 你善于整理书籍、报纸、杂志吗？   （ ）   （ ）

3. 你喜欢打字工作吗？   （ ）   （ ）

4. 你喜欢记账工作吗？   （ ）   （ ）

5. 你喜欢收款工作吗？   （ ）   （ ）

第十一组总计次数（ ）   （ ）

第十二组   是   否

1. 你喜欢写作文吗？   （ ）   （ ）

2. 你具有丰富的想象力吗？   （ ）   （ ）

3. 你是一个感情丰富的人吗？   （ ）   （ ）

4. 当你接受一项新任务，你喜欢以自己独特的方法去完成吗？

                                               （ ）   （ ）

5. 你能创造新事物（诸如创作故事、图画、诗歌等）吗？

                                             （ ）   （ ）

第十二组总计次数（ ）   （ ）

统计方法

根据对每组问题回答"是"的总次数，填下表：

组	回答"是"的总次数	相应的个性类型（代号）
第一组加第三组	（　　）	现实型（R）
第二组加第八组	（　　）	调查型（I）
第四组加第九组	（　　）	社会型（S）
第五组加第十组	（　　）	企业型（E）
第六组加第十二组	（　　）	艺术型（A）
第七组加第十一组	（　　）	传统型（C）

列出总次数最高、次高、再次高的三个相应类型代号（　　）、（　　）、（　　），如果你的孩子的职业类型代号是（R）、（I）、（A），则称为现实/调查/艺术型，如果你的孩子的职业类型是（E）、（S）、（A），则称为企业/社会/艺术型，以此类推。

各种职业个性的特点及与其相适应的职业

现实型的人喜欢有规则的具体劳动和需要基本技能的工作。这类职业一般是指熟练的手工业行业和技术工作，通常要运用手工工具或机器进行劳动。如操作 X 光的技师、机械师、鱼类和野生动物专家、电工、无线电报务员等。这类人往往缺乏社交能力。

调查型的人喜欢智力的、抽象的、分析的、推理的、独立的定向任务。这类职业主要指科学研究和实验方面的工作。如气象学者、生物学者、天文学者、药剂师、科学报刊编辑、地质学者、数学家、化学家、实验员、科研人员等。这类人往往缺乏领导能力。

艺术型的人喜欢通过艺术作品来达到自我表现，爱想象、感情丰富、不顺从、有创造性、能反省。相适应的职业主要有艺术、文学、音乐等方面的工作。如室内装饰专家、摄影师、音乐教师、作家、演员、记者、诗人、作曲家、编剧、雕刻家、漫画家等。这类人缺乏办事员的能力。

社会型的人喜欢社会交往，出席社交场所，关心社会问题，愿为别人服务，以及对教育活动感兴趣。相适应的职业主要是为他人办事的工作，诸如医治人、教育人、帮助人的工作。如社会学者、导游、福利机构工作者、咨询人员、社会科学教师、学校领导、精神病医院工作者、公共保健护士等。这类人往往缺乏机械能力。

企业型的人性格外倾，爱冒险活动，喜欢担任领导角色，具有支配、劝说、使用言语技能的工作定向。如推销员、进货员、商品批发员、旅馆经理、饭店经理、广告宣传员、调度员、律师、政治家等。这类人往往缺乏科学研究能力。

传统型的人喜欢系统的、有条理的工作任务，具有实际的、良好控制的、友善的、相当保守的特点。与其相适应的职业通常是各部门主管日常事务的办公室工作。如记账员、会计、银行出纳、法庭速记员、成本估算员、税务员、核对员、打字员、办公室职员、统计员、秘书等。这类人往往缺乏艺术能力。[①]

本章作者：

赵　莉　天津市河西区教育中心科研部副主任、中学高级教师

[①]　张伟远，瞿波．升学指导与择业指南［M］．上海：同济大学出版社，1998．

第 十二 章

农村留守儿童与流动儿童的家庭教育

一、农村留守儿童的家庭教育

贵州省紫云苗族布依族自治县火花乡的罗倩倩今年 12 岁了，在紫云县水塘镇中学读初一。她的爸爸妈妈在她 7 岁那年就出门打工，到现在，他们已经有 5 年时间没回来了。爸爸妈妈偶尔打个电话到村里，问问家里的情况，每到春耕、过年时还会寄点儿钱回家。妹妹罗婷婷今年才 9 岁，爸爸妈妈出门那一年她刚满 4 岁。爸爸妈妈的样子在她的印象中，早已模糊，一点儿也想不起了。罗倩倩和罗婷婷还有一个 16 岁的哥哥罗端，今年本来该读初三，却辍学了。①

看到以上事例，难免让人感到心酸。同时，也不禁会让我们思考：究竟该给农村留守儿童一种怎样的家庭教育与关怀呢？

根据权威调查，中国农村的留守儿童数量超过了 5 800 万人，其中，57.2% 的留守儿童是父母一

---

① 摘自网易新闻中心 2008 年 8 月 4 日图片故事.

方外出，42.8%是父母同时外出。与流动儿童相比，留守儿童虽然避免了随父母到陌生环境带来的困扰，但长期与父母分开生活，对于正处于成长发育时期的儿童来说，缺少了父母在思想上的指导和观念上的塑造，缺少了父母在学习上的督促与生活上的照料，更容易受到外界的伤害。因此，对待留守儿童，家长应在家庭教育方面做出更多的思考与付出。

（一）农村留守儿童的家庭教育缺失

农村留守儿童的父母外出打工，大都是把孩子托付给自己的父母或亲朋照料，这些监护人虽然能够照顾留守儿童的生活，但往往疏于对孩子的教育；有的农村留守儿童则是被父母交由哥哥姐姐等同辈人照顾，由于同代监护人很难在留守儿童面前树立起家长的权威，给家庭教育带来困难；还有一些孩子没有其他监护人，自己照顾自己，这种自我监护的形式对于少年期的留守儿童成长影响很大，存在着心理、行为、人身安全等多方面的问题和隐患。

1. 家庭教育时间严重不足

大多数留守儿童家庭，长期在外打工的父母主要通过电话与家里保持联系，父母每周或每月和孩子联系几次，孩子能与父母直接接触的时间极少，见面的机会只是在春节或其他重要节日，因此父母开展家庭教育的时间少得可怜。大多数的留守儿童是由祖父母隔代监护，由于祖辈监护人年事已高，精力有限，且多数人文化素质不高，他们只注重孩子的衣食住行问题，很少考虑对孩子的教育，基本没有能力辅导和监督孩子，使留守儿童接受家庭教育的时间严重不足。而初中生大都正处于青春发育期和人生观形成的关键期，如果这些孩子多数时间处于家庭教育的真空地带，很容易在思想、行为和心理上发生偏差。

2. 家庭教育观念落后

很多留守儿童家庭在家庭教育观念上存在着偏差，有的重"生"不重"养"，有的重"物质"不重"教育"，有的重学校教育不重家庭教育，有的重眼前利益而不重视孩子将来。一些外出打工的父母故意逃避家庭教育责任，追求轻松自在、不顾孩子；有的只是关注孩子的考试分数，关心孩子吃饱穿暖，忽视对孩子品德的培养；有的认为自身素质不高和能力水平有限，不能够教育好孩子，认为只要把孩子交给学校就可以了，削弱甚至放弃自身应尽的教育职责；还有的父母一旦自己认定子女读书并没有达到他们期望的效果时，就会停止对子女的教育投资，如果子女所学知识没有用武之地，不能为家庭带来实际利益时，他们不会积极主动要求子女继续求学。这些落后的教育观念，会在不知不觉中影响孩子，对孩子的全面发展十分不利。

3. 家庭教育方法不当

一些留守儿童家庭的父母和监护人由于文化水平和自身素质不高，难以采取科学的家庭教育方法。有的父母因常年外出务工，对自己未能给予子女足够的爱而深感愧疚，大多选择以金钱和物质作为奖励措施，通过钱与物来弥补自己的"失职"，宁愿自己吃苦受累，不吃不喝，也要让孩子玩好、吃好，有时不管孩子需要与否，是否有利于孩子成长，只要孩子提出的要求一律满足，有求必应。这种教养方式表现出的过分溺爱会滋长孩子娇气、任性等不良习惯。还有的家庭采取放任型教养方式，一些父母抱着"树大自然直"的态度，对孩子基本上是放任自流、不闻不问，甚至搞不清楚孩子在什么学校上学、上几年级；由祖辈、亲友照看或由哥哥姐姐照顾的孩子，由于他们的监护人大多数本身就缺乏文化知识，或者难以树立家长的权威，又不像父母那样认真负责，从而任其自由发展。这些教养方式对农村留守儿童的身心都极为不利。

4. 家庭教育环境不良

农村学校受办学条件、师资力量、教学理念的局限与制约，针对留守儿童的需求提供特殊有效的教育和关爱力不从心。多数留守儿童家境不富裕，留守儿童的监护人不仅要照看孩子，还承担种田耕地、喂养猪牛等事务。他们天天忙于农活，根本就无暇顾及孩子，仅仅给孩子煮煮饭、洗洗衣而已，特别是到了农忙季节，有时连吃饭都顾不上，很多孩子就得自己煮饭或挨饿。还有的孩子要承担起家里全部家务事，有时还得下地干活儿。因此，相当一部分留守儿童难以完成九年义务教育，很多出现了中途辍学的情形。另外，一些家庭监护人因为不够尽心，缺乏防范意识，而孩子自我防护能力较弱，因此，农村留守儿童容易受到意外伤害，甚至成为不法分子侵害的对象。公安部门统计数据显示，留守儿童被拐卖、女孩受到性侵害的案例呈现增长趋势，对留守儿童健康成长构成了严重威胁。

（二）家庭教育缺失对留守儿童的影响

1. 自我管理能力不强

农村留守儿童多隔代抚养，隔辈监护人容易对孩子过分照顾，加之认为父母不在身边的孩子很可怜，总想尽量满足孩子的所有要求，以为这样可以弥补孩子爱的缺失。有的监护人对孩子几乎万事包办，孩子衣来伸手，饭来张口，除了学习什么都不用做。这种对孩子过分的溺爱，久而久之，则会导致孩子过分依赖他人，不会自我管理。如果孩子的精力不放在学习上，自然就要在其他方面加以消耗，于是其行为开始出现偏差，各种超越道德、规则的行为开始在孩子身上出现。加上监护人本身对孩子亲情缺失状况的同情，在孩子行为刚出现问题的时候也不加以管束，就可能使孩子在偏离健康发展轨道的方向上越走越远。缺乏管教引发行为失范甚至越轨，在留守儿童身上体现极为普遍。

2. 学习习惯不佳

由于父母双方或一方不在身边，对留守儿童学习方面的帮助和监督大大减少，甚至完全缺失，很多孩子在学习方面处于一种无人过问的状况。学好了没人鼓励，学差了无人帮助，渐渐地孩子对学习产生了无所谓的态度。大多数监护人只能从生活上尽力照顾好孩子的饮食起居，而对他们的学业常常是有心无力，难以对他们在学习上遇到的困难加以正确的指导或给予有效的帮助，更不用说激发其学习兴趣。时间长了，孩子不仅没有养成良好的学习习惯，还会丧失学习兴趣和学习动力，甚至产生严重的厌学情绪。

3. 易发生心理问题

心理问题是对农村留守儿童最应关注的问题。《教育》（旬刊）记者在调查中发现，在中小学阶段，留守儿童中心理不健康的比例要明显高于非留守儿童。长期的单亲监护或隔代监护，甚至是他人监护、无人监护，使留守儿童无法像其他孩子那样得到父母的关爱，而父母也不能随时了解、把握孩子的心理、思想变化。长期与父母分开，很多留守儿童感到孤单，一些留守儿童甚至出现心理问题。主要表现为：

（1）自卑。留守儿童由于父母长期不在身边，缺乏父爱或母爱，失去了坚强的依靠和保护，因此和父母在身边的孩子相比容易产生自卑。他们怕被别人看不起，不敢与人交往，不敢参加集体活动，把自己严实地封闭起来，甘心生活在被人遗忘的角落里，个别的甚至自暴自弃，丧失信心，不求上进。

（2）怨恨父母。少数孩子不理解父母，认为是父母抛弃了自己，不爱自己了，由此产生怨恨心理。有的孩子在父母回家后疏远父母，和父母产生情感隔膜，甚至怨恨父母无情。

（3）易冲动。一些留守儿童强烈渴求父母的爱，但又无法得到满足，当看到周围与父母生活在一起的孩子，心理难免会失去平衡。他们会因为自己的不幸而感到痛苦，有时，一件微不足道、不值一提的小事也会使他们大动干戈，甚至出现过激行为。

（三）对留守儿童父母的家庭教育建议

小江今年13岁了，上初一，是一个很上进、很懂事的孩子。他的家在安徽省某农村，在他8岁时，父母外出打工，至今已经5年了，他一直和叔叔婶婶生活在一起，叔叔家还有一个和自己同龄的弟弟，婶婶照顾两个孩子的生活，孩子们每天写完作业，叔叔会带着两个孩子一起干些力所能及的农活，两个孩子比着干，既锻炼了能力又找到了乐趣。5年来，小江的父母每到假期一定回家看望小江，为了方便，他们特地买了摩托车，虽然路途遥远，每次回家不是顶着酷暑就是冒着严寒，但夫妻两人认为这是值得的，一定要多和孩子在一起。有时，他们还会把小江接到打工的城市里，带他到处转转，开阔眼界。平日里他们每两天给小江打电话的习惯从来没有改变过。今年，小江父母看到同是打工者的邻居已经把他们的孩子接到了身边，在打工的城市里上学，觉得这样做很对，于是夫妻两人也做了一个决定，在他们打工的城市里给小江联系好了学校，要把小江接到自己身边学习和生活，小江听到这个消息，特别开心。

留守儿童父母鞭长莫及而监护人监护不力，这是做好留守儿童家庭教育必须解决的首要问题。要解决这一问题，除提高留守儿童父母的教育素质和思想认识外，还需要多管齐下，从以下多个方面来对留守儿童进行教育和关爱。

1. 经常交流增进感情，做孩子的知心人

父母的爱是促使儿童全面发展的重要催化剂，留守儿童则更需要父母的关爱。如果父母双方都不得不外出打工，就应建立亲子之间的沟通与交流方式，一定要及时和全面了解子女的情况。应利用书信、电话、网络视频等通信工具，频繁与孩子进行交流和沟通，对孩子倾注更多的关爱，让孩子体会到父母就在身边。同时，要向老师和临时监护人多了解孩子学习和生活方面的情况，了解孩子近期表现的方方面面。在沟通内容上，不能只谈学习，其他方面的情况也应询问，特别是青春期的孩子，需要更多的精神上的鼓励和心灵上的安慰。要走近孩子，了解他们的内心，发现他们的特点，分析孩子的性格，发现问题，积极寻找解决的办法，把对子女良好的教育愿望和恰当的教育行为联系起来。

2. 构建父母在孩子心中的良好形象

著名教育家马卡连柯曾经讲过："父母对自己的要求，父母对自己家庭的尊重，父母对自身每一行为举止的注重，就是对子女最首要的，也是最重要的教育方法。"农村留守儿童父母应认识到，外出打工从客观上开阔了视野，同时也要在主观上通过各种途径来提高自身的文化水平，改变影响家庭教育的各种不良观念和行为。父母不能因赚钱养家而忽略自己作为孩子的主要家庭教育者的职责。在与子女的通话、视频交流中，父母应保持良好的形象，时刻注意自己的态度和情绪，保持积极乐观的态度，不能让因为工作繁重导致的烦躁心情影响孩子。回家探望孩子时，更应时刻注重自己的一言一行、一举一动，努力成为孩子高尚精神、崇高人格、多种能力和健康生活方式的榜样。

3. 帮助子女加强自我教育和调节

一方面，应帮助孩子在学习生活中自立、自强、自信。辅导孩子树立明确的学习目标，把学习看成是提升自我素质、谋求人生全面发展的需要，学会为自己的学习生活创造条件，端正学习态度，逐渐地对学习产生兴趣，把学习看成是一件有意义的事情，勇于面对和克服在学习生活中遇到的困难，培养自主学习、自主评价的学习习惯和独立自主的生活能力。另一方面，应帮助孩子学会自我调节，形成健康的心态。对孩子进行爱心教育、文明礼貌教育、劳动教育等，教孩子学会生存、学会做人、学会竞争，同时注意培养他们的自信心。教育并指导孩子不仅要爱自己，更要爱别人、爱集体、爱大自然，在爱心中培养出对祖国、对社会的责任感，学会以宽容和平和的心态来对待生活和他人。

4. 必要时要进行心理疏导与治疗

如果留守儿童出现心理问题时，应正确看待，从科学的角度寻求解决方式，决不能歧视或采取暴力的方法。父母和监护人可以向学校的心理老师或当地的心理热线求助，也可到专门的心理咨询机构或心理门诊，帮助留守儿童解决遇到的问题。

5. 儿童人身安全不容忽视

安全问题一般都是突发性问题，它会不定期地发生。留守儿童本身因缺乏监管，特别是对于无人监护的留守儿童，更增加了防范危险的难度。因此，父母和监护人必须坚持不懈地对孩子进行安全教育，教给孩子安全防范的方法，让孩子从细微处做起，养成良好的安全习惯，并不断加强对孩子们的安全监护。针对不同年龄的儿童面临的主要安全问题，有侧重地搞好教育和防范。处于少年期的留守儿童，正处于生理和心理迅速发育的时期，对外界大部分事物的认识都是模糊的，与此同时，对外界的危险基本上没有防范能力，这个时期最需要指导和保护。

6. 直接抚养者要做好留守儿童的家庭教育工作

留守儿童父母在将孩子委托给其他监护人时，一定要慎重考虑被委托人的身体、经济、思想品德状况，是否具备监护能力，要经常与被委托人沟通，及时了解孩子的生活、学习等各方面的情况，交换家庭教育意见和建议，与被委托人共同做好监护工作。同时，作为留守儿童的直接抚养者，在孩子父母不在身边的情况下，更应对孩子严格要求，积极承担起孩子的家庭教育任务，不能因为对孩子的同情而放松管教。

7. 克服困难，尽量增加和孩子在一起的时间

父母的爱是任何人都无法取代的，只有父母才能真正满足孩子的亲情需要，从而让孩子获得安全感。父母与孩子聚少离多的情况，无论如何都会在孩子们幼小的心灵上留下或重或轻的阴影，这种爱的缺失将会影响他们的一生。解决"留守儿童"问题，归根结底在于父母克服困难，尽量增加和孩子在一起的时间。父母要慎重选择外出打工。外出打工的父母，要尽可能地把孩子带在身边，如可以把孩子带到打工的城市上学。一时无法把孩子接到身边的，要争取一切机会和时间陪伴孩子。比如在孩子假期时将孩子接到身边，帮助孩子认识社会，了解父母的工作环境和生活的艰辛，这本身也是对孩子很好的成长教育，更能让孩子理解父母不能陪伴的原因，从而增加独自面对生活的勇气和动力。

二、流动儿童的家庭教育

放暑假了，当很多孩子在忙着上兴趣班、进夏令营、外出旅游时，有这么一群孩子，他们或只能独自待在闷热的出租房里，或挂着钥匙四处游荡，或帮父母照看生意，甚至还要担负起照顾弟弟妹妹的担子，他们中很多都是流动儿童。

随着我国工业化、城镇化步伐的不断加快，城乡就业的流动性呈现明显上升的趋势。据 2010 年第六次全国人口普查统计，国内居住地与户口登记地不一致且离开户口登记地半年以上的人口为 2 613 万人，同 2000 年第五次全国人口普查相比，增长 81.03%，流动就业人群已成为一个庞大的社会群体。一些儿童随着父母工作地点的变动而更换不同的地区和学校，他们被称作流动儿童。本文所提及的流动儿童主要是指进城务工的农民工子女。因为"流动"，他们必须做出改变，努力适应新的环境，对他们幼小的心灵与身体是一次严峻的考验。如果这一阶段家庭教育不到位，势必对他们的成长产生一些不利的影响。因此，流动儿童的家长对此必须高度重视，要与社会、学校教育密切配合协作，选择适合的教育方式，把"流动"的不利减到最低，确保儿童健康快乐成长。

（一）流动儿童家庭教育存在的倾向性问题

炎炎烈日下，在某小区路边一个蔬菜摊点前，一男一女正在忙生意，他们身旁有一个小女孩则默默地择菜。有人来买菠菜，小女孩赶紧起身招呼，熟练地将菜装入袋中，放在电子秤上，按了几下键，"四块五。"这是一家三口，夫妻俩从外地来天津卖菜已经三四年了，小女孩叫小荣，已经上初一了。清晨七八点出摊，中午吃碗米线，晚上七八点收摊，吃完饭再写作业，这就是小荣的暑假生活。懂事的小荣没有告诉父母，这个假期自己唯一的心愿是去动物园看看只在电视里看过的熊猫、长颈鹿、斑马、大象……

与城市里的孩子受到的家庭教育相比，流动儿童家庭教育往往受到父母知识基础、时间精力和家庭经济条件等多方面制约，通常存在以下一些倾向性问题。

1. 家庭教育目的不明确

在孩子的学习问题上，有些流动儿童家长认为"学习就靠他自己造化，能成什么样就成什么样"，"将来过得比我们好就行"；还有一些家长觉得"给孩子吃好穿暖就是照顾好了孩子"，"能认字算个账就可以了"，"只要看到孩子把作业做完了就行"。对于"什么对孩子的健康成长有益"，"该给孩子什么影响"，"想让孩子将来成为什么样的人"，通常没有明确的目标，走一步算一步。

2. 家庭教育内容失衡

流动儿童的家庭教育内容失衡主要表现为：一是重身轻心，重视孩子的营养问题，忽略孩子的卫生教育和心理健康教育，特别是帮助孩子适应环境方面的心理教育；二是重智轻德，很多流动儿童的家长认为孩子学习好既是改变自身生存处境，也是改变整个家庭社会地位、使家庭真正归属于城市的有效出路，因此，容易片面强调知识教育，限制孩子做学习以外的其他事情，品德教育、审美教育、劳动教育则被忽略，久而久之，影响了孩子的全面发展。

3. 家庭教育方式不良

家庭教育方式对儿童的学习成绩、行为习惯、自尊、自信等方面均产生重要影响。流动儿童的家庭教育方式和普通家庭教育方式有共性的问题，比如过分溺爱、过度保护，过分干涉、命令性言语过多，严厉惩罚，放任不管等。在流动儿童的家庭教育中，严厉惩罚型和放任型的教育方式比较突出。很多流动儿童家长依然奉行"棍棒之下出孝子""皮肉痛，会用功"的古训来教育孩子；有的家长则是以工作忙为理由，对孩子很少关注，也没有明确的要求，让孩子享有过大的自主权。这些家庭教育方式都极不利于孩子的成长成才，甚至可能导致流动儿童出现各种心理和行为问题。

4. 亲子沟通少且效果不好

小丽跟父母来到天津已经一年多了，妈妈在养老院做护工周末不休息，只是每天晚上吃饭时可以和妈妈聊上几句；爸爸在工厂流水线上工作，经常加夜班，白天要休息。所以一个星期里，小丽能跟父母在一起的时间少得可怜，她希望爸爸妈妈一起带她去一次"海底世界"的愿望一直没有实现。

亲子沟通对于流动儿童尤为重要。而现实却是，流动儿童家长所从事的工作大多劳动时间长、比较辛苦，有些家长的工作时间还不固定，没有或只有很短的和孩子相聚的时间，亲子沟通很少；有的家长因为工作太累产生了坏情绪，并将这种情绪带到家中，将"火气"发到孩子身上，影响亲子关系；有的家长沟通往往只围绕学习展开，很少涉及其他主题。因此，许多孩子即使有不开心的事也不会主动告诉家长，特别是流动儿童在适应环境中会遇到很多的困难和困扰，也不愿意向家长倾诉。

5. 家庭教育环境保障差

刚上初中的小军跟随打工的父母来到了城市里。父母在社区的小市场里卖菜，每天没等小军醒来就早早上菜去了，晚上要到七八点钟才到家，能和小军一起说话的时间少得可怜。他们租住的房子很小，卧室里只能放两张床和几个柜子，再加一台电视，外面还有十平方米左右就是厨房与卫生间。当问到小军在哪里学习时，他就指了指放在床边的板凳。小军每天放学后要先去市场帮父母卖菜，然后回家还要做一些家务，最后才能腾出时间做作业。

很多流动儿童都像小军一样，成长所需的物质条件非常匮乏，家里几乎没有独立的学习空间，少数孩子甚至连书桌都没处放，只能在茶几上、床上写作业。在流动儿童家里也很少有孩子成长所需的书籍、音像资料和益智类玩具。流动家庭的家长们的闲暇生活方式通常是看电视、睡觉，很少看书学习。大部分流动家庭很少或几乎不带孩子到公园等地方游玩，绝大多数孩子没上过美术、音乐、舞蹈班，家长很少或不能给予子女学习上的辅导。不少流动家庭的家长身教与言教相矛盾，经常聚集在家玩牌、打麻将、赌钱等，其家庭文化气氛不佳，不利于搞好家庭教育。

6. 家庭教育与学校、社会教育脱节

流动儿童就读于城市初中以后，有些家长因为自身的认识问题，总是不好意思主动联系老师，怕麻烦老师，认为孩子读书不好是自己的事。还有的父母因工作繁忙等，极少主动与学校老师联系，就孩子的学习、生活情况及存在问题交换意见、商量对策，从而导致家庭教育与学校教育相脱节。由于流动儿童进入公立学校一般要缴纳一定的借读费或赞助费，大多数儿童只能进入简易的民工子弟学校，有的城市对流动儿童的教育重视不够，农民工子弟学校与城市中小学条件反差较大，加之流动儿童居住和接触的环境人员混杂，治安较差，家庭教育与社会教育严重脱节，使流动儿童容易沾染不良习气。

（二）关注"流动"对孩子成长的负面影响

"流动"是对儿童心理与身体的一次严峻的考验。面对全新的环境，即使是成年人，也会有诸多的不适应和较长的融入时间。对于正处在初中阶段的流动儿童，这个适应的过程可能会更长、更困难，如果在这个阶段，家庭教育不到位，就会对孩子产生很多负面影响。

1. 影响学习成绩

由于此前所学的教材与流入地不一致，教学的进度、教学的方式不一致，还要从生活上、学习上适应新环境，这给流动儿童提高学习成绩带来了很大难度。加上教育环境保障差，流动儿童到了新的环境后，学习成绩通常都会下滑，少数在度过了适应期后还会反弹。有的孩子由于缺乏良好的学习习惯，本来成绩就不如城市的孩子，加上学校片面追求升学率的做法，更加大了他们的压力。由于学习困难、不喜欢读书、年龄大怕人笑话等原因，有些流动儿童不愿意上学，从而辍学在家。

2. 缺少安全感

流动儿童初到城市中，面对繁华、拥挤和事事讲规则的城市，他们往往会感到不安，不知所措。有的孩子还要经常跟随父母从一个城市流动到另一个城市。对初中阶段的流动儿童来说，经常性地面对陌生的环境，并要去努力适应，本身就是严峻的挑战。如果来城市打工的父母还因工作过忙，无暇顾及孩子的情绪变化，对孩子关注少，甚至不闻不问，就会加重孩子的不安感受。另外，流动儿童还要适应城市学校里的学习和人际环境，如果不能很好地融入城市学校生活，不能融入同学中，就更会感到孤独无助。在调查中，我们还了解到，很多流动儿童居住的生活社区治安条件较差，也会使流动儿童缺少安全感。

3. 自信心不足

相关调查研究发现，与本地家庭教育相比，流动儿童家庭教育中，父母对孩子的情感理解显著低于本地家庭，流动儿童较少感受到父母的爱与理解、接纳与支持。一些流动儿童由于初到新环境，产生不适应和不安感受，总是担心被排斥，显得比较拘束、内向，变得不善交往和表达。他们总感到自己是特殊的，能够敏感地觉察到别人的目光或是怜悯，或是鄙视，害怕在公众场合表现自己。受到别人同情帮助的时候，他们通常不敢接受。他们一方面会因为父母严厉而表现出"顺从""听话"的适应性行为；另一方面也会因为害怕做错事被惩罚而减少探索性行为，表现出较多的焦虑与社会退缩。在面对困难时，流动儿童往往过于焦虑；做错事情时，他们往往过于自责。

4. 容易出现极端行为

部分流动儿童由于不能很好地适应新的环境，因而出现心理偏差，突出表现为叛逆、反抗等。有的流动儿童长期生活在被歧视的环境之下，会产生对城市的排斥心理，这种排斥心理如果伴随他们至青春期，可能会激发他们较极端的心理感受和行为表现。有的流动儿童因为心理压力大经常出现打架、斗殴等行为，甚至用极端的行动发泄不满情绪，成为社会不安定的隐患。

（三）对流动儿童父母的家庭教育建议

小涛，在某初中上三年级。两年前由父母从家乡湖北省某农村接来天津市。父母2006年来天津打工，做过家政服务、工厂里的流水线工人等很多工作，后来积攒了一些钱，开了一家小餐馆。为了小涛能接受到更好的教育，夫妻二人便把孩子接到了天津，还特意在小餐馆附近租了住房。为了节省开支，夫妻二人没有雇人，每天早晨四五点钟出门，一直忙到晚上七八点才能回家，几乎没有时间照顾孩子。怕孩子吃不好饭，他们每天都会给小涛20元钱让他买好吃的饭菜。一年前，他们发现孩子迷上了网络游戏，经常出入网吧，每天的20元餐费全都用来上网。小涛的父亲经常把他从网吧里拉出来，从劝说发展为打骂，可小涛没有任何的改变。

束手无策的小涛父母决定向小涛的老师求助。这是自从小涛来校上学后的一年时间里，他们第一次想到去学校。从老师那里，他们了解到，孩子在学校里总是少言寡语，不喜欢主动和同学交往，没有朋友，而且成绩最近直线下滑。听到这些，夫妻二人很心痛也很内疚，他们终于意识到孩子的孤独和无助。针对这些问题，老师给了他们一些建设性的意见。

回到家后他们决定，由父亲管理生意并雇人帮忙，母亲重点照顾孩子。同时，在老师的帮助下，小涛母亲还联系到住处附近几个小涛同学的家长，有机会就带着孩子和他们聚在一起，交流孩子的教育问题，小涛也有了很多的同伴。晚饭时的餐馆里总会特别忙，母亲就带着孩子一起在店里帮忙，母亲觉得这样可以让孩子知道父母的辛苦，也能锻炼孩子爱劳动的习惯。小涛父母还在老师的建议下买了一些关于孩子教育方面的书来学习，提升自己。

近一年过去了，小涛已经告别了网吧，性格变得开朗了一些，成绩也在不断地进步。小涛父母经常和老师电话联系，及时了解孩子在学校里的表现。他们的辛苦和付出换来了孩子的进步，他们觉得很值得。

流动儿童随父母迁居到新环境，是成长过程中的重要转折。流动儿童的父母必须重视家庭教育，尽己所能帮助孩子克服因"流动"带来的负面影响，做好孩子的"引路人"。

1. 抓住关键问题，帮助孩子适应新环境

家长在对流动儿童进行教育时，要抓住关键问题加以引导。当孩子初到新的环境，家长应帮助孩子适应以下变化。

（1）教材变化。新到一所学校，由于地域差异，教材版本不同，会给孩子带来学习困难，应帮助孩子适应新的教材。

（2）升学。从小学刚升入初中是孩子学习生涯的重要转折点，家长要特别重视孩子在这个关键期过渡是否顺利，物理、化学等都是新学科，要努力帮助孩子打好学习基础。

（3）人际环境变化。孩子要面对新老师、新同学、新邻居，构建新的师生关系、同学关系、邻里关系，其中会遇到很多难题，需要家长指导帮助。

（4）生活环境变化。从村镇迁到城市，从一个城市迁到另一个城市，衣、食、住、行都有很大改变，如何应对新的复杂的社会生活环境，孩子往往感到很茫然，家长应做好引导。

（5）语言环境变化。有的孩子只会讲方言，不会说普通话，会带来交流上的障碍，家长应帮助孩子学习普通话。

（6）饮食习惯变化。不同地方饮食习惯相差很大，孩子很可能不习惯新的饮食，继而出现厌食或水土不服，影响孩子的身体健康，家长应做好调剂。

（7）气候条件变化。不同地区气候会有差异，家长要观察孩子是否习惯。

2. 注重孩子的全面发展

孩子的身体成长固然重要，但要克服只重视身体成长而忽视心理成长，重养轻教，重智轻德等错误的家庭教育认识。在重视孩子文化课学习的同时，更要利用现有的条件引导孩子全面发展。比如，开小店或摆摊位的父母可以让孩子在课余时间和自己一起忙碌，帮父母做力所能及的事，这样可以培养孩子爱劳动的好习惯，也让孩子懂得依靠自己的诚实劳动获得报酬是光荣的事；在经济条件允许的情况下，父母支持孩子在课余时间报一两个兴趣班，让自己的孩子和城市里的孩子有同样发展自己特长的机会；在假期里，父母尽可能做到至少有一方抽出时间，带孩子接触外面的世界，可以去书店、动物园、博物馆、公园等，充实孩子的课余生活；父母可以定期带孩子参加一些公益活动，多关注社会和他人，帮助孩子塑造良好的品格。

3. 增加与孩子交流的时间

法国克里斯琴·施皮茨博士曾说："培养你们的孩子，多和孩子在一起，因为亲情的抚慰与关怀有助于孩子的成长。"多项调查也表明，流动儿童父母教养方式中"情感温暖、理解"因素越多，子女对新环境的适应性就越好。许多流动儿童父母在外打拼，整天忙碌，虽然子女在身边，却无暇过问子女的生活和学习，对子女的兴趣、交际、困惑就关心得更少，时间久了，就会失去家庭教育的主动权。因此，父母要尽可能多地抽出时间，创造与孩子交流的机会，问问孩子的学习、在学校的表现，或是主动给孩子讲一些自己见到或听到的有教育意义的事情，同时鼓励孩子多交流，给孩子讲自己想法的机会。要注意观察孩子的行为，并及时疏导孩子的消极情绪和心理困扰，避免打架、逃学、吸烟、酗酒等危害健康的行为出现。

4. 做孩子学习的好榜样

父母的言传身教对子女有潜移默化的影响。流动儿童父母应重视自身素质的提高，在忙于生计的同时也要加强学习，平日里注意自己的一言一行，为孩子树立好的榜样。比如，许多流动儿童的父母在逆境中求生存，具有吃苦耐劳、任劳任怨、自强不息的精神，这些良好的品质都可以教育和影响孩子，使孩子从小就能认识到生活的艰难，懂得要独立自主，并能分担力所能及的家庭事务，深知只有通过自己的不懈努力才能改变逆境。

相反，如果家长无视自身不良行为对孩子的影响，经常在孩子面前赌博、说脏话、吵架等，必然对孩子产生负面影响。

5. 鼓励孩子与同伴交往

对于初中阶段的孩子来说，同伴关系是人际关系中非常重要的内容。处于这个年龄阶段的孩子，他们更在意同伴对自己的态度和评价，和谐的同伴关系可以帮助流动儿童更快地适应新环境，增加安全感。父母要多鼓励孩子走出家门，和邻居的孩子或是附近住的同学一起学习，做有益的活动，通过同伴交往促进孩子健康发展。同时父母要对孩子的交友进行科学指导，让孩子和品质好的同伴在一起，而不结交品行恶劣的孩子。

6. 多和老师沟通

流动儿童的父母应主动与孩子的老师沟通，保持经常联系，了解孩子在学校的生活、学习、交往等情况及存在的问题，也可以向老师请教教育孩子的方式、方法，积极配合学校的教学活动，使家庭教育达到最佳效果。

7. 努力为孩子创造良好的家庭环境

和谐的家庭氛围可以促进孩子健康成长。家庭环境包括心理环境和物质环境。父母关系和谐，家庭氛围民主，多征求孩子意见，可以形成良好的家庭心理环境。父母两人中应有一人抽出时间为孩子做饭，照顾孩子的饮食起居，尽管生计也很重要，但要保证在孩子上学前和放学后都有人在家照顾孩子，最好能父母轮流照顾孩子。大部分流动儿童家庭的经济条件不是很好，难以为子女提供富足的物质生活，但是可以量力而行，努力为孩子的学习创造一个良好的环境，比如，想方设法让孩子有一个相对稳定、安静的学习小空间（哪怕是只有一张小桌子和小台灯的小角落）。家庭条件比较好的，不要只是一味地满足孩子的物质需求，同时也要注重孩子的精神生活，可为孩子开辟小书房，放置写字台、儿童图书、图片、花草盆景等，这对改善亲子关系，拓宽孩子的知识面，培养孩子的高尚情趣，促进孩子身心健康发展非常有益。

本章作者：

王　欣　天津市第一百中学心理健康教师、教育硕士、中学一级教师

第 十三 章

离异家庭的子女教育

据中国国家统计局和民政部门的统计，1980 年中国离婚对数为 34.1 万对，1990 年为 79.9 万对，2000 年为 121 万对，2005 年为 161.3 万对……从绝对离婚对数可以估计，中国离婚率的增加趋势很显著，这其中 67% 的离异家庭涉及孩子。

另据《北京晨报》的报道，民政部发布的"2012 年社会服务发展统计公报"数据显示，2012 年全国共有 310.4 万对夫妻办理离婚手续，比 2011 年增长 8%，粗离婚率为 2.3‰，比 2011 年增加 0.2 个千分点。2012 年依法办理结婚登记的为 1 323.6 万对，粗结婚率为 9.8‰，比上年上升 0.1 个千分点。2012 年离婚率的增幅超过结婚率增幅，离婚率呈逐年递增的态势，增长势头超过结婚率的增幅。

心理学研究认为，夫妻离婚给孩子带来的消极影响是十分广泛的，不仅会遏制孩子智力、性格和社会性的良好发展，而且也会导致孩子精神异常和心理变态。[①] 父母离异、家庭破裂使孩子在最需要父母关爱的成长关键期失去了完整的父爱和母爱，对孩子的身心是巨大的冲击和伤害，对他们的心理健康势必带来严重的影响。美国心理学家麦克尔说："父母离婚给孩子造成的创伤仅次于死亡。"

① 傅安球，史莉芳. 离异家庭子女心理 [M]. 杭州：浙江教育出版社，1993：107.

一般说来，一个国家的离婚率越高，离异家庭的子女也就越多，其对社会的消极作用也就越大。关注离异家庭子女教育问题，不仅关系到个人的幸福、家庭的和睦、社会的安定，它与子女身心的发展、健全人格的形成、国民素质的提高有着密切的关系。

一、父母离异给教育子女带来的影响

完整家庭子女的教养工作由夫妻双方共同承担，离异家庭的子女在父母离异以后，主要由作为直接抚养方的父亲或母亲完成。由于作为直接抚养方的父亲或母亲在行为、健康、情绪等方面受到离异的消极影响，他们在对子女的情绪、教养态度和教养方法上更容易出现偏差。

（一）不闻不问，忽视对子女的管教

夫妻离异后，直接抚养方要独自承担家庭重担，要忙事业、忙工作，无暇照顾子女，有的人对孩子的事情不理不睬，孩子从父母那里得到的关爱很少，很少感受到家庭的温暖，在成长过程中遇到各种问题也很少能够从父母那里得到支持和建议。家长对孩子放任自流、冷淡、忽略的态度，很容易使孩子感受到孤僻和害怕，逐渐形成冷酷无情、富攻击性、放荡不羁、自以为是的性格，情绪极不稳定，容易发怒，反复无常，对别人漠不关心。

（二）百依百顺，溺爱孩子

有的家长认为离异给孩子造成了很大伤害，孩子失去太多，他们总想通过对孩子施予更多的爱来弥补他们心里的内疚，因而对孩子过分溺爱，事事包办代替，对孩子的要求不管是否合理总是有求必应，不想让孩子受一点委屈。家长对孩子的百依百顺，娇宠倍加，很容易使孩子逐渐变得任性、自私、不听劝导、行为放肆、蛮横无理。

（三）过度严苛，对孩子的要求过高

有的家长离异后把心思全都放在孩子身上，他们对孩子的期望过高，不顾孩子的意愿、特长、爱好，常常按照自己的意愿干涉孩子的行为，强调服从，稍一不从就严厉斥责，甚至动粗打骂。这样的教育，孩子表面可能很顺从，但容易形成被动、消极、缺乏竞争性的人格特征，不愿努力发展智力，也可能引发逆反心理，事事与家长对峙。

（四）隔代教育，依靠祖辈管教孩子

由于现代社会竞争日益加剧，生活、工作节奏加快，单亲父母将管教孩子的责任越来越多地交由上一辈老人承担。单亲家庭的隔代教育很可能由于上一辈教育观念落后、教育内容陈旧、教育方法和方式不正确等原因，造成离异家庭子女心理上不健全，养成不良的行为习惯。

有的老人放纵护短，孩子即使有缺点或不良习惯，老人也一味迁就，听之任之，造成孩子无所适从，逐渐养成骄横、自高自大的习性。有的老人认为孩子遭遇到父母离异、家庭破裂的打击已经很不幸，父母又不在身边，非常可怜。于是，他们对孩子百依百顺，不管孩子的要求是否得当，对其成长是否有利，只要孩子提出，从不回绝、引导、纠正，一味满足，从而造成溺爱、偏爱，容易使孩子以自我为中心，形成自私、任性霸道等不良习惯。有的老人对孩子过分保护，把孩子自己应该做的很多事情都包办代理了，剥夺了孩子独立能力和自信心锻炼发展的机会，容易使孩子变得更加娇气，缺乏应有的自理能力。有的老人对孩子太过严厉，对孩子的批评多于鼓励，责罚多于奖励，大多数孩子会产生严重的自卑、自闭或叛逆心理。还有的老人只养不教，他们只会用一些传统的教育思想和方法示教，认为对单亲孩子要求太高，会刺伤他们的自尊心，做到让孩子吃饱穿暖、不出事就行了，要不然就对不起他们的单身父（母）亲。

二、父母离异对孩子的影响

当一对夫妻感情破裂、彼此再也无法生活在同一个屋檐下时，离婚就成了他们通常的选择。然而，当夫妻双方为痛苦婚姻的解除而感到解脱时，婚姻破裂很可能会给孩子带来烦恼、痛苦和消极影响。

小梅也曾有一个和睦的家庭，但在小学二年级时父母闹离婚，每次见面就吵架，他们谁也不愿回家，留下年幼的小梅每天面对空空的房子。那种孤独、恐惧和凄凉不是一个小女孩所能承受的，每天她都以泪洗面。后来父母为离婚到法院打官司，小梅随着父母奔走于法院，看到往日与自己亲近的父母对簿公堂，她的身心受到了很大伤害。她抱怨父母不爱自己，对自己不公平。

（一）离婚前父母的冲突给孩子带来烦恼

首先，父母冲突带来的家庭紧张气氛使孩子恐惧。离婚前的家庭，往往可以分为两类。一类是表面平静、实则不和的家庭。这类家庭成员文化素质较高，夫妻往往将冲突隐藏起来，避免在孩子面前发生直接、正面的冲突，但是这种压抑着敌意、沉闷、紧张的家庭气氛依然能够让孩子察觉，他们往往心里充满莫名的恐惧，经常担心害怕，总感到要出事，却不知为何。另一类是打闹争吵、关系失和的家庭。这类家庭的成员一般文化素质较低，家庭成员之间缺乏相互尊重、理解和信任，夫妻的冲突表面化，经常争吵打闹，生活在这样家庭的孩子精神高度紧张、内心充满恐惧。其次，离婚前父母的冲突导致父母对子女的关爱减少，也会引起孩子迷惑、恐惧。再次，离婚前父母的冲突导致孩子对家庭和自身社会地位的担忧和痛苦。目睹了家庭由和睦快乐走向冷漠、争吵、打闹，孩子除了感到茫然、困惑外，也会萌生出对自己家庭存续的怀疑。这些担忧、害怕，使他们的心灵蒙上了阴影。正因如此，许多离异家庭的孩子在父母离婚前表现出一定的情绪和行为的变化，他们变得烦躁、易怒、好哭、孤僻、自卑、敏感、退缩、注意力不集中，学习成绩下滑等。这些影响会随着离异夫妻冲突时间的加长而加深。

（二）离婚导致单亲家庭子女产生羞耻、失落、焦虑、怨恨、思念、幻想等心理

"爸爸妈妈离婚打官司的事情让我的同学知道了，他们都笑话我，老师对我也另眼看待。我感到羞愧极了，我恨我的父母，恨那些嘲笑我的同学。妈妈帮我转学到这所新的学校，我不敢告诉任何人我家里的情况，我怕他们知道了又要笑话我。老师让我填家庭情况表，到父母这一栏我就不填或者随便乱写。"

"邻居家的刘奶奶对我很好。爸爸妈妈闹离婚的那一段时间里，妈妈赌气回姥姥家，没有人给我做饭、洗衣服，刘奶奶就让我到她家吃饭，给我洗衣服。我很感激她。但是她每次见到我，都说我可怜啊，可怜！她还把我爸爸妈妈离婚、我怎么可怜的事到处说，现在我都害怕碰见她了。"

以上是两个离异家庭孩子的自述。由于父母的离异，孩子突然失去了父爱或母爱，无论从何种角度来讲，这都是对孩子的一个重大打击。许多孩子的正常情感生活遭到破坏，出现不良情感，产生羞耻、失落、焦虑、怨恨、思念、幻想等心理。

1. 羞耻

在我国，人们普遍认为离婚不是一件光彩的事情。虽然近年来社会对离婚问题已经变得越来越宽容，但是，父母离婚仍然要使孩子面对强大的社会压力。小伙伴们会笑话他们是没有爸爸或妈妈的孩子，将他们父母离婚过程中暴露的不光彩的事情四处宣扬，让他们在同伴中抬不起头，成年人也会对他们另眼看待。许多孩子在父母离婚以后会感到低人一等，感到羞耻。他们害怕别人知道自己的父母已经离婚，对别人的议论非常敏感，生怕别人议论自己的家庭。他们往往向老师和同学隐瞒自己父母离婚的事实。当不得不暴露自己家庭情况时，如填写家庭情况表、开家长会、老师要进行家访、在学校表现不好老师要求请家长等，他们就会采取欺骗、拖

延等手段。为了减少暴露自己家庭情况的机会，他们在与同学交往时也会小心翼翼，尽量缩小自己的交际圈，有的甚至把自己封闭起来。这些都会给他们的学校生活和身心健康带来不利影响。

2. 失落和焦虑

父母离异导致家庭结构的变化，离异家庭的孩子突然失去了父爱或母爱，只能与父母中的一方生活在一起，容易产生失落感。这种失落感使他们变得抑郁、多愁、封闭、冷漠，对未来感到迷茫和灰心，体验到悲哀、丧失感、被遗弃感和不安全感等。同时，离异家庭的孩子还很容易感到焦虑，对外界环境感到害怕，处理不好同学间的关系，陷入痛苦和极度烦恼之中。

3. 怨恨

一些离异家庭子女在父母离异后会怨恨一方或双方。他们怨恨父母抛弃自己，怨恨父母不能像其他孩子的父母一样给自己一个安定完整的家，怨恨父母让自己在伙伴中抬不起头来。陈会昌等人的调查研究表明：痛恨父母的离异家庭儿童为40.54%，完整家庭儿童为5.6%；喜欢父母的离异家庭儿童为30.02%，完整家庭儿童为85.01%。二者均存在显著的差异。[①] 离异家庭子女对父母的怨恨可能因为时间的延长，自己成熟，能够理解父母的苦衷而减弱，也可能由于父母离婚后艰难的生活处境以及大人的错误引导而加深。离异家庭子女不仅怨恨非直接抚养自己的父亲或母亲，而且对朝夕相处的直接抚养自己的母亲或父亲也会产生怨恨。武珍等人的研究表明，随着父母离婚时间延长，子女对单亲的关心越来越少。这一方面是因为离异家庭子女由于父母离异而造成的愤怒、被遗弃感、自卑、敌视等情感随着时间的延伸迁移到了单亲身上；另一方面是因为一些单亲父母在强大的生活压力和精神压力下，对子女采取简单、粗暴的教养方式，恶化了亲子关系。

4. 思念

许多离异家庭子女在父母离异时尚未成年，他们还处于需要父母的关爱、依恋父母的阶段。失去爸爸或妈妈会使他们感到十分痛苦。因此，不

---

① 陈会昌. 离异家庭子女的社会性发展特点［J］. 心理发展与教育，1990（3）.

管孩子多么恨自己的父母，从内心里都不愿意他们离婚，不愿意他们离开自己。他们把这种对父母的思念藏在心里，在孤独的时刻，在看到别的孩子与父母亲密相处的时刻，这样的情感就会泛滥开来。

离异家庭的孩子在非直接抚养自己的父母离开以后，会产生对他（她）强烈的思念。这种对父亲或母亲的思念与怨恨、羞耻交织在一起，让离异家庭的孩子感到剪不断、理还乱。

5. 幻想

爱与安全是个体的基本需求，对于成长中的孩子更是如此。因此，尽管有了许多的不满、痛苦和怨恨，离异家庭的子女在内心里都是渴望有温暖的家和父母的疼爱的。有的孩子在嘴里说不想离开的父亲或母亲，对父母离婚表现得无所谓，但是他们内心里还是渴望父母重新和好。当这些愿望在现实生活中不能实现时，他们往往容易产生幻想，幻想自己的父母又在一起，不吵不闹，一家人开开心心过日子，像同学的家人一样去逛公园、走亲戚。幻想能够给离异家庭子女带来片刻的安慰，但是，人总是生活在现实当中的，幻想与现实的对比，让他们感到更伤心和凄凉。

（三）离异给孩子带来的其他影响

1. 孩子承受生活的压力

晓倩的父母离婚了，法院把她判决给了母亲抚养。不久，母亲下岗了，一直找不到工作。外祖父卧病在床，母亲卖掉市内的住房，承担起照顾外祖父母的重任，一家人靠舅舅给的赡养费过日子。晓倩每天往返于市内学校和郊区的外祖父家之间，平时还要帮着母亲照顾外祖父母。生活的艰难让一家人都变得沉默。

家庭离异让孩子承受到生活的压力。父母离异以后，温暖的家不再有了。摆在孩子面前的不仅有伤痛，还有生活的压力。父母离异以后，子女生活在单亲家庭里，家庭的经济生活水平往往会受到一定影响。原来由双方共同维持的家庭失去了一方，必然带来经济收入的减少，尤其是在一些由母亲直接抚养子女的家庭中较为常见。家庭经济的紧张，必然促使单亲投入更多的精力在养家糊口方面，也使家庭的生活水平降低。因此，许多离异家庭的子女比完整家庭子女更多、更早地感受到生活的压力。

2. 孩子学习成绩下降

彩杰在爸爸妈妈闹离婚以前，学习成绩一直很不错，对学习也有兴趣，曾经连续三年被评为"三好学生"。但是，父母离婚前后，他的成绩却不断下降，到了初中，每门功课都在40~50分之间。

父母离异前后孩子学习成绩下降是一个普遍现象。吴承江、傅安球等人的研究表明，离异家庭子女的学习成绩总体上明显落后于完整家庭的子女，而且差异显著。造成这一结果的原因主要有三个方面。第一，离异家庭子女在动荡的家庭生活影响下，情绪不稳定，无法安心学习。父母离婚给孩子带来的心理压力是非常大的。父母离异前的吵闹，使他们感到烦躁、害怕。父母离异后的孤独、寂寞、自卑，也时时侵蚀他们的心灵。因此，他们往往无法集中注意力进行学习。第二，离异家庭父母对孩子学习的监督、关心减少。离异家庭的父母由于处于矛盾的中心，身心疲惫，往往无暇顾及孩子的学习。大多数父母在离婚前以及离婚初期会对孩子的学习采取不闻不问、放任自流的态度。有的家长甚至在孩子学习下降，经常无故逃学和旷课，教师找上门向家长反映情况时，仍然不予理会。第三，离异家庭子女的学习动机受挫。离异家庭子女在父母离异过程中外部学习动机和内部学习动机会相继受到损害。首先受到损害的是外部学习动机，因为父母在离婚过程中往往很少关注子女的学习，孩子学得好不会受到更多的关注，学得不好也不会受到严厉的责罚和批评。孩子有时候发现，学习不好还能够引起父母短暂的重视，因此，他们心中那种为了得到父母的赞许和爱而进行学习的动机就减少了。另外，孩子觉得学习好也不能改变自己家庭破裂、在同伴中地位下降的事实，因此，他们的成就动机就会下降。他们在学习成绩下降时不能及时调整自己的学习方式、心理状态，导致学习成绩继续下降，而不断下降的学习成绩又会使他们学习的内部动机受挫，以后的学习就变得十分困难。这样，他们失去了对学习的兴趣和信心，开始厌恶学习、害怕考试，出现厌学、逃学、考试作弊等现象。傅安球的研究表明，学习动机受挫的离异家庭儿童，会经常无故旷课、扰乱课堂秩序、作业马虎、抄袭他人作业、不完成作业。对离异家庭子女的调查表明，经常旷课、迟到、早退的离异家庭儿童占离异家庭儿童总人数的83.68%，不能保质保量完成作业的占 81.79%，扰乱课堂秩序的占78.21%。[①] 经常旷课、逃学，势必造成成绩下降，而学习成绩下降，又使离异家庭子女惧怕上学，如此的恶性循环使之难以自拔。

3. 孩子与同伴交往产生障碍

晓芸在父母离婚以后变得沉默、孤僻。他不喜欢参加学校和班里的活动，像跳绳比赛、球类比赛、知识问答，他都借口推辞。他也不与同学交往，课间往往一个人沉思、愣神或独自溜达，用脚踢东西，一副忧郁的样子。同学们都叫他"忧郁王子"。

陈会昌等人的研究表明，与完整家庭的子女相比，离异家庭子女的同伴关系整体上要差于完整家庭的子女，而且差异显著。与完整家庭子女相比，离异家庭子女中同伴接纳程度低，在完整家庭子女中，接纳程度高的占64.8%，而离异家庭子女中，接纳程度高的占26.4%；与同伴关系较差和极差的完整家庭子女占3.3%，离异家庭子女占22.6%。[②] 被同伴接纳的原因也与完整家庭子女有一定的差异。完整家庭子女被接纳的原因主要是学习好、善于交际、待人热情、乐于助人。离异家庭子女被接纳的主要原因是"被同情"，与同伴关系差的原因为孤僻、冷漠、有怪毛病或不良行为。为什么离异家庭子女在最需要同伴友谊的时刻却丢失了友谊呢？

首先，父母离异后，儿童的自卑、抑郁、敏感、好猜忌、有攻击性等不良心理状态，是造成他们同伴交往困难的一个重要原因。许多孩子在父母离婚以后，对自己在家庭和社会中的地位表示怀疑，在与同伴的交往过程中总是带着一种自卑的心理，对同伴的态度很敏感，有时还会无端猜疑对方。这给他们的同伴交往带来困难。

其次，同伴的成见和歧视也是导致离异家庭子女同伴交往困难的原因。受成人的影响，许多少年同伴在与离异家庭子女交往时存在一些成见

---

① 傅安球，史莉芳. 离异家庭子女心理 [M]. 杭州：浙江教育出版社，1993：107.
② 陈会昌. 离异家庭子女的社会性发展特点 [J]. 心理发展与教育，1990 (3).

和歧视。他们认为离异家庭子女与众不同，是冷漠怪癖的，他们的父母都是有问题的，在与他们交往时要十分小心。有的少年还会有意欺负、嘲笑离异家庭的孩子。

再次，离异家庭子女往往缺乏同伴交往的正确指导。同伴交往是一种平等的社会交往，要求少年应当掌握一定的同伴交往规则和技能。一些离异家庭的父母或其他抚养者，由于担心孩子受欺负，平时很少让孩子与其他孩子接触，致使孩子缺乏同伴交往经验和技能，而经常和同伴产生矛盾。而当矛盾产生的时候，他们的父母或其他抚养者往往将原因归结为其他孩子对自己孩子的歧视，看不到自己孩子存在的一些问题。他们通常的做法是教导自己的孩子不要与他们交往，或者在与同伴冲突时，采取攻击报复的手段，结果导致孩子在同伴群体中越来越孤立。

此外，离异家庭的父母如果对孩子关心和爱护不够，缺乏正确的教育方法，那么很容易给孩子的心灵留下创伤和阴影。心理学家指出，大量的事实和研究表明，人在早期某些深刻的伤害事件中，会形成某些信念，这些信念在以后的生活中会产生自我应验的预言功能，通常他们会努力寻找证据和经验来证实自己得出的信念，如"这个世界是危险的"，"人与人的关系是不可靠的"，"男（女）人不可信"。人会泛化这些信念，进而产生对家庭、对人际关系、对社会的逆反和仇视情绪，甚至不惜扭曲某些信息和与人的关系。他们会变得心理失衡、孤独、自卑、消沉、愤怒，这种被扭曲的心态会严重影响其情感、意识、智力和人格的健康发展，甚至使其对人生心灰意冷，对未来失去信心，对社会产生仇恨报复等极端心理。

三、离异父母要学会给孩子撑起一片爱的天空

（一）离异父母的自我疗伤

1. 对"野蛮离婚"的行为说"不"

离婚是文明社会的产物，但并不是所有的离婚都是"文明离婚"。给

孩子造成巨大伤害的是"野蛮离婚"。对于孩子来说，他所遭遇的悲剧不仅是父母离婚本身，还有父母在离婚前后的不良心态、糟糕表现甚至野蛮行为。例如，夫妻之间的相互责怨、争吵、人身攻击，甚至反目成仇；在离婚谈判中，把孩子当成包袱，你踢过来，我踢过去，谁都不想带个"拖油瓶"，使孩子感到自己被亲人抛弃了；或者把孩子当作财产和砝码加以争夺，甚至为了报复惩罚对方，不惜在孩子面前极力诋毁中伤对方，不准对方与孩子接触来往等。这种视同陌路、反目成仇的"野蛮离婚"，对孩子的成长将产生非常严重的消极影响。

夫妻双方在离婚前后应该具有积极心态和文明行为，不把夫妻之间的婚姻悲剧转变成亲子之间的亲情悲剧，"姻缘"解体而"亲缘"存在，依然让孩子得到父母双方的关爱。虽然夫妻双方的婚约解除了，但是在人格上应该仍然保持相互尊重，继续做孩子的父母，不论孩子由哪一方抚养，另一方都应该给孩子予以关爱。离异的双方最好还能保持平和的关系与平静的往来。即使双方在感情上有隔阂，但为孩子着想，也要想办法维持一种"和睦的假象"，这不是虚伪，而是为了孩子的健康成长应当具有的成熟之心和应当承担的父母责任。对于孩子而言，失去完整的家庭不可怕，可怕的是父母不能文明离婚，这一点对于单亲家长能否教育好孩子是极其重要的。

2. 从离婚的阴影中走出来，做拯救自己的"上帝"

离婚后，单身女性或男性会面临种种精神上的痛苦，如被抛弃的凄凉感、心理孤寂感，自卑、后悔、报复、破罐子破摔等。他们还会面临其他不利处境，如社会压力、住房紧张、经济困难等，这些都会严重影响其身心健康。对于带着孩子的单亲父母而言，他们面临的问题就更多了。然而，孩子是无辜的，不应该成为父母不幸婚姻的牺牲品。父母是成年人，有责任和义务与孩子一起走出不幸家庭的阴霾。成人应该有更强的认知能力，更快的心理恢复能力，更成熟的心智，要做拯救自己的"上帝"，只有先拯救自己才能教育好孩子。

她不懂音乐，是个普通的下岗工人，也是个既平凡又不幸的女性，她说自己是"无文凭、无专业、无丈夫、无金钱"的"四无妈妈"。但就是这样一位贫苦而艰难的单亲妈妈、一个连五线谱都认不全的音乐盲，却将儿子吴纯培养成了连获 15 项世界乐坛大奖、在国际上颇有影响力的青年钢琴家。她就是吴章鸿，因为对儿子成功的教育，她赢得了"平凡而伟大母亲"的荣誉称号，光荣地成为"全国教子有方好家长"。她能够取得成功，关键是当婚姻亮起红灯的时候，她做了自己的"上帝"。1993 年底，吴章鸿的婚姻亮起了红灯。1994 年 6 月，吴章鸿被迫接受了"要孩子就永远得不到孩子抚养费"的离婚调解协议书。为了给孩子一个正常、安宁的生活环境，吴章鸿一咬牙在离婚协议书上签了字。母子俩所有的财产就只有一台旧钢琴和各自换洗的衣服，家里除了四周的墙壁，连桌椅、板凳都没有。当时吴纯只有 11 岁，正上小学五年级。婚姻的失败对一个女人来说，无疑是痛苦的。可是，吴章鸿没有时间，也没有精力沉沦于自怜自哀之中。她劝慰自己同时也告诫自己：为了孩子，必须立刻从婚姻的废墟中走出来，调整好自己的心态，重建家园。

吴纯是吴章鸿离婚后生活世界里唯一的精神支柱。为了给儿子创造一个安宁的生活和学习环境，她从此就再没有好好休息过。单亲母亲的确不容易，更何况她是一个"四无妈妈"。她既要挣钱张罗家用，又要注重孩子的品德教育和文化学习。吴章鸿每天除了认真负责地做好本职工作以外，还做些兼职，常常一天工作十几个小时，从来没有过星期天和节假日。有时赶做焊接活，整夜不睡觉，实在熬不住了，就靠在工作台旁边稍稍合个眼，然后继续干。是什么支持着她坚持不懈地做下去？努力在最短的时间内给儿子重建一个安定温暖的家，这就是她的生活动力。

在离婚后极为困难的条件下，妈妈表现出的坚强意志品质深深地感染了儿子。吴纯坚持学习钢琴的决心没有动摇，每天练琴不止。看着儿子的执着以及对钢琴的热爱，听着钢琴老师对儿子音乐才能与潜质的肯定，吴章鸿更加坚定了支持儿子走专业学习钢琴的道路，她不顾一切地要把儿子送到国外留学，这使得她周围的许多人不理解。但是为了吴纯的前途，吴章鸿决定义无反顾地走下去。她到处打工，拼命挣钱，规定自己的生活费每天不超过 5 元人民币，而花在儿子身上的各种学习、比赛费用则是以万元来计算。

"上帝为你关上了一道门，必然为你打开一扇窗。"身处逆境的单亲父母应该努力消除自己的消极情绪与心理，多考虑孩子的发展问题，变被动状态为积极进取的主动状态，与孩子共同撑起一片晴空。

（二）帮助孩子疗伤

1. 不向孩子播种仇恨

大多数夫妻闹到离婚的程度，难免互相伤害，但夫妻应该想到这样做对孩子的伤害更严重。父母双方在争吵时，不但会指责对方的所谓"过错"，还会不知不觉地将指责上升到人性的高度，说出"男人（或女人）没有一个好东西"，"这世界上根本没有真正的爱情"，"千万别相信他人"等诸如此类的话语。这种带有浓重个人感情色彩的说法是一种偏见，父母把这种"有色眼镜"从小就给孩子戴，会让他们对人生、对社会产生不公正的看法，甚至对异性产生敌视态度或过度戒备，难以与人和睦相处，给他们未来的恋爱婚姻生活投下浓厚的阴影。所以，单亲家长很有必要在逆境中仍然保持对自己和他人的公正看法，保护好一双平常人的眼睛，不要在孩子的心里种下仇恨的种子。

一个女孩的父亲当上总经理后，抛弃了她们母女，与另外一个女人结了婚。丈夫并没有留下钱财，母女两人过着清贫的日子，而坚强的母亲很快站了起来。过了一年，丈夫就被那个女人抛弃了，他病了，孤独凄凉地住在医院里。女孩很想去看看父亲，但又怕母亲伤心，谁知母亲已经准备好了简单的礼品，让她去看父亲。母亲对女儿说："虽然他已经不是我的丈夫，但他永远是你的父亲。你就代表自己表达一下做女儿的心意吧。"女孩被母亲的宽宏大量震撼了。她在一篇作文中写道："母亲虽然没有给我锦衣玉食，却给了我一生享用不尽的财富，那就是处变不惊的品质。"

2. 传递正能量，让孩子在逆境中学会坚强

单亲家庭的子女，很容易因为自尊心受过伤害而有不同程度的自卑感，不少单亲子女因怕被人嘲笑和看不起而隐瞒自己的身世。为此，家长需要鼓起他们生活的勇气和信心。

单亲家长首先要调整好自己的心态，一步步地克服困难，自强而自信地去完善自己，完善生活，给自己和孩子创设一个良好的环境。家长性格开朗，心情愉快，才能对孩子产生有效的教育和积极的影响，用阳光、积极、乐观、坚强、自信、自强的心态来感染孩子，培养孩子的自信、进取、主动意识，使孩子具有良好的心理素质，让孩子学会生存，学会关心，学会坚强。

《哈佛女孩刘亦婷——素质培养纪实》一书中介绍刘亦婷从 1 岁零 8 个月到 7 岁的童年时代是生活在一个单亲家庭里。刘亦婷的母亲在书中这样写道："我尽量消除家庭残缺对孩子成长的不利影响。比如，绝不因自己心怀怨恨就用不正常的心态去对待孩子，也不认为孩子可怜就百般迁就，更不认为孩子是自己的累赘而不管不理。我认为单亲母亲一定要坚强，不管大人有多少困难，都要尽最大的努力让孩子觉得自己是幸福的，觉得自己和别的小孩一样正常。"

1998 年刘亦婷被美国 4 所大学同时录取。这个幸福快乐的女孩曾经遭受家庭的不幸，与单亲母亲相依为命，但是坚强理智的母亲用一颗平常心培养了一个健康优秀的女儿。

3. 帮助孩子扩大社交范围，使其融入集体、社会

一个完整的家庭遭到破坏，犹如阳春三月袭来了一场冰冷的暴风雪，家庭失去了原有的温暖，因此，单亲家庭教育要注意让孩子扩大社交范围，融入集体社会中，培养孩子的人际交往能力以及宽广的胸怀和博大的爱心。

家长可以鼓励孩子在班上交几个要好的朋友，经常一起学习，一起玩，让孩子在交往中增强自信心，融入集体中。家长还可以教给孩子一些有效的沟通、协作的技能，提高他们自主进行社会交往的能力。家长要多和孩子进行思想沟通，在精神上给予支持。教育孩子自尊、自强、自爱，鼓励他们积极参加集体活动，不要逃避社会，主动与人交往，虚心向人家学习，养成开朗、乐观的性格，让孩子在与其他孩子的相互交往中得到发展，学会正确处理与他人的关系，培养尊重自己、尊重他人、助人为乐的良好品德。

邱女士和丈夫离婚后，自己一个人带着女儿生活。她和丈夫离婚后的第一个圣诞节时，为了不让女儿孤单，邱女士把家里上上下下好好布置了一番，温馨的圣诞气氛从每一个角落恣意弥漫，她不仅邀请了好多自己的朋友做客，还邀请了很多女儿的好朋友，并且亲自开车把这些小朋友一个个接来。那个飘雪的夜，女儿留在脸上、刻在心里的欢乐化解了一个单亲妈妈的所有辛酸和疲劳。离婚后，邱女士的家离孩子的学校较以前远了，但为了不让女儿觉察出生活的变化，不失去最爱的同学和伙伴，她坚持不给女儿转学，宁肯自己辛苦，每天多开上几十分钟的车去接送女儿，也要让孩子在属于她自己的圈子里生活，保持先前的轨迹。为了让女儿多接触社会，不让她感觉和别的小朋友有什么不同，每逢周末，她一定带着孩子和朋友约好出去玩，并让女儿邀请她的小伙伴们到家里做客。她的女儿在和大小朋友的交往中，看到妈妈开朗的笑容和镇定友好的态度，以及叔叔阿姨们对待妈妈的友好，慢慢地感觉出生活似乎没什么变化，妈妈依旧是可爱的妈妈，小朋友们也仍然和自己玩得很好。女儿终于打消了顾虑，恢复了当初的平静和快乐。

通过人际交往，不仅可以帮助离异家庭子女建立良好的同伴关系，而且有利于他们对父母离异的适应。因为离异家庭子女建立了良好的同伴关系，生活愉快，心情舒畅，在一定程度上就可以缓和由于父母离异带来的不良情绪，减少心理问题的产生。

4. 拒绝溺爱，拒绝过度严厉，不让爱失重

单亲父母常有的错误认识是，觉得自己离婚给孩子带来了不幸，很对不起孩子，于是给孩子加倍的爱以减轻自己的愧疚感。这种认识导致了溺爱，给孩子的发展带来了负面影响，而被媒体誉为"平凡而伟大母亲"的单亲妈妈吴章鸿则认为："永远不给免费的午餐。"

在整个重建家园的过程中，吴章鸿有意识地带儿子一起去购买每一样生活必需品，一起去新华书店购买"自立""坚毅"的条幅，作为母子共勉的人生座右铭。此种做法让她的儿子吴纯亲身感受到了旧生活毁灭之后，新生活建立起来多么不易，并从中体验到了妈妈自强不息的精神和百折不挠的意志。吴章鸿经常就自己所承受的一切与孩子交谈，让他知道妈妈为了圆他的钢琴梦，正在承受着多么大的经济压力和精神压力，希望儿子能好好珍惜妈妈为他所做的一切，用实际行动来证明他的选择和妈妈的支持都是正确的。

为了让吴纯在困难历练中成才，吴章鸿还有意识地让儿子进入她的打工生活，要求他在业余时间里参加一些力所能及的劳动。8月份是武汉天气最热的时候，在高温40多度的天气里，她带着儿子一起挤上公交车，经过两三个小时后才到达市区，再辗转几个商店购买打工所需的材料和配件，几十公斤重的铜线和有机玻璃棒全靠她和儿子肩扛手提。中午的时候，她和儿子蹲在马路边吃最便宜的盒饭，饭后又带着儿子继续工作。

吴章鸿爱儿子胜过爱自己千万倍，但是她很清楚，做家长的不能永远做孩子的自动取款机。她对儿子说："妈妈有一天也会不行，可能下岗，遭遇车祸，或者身患癌症，如果我死了，你必须考虑自己怎么活下去。"

与过度溺爱相反的是，有的单亲父母对孩子过分严厉。一方面，一些离异家长把孩子作为唯一的精神支柱，把自己的希望和未实现的理想都寄托在孩子身上。这样，势必给孩子造成沉重的心理压力。一些孩子为了不让父母失望，只得放弃娱乐和休息，用高分来安慰家长。还有的孩子可能在"高压"之下产生抵触情绪和逆反心理，干脆走向反面，得过且过，不求上进，让家长大失所望。另一方面，一些离异家长对孩子过分严厉体现在管教方法简单、粗暴上，动不动就又打又骂，使孩子整日生活在惊恐不安之中，个性发展受到严重的压抑，形成胆小、孤寂、倔强、缺乏自信心等不良品质。因害怕惩罚而回避家长，不愿回家，便到外面寻找"温暖"，容易被坏人引诱、利用，甚至误入歧途走上违法犯罪的道路。因此，家长教育孩子绝不能简单粗暴，要注意正确引导。过度溺爱和过分严厉都是"失重"的爱，单亲子女需要的爱是明智的、科学的、适度的。只有这样，爱的投入和期望才能有良好的回报和美好的结果。

5. 离异父母双方共同给孩子一个完整的天空

离婚后的父母怎样同他们的孩子相处呢？应该让孩子觉得，虽然父母离婚了，但"家"还在。非直接抚养方可以在约定的时间、地点接走孩子或者探视孩子，这样父母双方可以同他们所珍爱的孩子保持联系，孩子也可以从这里尽量获得原本失去的亲情。

一些单亲家长总结出不少有益的心得和经验：珍惜探视孩子的机会，但不要因此而溺爱他们，要承担起为人父母的一切责任；认真安排跟孩子相处的时间，注重与孩子的交流，不要只是简单地带他们去儿童乐园；不要在孩子面前谈论自己失败的婚姻。很多离异父母更喜欢和孩子一起参加休闲活动，如旅游、野餐、聚会、看电影或者进行体育锻炼等。

"离异双亲给了我整个世界。"曹杰发出了这样的感言。在他 12 岁的时候，父母离异使曹杰的感情指针发生了摇摆。在他的心中，父母都是非常优秀的。爸爸是一名出色的建筑工程监理高级工程师，妈妈是一位预防学科科研人员，他们都事业有成，都很受同事和朋友的尊重。他的父母非常爱曹杰，给了他无微不至的爱。曹杰一直为有这样的父母和家庭而感到骄傲。但父亲对母亲背信弃义，让曹杰有些恨父亲。

父亲离婚后就出国了，但曹杰没有远离父爱，父亲在离婚后对儿子依旧一往情深。而曹杰的母亲，为了让孩子能够享受到父爱，表现出了非凡的宽容和豁达。

曹杰父母离婚时，他刚好上中学。一天，曹杰的妈妈无意中发现儿子填写的一份表格，表格上家庭成员一栏中只填写了母亲。妈妈找来儿子郑重地说："曹杰，你愿意像一个大人那样和我谈谈吗？"曹杰答应了。妈妈问曹杰想不想爸爸，曹杰怀着非常矛盾的心情告诉妈妈："我很想念以前的那个爸爸，而对现在的这个爸爸我却爱不起来也恨不起来。我现在想起爸爸心里就很乱，因为毕竟是他伤害了我们母子……现在，有同学问起我爸爸时，我就说他早死了，参加援外工程时因公殉职。"

妈妈听了儿子的话早已泪流满面，沉默了许久才开口，她说："你对父母的离婚，理解不全面，我们曾经真诚地相爱过，爸爸为了这个家庭也曾经尽心竭力。至于要离婚，是我们都不想凑合着在一起生活，是我们的共同决定。从我们双双做出离婚决定的那一刻起，就双双对你产生了伤害，这个责任，不应该都推给爸爸。"曹杰的妈妈忍住眼泪继续说："这些，你长大后就会理解的。只是，你没有必要因此就记恨爸爸。你爸爸是爱你的，我们离婚，解除的是我们的夫妻关系，你和爸爸的父子关系是永远也不能解除的。你如果能理解爸爸对你的爱，就能对生活保持住一份温暖……"

妈妈的话，曹杰当时并不完全理解，但他从妈妈的肺腑之言中感受了妈妈的良苦用心。"妈妈是在努力让我摆脱他们夫妻恩怨带来的感情负担，让我理解和接受爸爸对我并没有改变的父爱。"

每当曹杰的爸爸从国外打来电话询问曹杰的情况时，曹杰就赌气不和爸爸通话。后来，在妈妈的劝说和开导下，曹杰逐渐理解了爸爸的心情，消除了心里的芥蒂。此后，他和爸爸通信不断，都是真诚又平和地互相传递着关心和爱护。

过了两年，曹杰的爸爸回国了。曹杰的妈妈答应了曹杰爸爸提出的每周和儿子过一次周末的要求。因为曹杰的爸爸重新组建了自己的家庭，曹杰提出，可以和爸爸一起过周末，但是，绝不会迈进那新家的家门。

妈妈对曹杰说："你可以提出这个要求，但是不要当作要挟你爸爸的条件，顺其自然吧。我认为你和爸爸多交流才是主要的，他很聪明，很有才华，比我有社会生活的经验，你能从他那里学到从我身上学不到的许多东西。"

正是有了曹杰妈妈如此的宽容和殷切嘱咐，当爸爸在生日前夕，小心翼翼地提出希望曹杰能到他的新家时，曹杰没有让他难堪。曹杰爸爸的新妻子也非常礼貌地接待了曹杰的到来。

第二天，曹杰爸爸给前妻打电话，感动得泣不成声："谢谢你，是你让我成了这个世界上最幸福的父亲。"

曹杰后来感慨："他们是一对分手的夫妻，但他们都没有把离婚的恩恩怨怨和破坏性的情绪传给我。他们从来没有让我因为他们的离异而产生痛恨，更没有让我为他们的分手而自惭形秽。他们都最大限度地让我感受着双亲的抚爱，都最大限度地使我在心理和感情上保存了亲情的完整……当然，他们也用离婚的事实，让我对于爱情、婚姻，多了一份自己的判断和理解。"

从曹杰的例子可以看出，虽然父母离异了，但离异双方仍然要尽力成为最好的父母，应该遵守和履行自己抚养和教育孩子的职责与义务，让孩子在稳定的生活环境中成长，把孩子培养成身心健康、道德高尚、有益社会的人。

离异家庭的单亲家长除了要调整好自己的心态，创建和谐的家庭环境，形成良好的亲子关系，使家庭气氛安定和睦、融洽温暖、民主平等外，还应该积极争取学校和社会的力量来共同完成对孩子的教育。

家长应该和学校、教师密切配合，形成教育合力。家长不要隐瞒自己离异的事实，在教育子女的问题上一旦遇到困难就应该主动向学校和教师寻求帮助。同时，家长自己可以了解一些教育学理论知识，学习科学的教育方法。对于一些学校举办的有关离异家庭子女心理和教育方面的专题讲座，家长也可以主动参加。

四、联合家庭，父母用爱构筑亲子心桥

父母离异后重新组建的家庭被称为联合家庭。联合家庭中的家长在教育子女时常会面临各种问题。例如，教育方式和沟通方法不科学，亲生子女与继子女性格不合，习惯不同，外界不负责任的评价干扰等。联合家庭的孩子经历了家庭剧变，生活中又多了一个新的父亲（母亲），如果联合家庭中的父母对孩子的管教出现偏差，很容易影响到孩子身心的健康成长。

胡辛是一名初一女生，小学六年级时，父亲和母亲离婚，同年父亲和张阿姨再婚。张阿姨有一个读小学二年级的儿子张强，他比较淘气、任性。自打张阿姨进门的那天起，胡辛便不爱搭理她，不管张阿姨想什么办法，也很难走进胡辛的心里。父亲私下做了很多工作，但是，胡辛和张阿姨的关系始终不见起色。胡辛和张强的关系也不好，她从来不让着弟弟。他们经常为争电脑吵嘴，为此胡辛还被父亲痛骂，后来她便偷着到网吧去上网。有一次弟弟知道了，向父亲告状，父亲就打了胡辛一顿，从此，胡辛更加恨弟弟了。

有一天，张阿姨的100元钱不见了，她问胡辛看见了没有，胡辛说不

知道，正在吃饭的张强说："肯定是姐姐偷去上网了。"胡辛听到这话，冲进厨房，拿起菜刀往手腕上一割，顿时鲜血直流，大声痛哭，并说："如果我偷了钱，我全家人都死绝！"一家人吓呆了，爸爸苦劝女儿放下菜刀，抱着女儿到医院包扎，张强挨了妈妈一记耳光，躲在墙角抽泣。

孩子对父母的认同是家庭教育最根本的评价标准之一，因为它关系到孩子对父母的道德和思想观念的接纳与认可程度。联合家庭的教育结构由于父母中的一方发生了变化而产生偏差，孩子对父母的认同感严重降低，甚至开始讨厌、怀疑自己的父母，这导致孩子产生困惑、迷茫。联合家庭孩子的这种不良情绪如得不到及时的排解，便会转化为心理问题。

要想处理好联合家庭子女的教育问题，建立良好、和睦的家庭关系，不管是亲生父母还是继父母都要多关心体贴孩子，多与他们交流，使孩子有可以倾诉的对象。要关注他们的心理感受，帮助他们与外界形成新的和谐关系。引导孩子融入群体会有助于孩子树立自尊，增强自信，勇敢面对未来生活的挑战。在教育孩子时要晓之以理，动之以情，教育孩子学会宽容，学会面对现实。要公正地执行家庭规范，逐步培养和加强父母与子女之间、继父母与继子女之间的关系，使孩子对家庭产生较强的归属感。

具体说来，继父母在教育继子女时应做到以下两个方面。

一是要用真心换真情。不管是不是自己的亲生子女，既然已经重组家庭，都应该把抚养教育孩子当作自己义不容辞的职责，并有一种高度的使命感。要把孩子视同己出，献出更多的爱，培育更多的亲情。继父母对继子女的关心，要细致入微，要具体周到。继子女经历家庭变故后，一般会对没有血缘关系的继父母产生抵触情绪，在这种情况下，继父母更要有耐心，抱着一颗真诚的心和孩子相处，用无私、持久的爱感化、温暖孩子受伤的心灵，用真爱和尊重换取孩子的真心和信任。有位小女孩，父母由于性格不合，通过协议离婚分开了，各自重新组织家庭后，两对父母都很关心她，爱护她。她不仅没有感到父母离异的痛苦，还曾骄傲地对老师说："我有两个好爸爸、好妈妈。"

二是继父母在教育继子女的问题上要明确自身的角色。一般情况下，亲生父母在教育管理孩子方面应当唱主角，是第一角色；继父母在教育管理孩子方面充当配角，是第二角色。随着感情的不断加深，在得到对方孩子的认同和喜欢后，角色可以转变。刚开始可以对亲生子女严一点儿，对继子女宽松一点儿，当彼此接纳、信任后，就可以统一要求了。夫妻双方要主动承担教育管理孩子的责任和义务，要为对方着想，要为孩子着想，不要怕管，要会管，用科学的方法来教育和培养孩子。

除此之外，离婚后的男女双方，婚姻关系终止了，但与孩子的血缘关系不可改变，与孩子的亲情仍然存在，对孩子仍负有不可推卸的责任和义务。即使是非直接抚养孩子的一方，也要宽宏大量，尽量与前夫（妻）保持良好的关系，为孩子提供与亲生父（母）亲相处的宽松环境。现实生活中，有些离婚一方不乐意孩子与生父（母）相会，有的还挑拨孩子疏远生父（母），这其实是相当愚蠢的做法，只会加重对孩子的伤害。理智的做法是，无论对原来的配偶有多少怨恨和不满，也必须告诉你的孩子，你们都很爱他，并以他为骄傲。

电视剧《家有儿女》自播放以来，赢得了许多父母与孩子的喜爱。主人公夏东海曾跟随前妻到美国陪读工作，离婚后带着7岁的儿子夏雨归国发展，并与在国内长大的女儿夏雪团聚，后与某医院的护士长刘梅结婚，刘梅也曾离异，并带有一子叫刘星，故事由此展开。在这个重组家庭中，便有继父母与继子女之间的矛盾冲突，夏东海和刘梅是怎么巧妙处理的呢？

在《家有儿女》第一集中，初到新家的夏雪因为怕受继母的气，首先给刘梅来了个下马威：不但对刘梅为她准备的接风宴挑三拣四，而且提出约法三章，甚至故意找"狂野男孩"假扮男友和父母叫板。刘梅容忍了夏雪的咄咄逼人，而且为了和夏雪有共同语言，不但克服恐惧心理，陪着夏雪观察小白鼠，更是恶补有关猩猩的知识，并为夏雪办了一个猩猩展室。刘梅的苦心终于有了回报，夏雪体会到继母的关心和爱护，从内心接受了继母，说出了"谢谢您，老妈"。同样，继父夏东海与继子刘星的关系也面临着挑战。学校要开家长会，夏东海为了当一个好爸爸，特意早早下班去给刘星开家长会。回来之后，他没有把刘星闯的祸如实反映给刘梅，后来还是被刘梅知道，要揍刘星。夏东海要亲自教训刘星，他击打沙袋的声音,使刘梅和姥姥以为他在狠打刘星,很是心疼,在外面大喊住手。经过这次事件,刘星也从心理上接受继父。夏东海和刘梅这对重组家庭的父母用无私的爱打开了孩子们紧闭的心扉,为和谐的家庭教育打下了良好的基础。

同时,《家有儿女》体现出"公平"是联合家庭子女教育的前提。《家有儿女》中夏东海与刘梅这对父母无论是在对子女的批评上还是奖励上都能做到公平、公正,从而得到了子女们的尊重和爱戴。在《添个大件儿》一集中,夏东海把将要得到一批稿酬的好消息告诉了大家,妈妈在兴奋之余答应给夏雪买一件礼物,而刘星则做起了爸爸的工作,要求买台电脑,夏雨也不落人后提出了要求。为了不让孩子感到失落,夫妇二人想尽办法满足孩子们的要求,孩子们得知后十分感动,决定放弃自己的"大件儿"。在《替罪羊》一集中,夏东海、刘梅夫妇发现自己买给姥姥的生日礼物被摔坏了。做贼心虚的刘星、夏雪让弟弟小雨做替罪羊,企图蒙混过关。最后小雨忍不住说出他为刘星、夏雪受过的事情,夏东海和刘梅听后认为哥哥姐姐为弟弟做了坏榜样,都要接受惩罚。剧中夏东海、刘梅这对再婚夫妻在处理子女教育问题上能时刻保持"公平、公正"之心,因此能巧妙地化解家庭矛盾。

夏东海和刘梅有一个共同特点:他们关爱每一个孩子,特别值得一提的是,他们给了对方的孩子更多的关爱。是爱化解了他们与孩子们之间的鸿沟,化解了孩子们之间的矛盾,使孩子们健康快乐地成长。

我们应当重视但不能夸大离异家庭子女的问题,更不能误以为凡是离异家庭的子女都会患上心理障碍。离异家庭子女的问题成因是复杂的,不能简单地归结为完全由父母离异造成的。我们也要辩证地看待离异家庭子女教育。例如,人们常说"穷人的孩子早当家",离异家庭子女如果从小就养成自己的事情自己做的良好习惯,久而久之,他们的独立性必然会提高。所以,困难有时是一笔财富,关键是家长会不会利用这一笔财富来锻炼提高孩子的挫折承受力。此外,绝大部分单身父母在失去了配偶的爱以后,他们会更加懂得爱,会把以前给予夫(妻)的爱施予自己的孩子,他们给予孩子的爱是"双重的""两份的"。他们对孩子的教育肯付出精力，也乐意投入财力和物力，他们对孩子的爱是无私的，也是专注的。

琵琶和小提琴手孙一璇，美国佛罗里达大学博士龙飞等，都是离异家庭子女，但他们平凡而伟大的母亲用殷殷母爱、奉献精神以及坚强的意志，言传身教，战胜了重重困难，终于把孩子培养成为对社会有用的人才。被誉为东方音乐天使、"钢琴王子"的智障孩子高智宇，是单亲父亲以如山的父爱独自一人支撑，用琴声引导他走向世界。事实证明，只要离异的父母有坚定的信念，重塑自己的形象，重建家庭内外的支持系统，与孩子建立相互平等、理解、关爱的亲子关系，唤起孩子的生活信心和成长的心理动力，孩子就能健康地成长、成才。

本章作者：

张　超　天津教育报刊社记者

第 十 四 章

重视家校合作
形成教育合力

　　凡是家有学生或曾经有学生的家长，无一例外都与学校、教师打过交道。这些交流沟通有的是学校要求的，有的是家长提出的；有的是为了提高孩子的学习成绩，有的是处理孩子的特殊情况（比如意外伤害）。家长在与教师联系时，有时候意见一致，能够互相配合、同心协力，提高了教育的效果（第一种沟通）；有的时候教师和家长的意见相左，各执一词，家庭教育与学校教育方向不一致，二者互相消解，事实上弱化了教育效果（第二种沟通）；有时候教师和家长会因意见的极端不同而导致明显的冲突发生（第三种沟通）。以上种种情况就形成了家校沟通局面，第一种沟通能够产生合力，这就是家校合作，第二种和第三种沟通产生了削弱教育正效应的影响，甚至造成矛盾和冲突。作为家长要能够积极进行家校沟通，多开展家校合作，避免家校冲突。

一、走出家校合作的误区，正确理解家校合作

现代教育理念指导下的教育观是大教育观，教育不仅仅指学校教育，还包括家庭教育和社会教育。要想教育成功，必须同时重视学校教育、家庭教育和社会教育。初中时期是人生中由童年走向青年的过渡衔接阶段，是社会化的关键时期，在这个时期，孩子必然要经历心理断乳期，遇到种种成长的烦恼。初中时期也是由小学向高中的学业发展过渡阶段，孩子的学习由依赖逐渐向独立过渡，具有个性特点的学习习惯、学习能力、学习风格逐渐成形，学习的自主性增强。如何使每一个初中生顺利度过青春期，让他们身心健康，学业成功，为将来成功的人生奠基，需要学校、家庭和社区的共同努力，三者缺一不可。要让学校、家庭和社区形成教育合力，就要积极开展家校合作。

（一）走出家校合作的误区

1. 片面强调学校教育的作用，忽视家庭教育对孩子成长的影响

有一部分家长认为，孩子一上学，自己肩上的教育责任就转移到学校了，对于孩子的学习表现及其他方面的发展是否成功，全盘依靠学校和教师。其实，这是完全错误的认识和做法。古今中外的诸多事例充分说明，家庭教育对孩子一生的成功具有重要影响。美国《科尔曼报告》研究揭示，家庭教育在影响人成功的因素中占 60%，学校教育的影响仅占 20%~30%。我国台湾省的一项关于超级家长的研究揭示，家长的影响力可以使孩子学业成绩提高或降低 2~3 个等级，有效的影响力起到正向的提高作用，低效或无效的影响力则起到负向的降低作用。可见，家庭教育对于孩子的学业或其他方面的发展起着非常重要的作用，家长要认真担当起教育孩子的重任，与学校教师主动合作，积极进行家校合作。

家长一方面要认识到家庭教育对孩子成长的重要性，另一方面还要认

识到家庭教育与学校教育合作的重要性。苏联著名教育家苏霍姆林斯基说过："只有学校教育而无家庭教育，或只有家庭教育而无学校教育，都不能完成培养人这一极其细致、复杂的任务。"

2. 过分重视学业学习，忽视孩子全面成长的意义

有一部分家长能够认识家校合作的重要性，然而，家校合作的内容仅仅局限于孩子的学习方面，只关心孩子的学习如何，对于品德、身心健康、兴趣爱好以及与同学的交往、与老师的关系、对社会活动的参与等关系孩子全面发展的诸多方面则不太关心。一项在五省市开展的"中小学家校沟通情况"调查显示，在家校沟通中家长对孩子学习情况的关注度达到67.3%，居于首位，在初中阶段家长对学习的关注度高达70.3%。[①]

在家校合作中，家长不仅要向老师了解孩子在校的学习情况，而且还要了解孩子品德、体育、美育、劳动等其他方面的表现，尤其是在初中阶段更要了解孩子的心理状况、交友情况、兴趣爱好，以便引导孩子树立远大的人生理想，帮助孩子顺利度过青春期，为今后一生的成长打好基础。

3. 过分重视学校和家庭的要求，忽视孩子的需要

家长要谨记家校合作的中心目的是帮助孩子，围绕孩子的需要进行密切配合，切不可忽略孩子的需要。如果家长和教师联手把学校和家庭的意志强加于孩子身上，这种不顾孩子需求的合作带给孩子的伤害会远大于家校单独一方的影响。这与家校合作的初衷背道而驰，是绝对要避免的。

家校合作要始终围绕孩子进行，以孩子的需求与兴趣为重点，切不可越过孩子，本末倒置。

4. 不能对教师进行正确评价

有些家长当着孩子的面盲目点评老师，说某某老师"没水平"，某某老师"太严厉"，某某老师"太软弱"，这样的评价容易降低老师在孩子心目中的威信，不利于孩子对该老师所教学科的学习。因为，有些孩子会爱屋及乌，由于喜欢某老师而喜欢他所教的学科。

---

① 杨晓琳. 家校沟通合力在哪? ——五省市中小学家校沟通情况调查报告 [N]. 中国教育报，2013 – 7 – 8 (3).

有些家长还容易以偏概全，把个别老师的特殊行为推断成全体老师的普遍行为，对家校合作产生误解。比如，个别老师对待家长的态度简单粗暴，"请家长"时总是指责孩子这不行那不行，对家长说话毫不客气，导致许多家长不愿意开家长会，最怕被"请家长"。事实上，这种蛮横的老师只是少数，大多数老师都能够本着负责任的态度与家长交流，尊重家长。

家长应该客观全面地评价老师，在孩子面前不要随意点评老师的缺点与不足。要尊重老师的个性，赞扬老师的优点，理解老师工作的辛苦与不易。

5. 不能客观反映孩子的情况

有些家长在与老师沟通、介绍孩子在家表现时有时会不客观，存在两种极端情况，一是护短，二是揭短。护短的家长怕老师对孩子产生不好的印象，一味说孩子的优点长处，还想方设法粉饰缺点，恨不得把短处说成长处。揭短的家长则正相反，为了让老师好好管教孩子，对老师只讲孩子的缺点与不足，仿佛孩子一无是处。事实上，无论护短还是揭短都是家长不客观、不理智的做法，不能把孩子在家里的表现全面地、客观地告诉老师，不利于老师对孩子的正确了解，从而影响到对孩子的合适指导与教育。

有的家长还不顾孩子的尊严，当着老师与同学的面，批评、打骂孩子，大大损伤了孩子的自尊心。初中生特别重视自己在同学朋友面前的形象，这种不分场合的批评，不仅不会起到教育孩子的作用，还会使孩子对家长产生敌意，影响亲子关系。

6. 不能与学校的要求保持一致

有些家长开完家长会后，对于会上讲的一些要求不以为然，甚至有完全相反的态度，不赞成学校的说法，不配合学校的要求，甚至采取与学校截然不同的做法。这样做就会导致"5＋2＝0"现象的出现，即学校5天的教育，经过周末2天的家庭教育，结果等于零。如，老师建议家长让孩子在家承担一定的家务劳动，锻炼孩子的劳动技能，培养孩子对家庭的责任感。但是，家长认为，孩子的主要任务是好好学习功课，干家务会占用孩子的宝贵时间，而且大人完全能够承担家务劳动，让孩子做家务没有必要，因此，回家后并不落实学校的要求。这就是典型的家庭教育对学校教育的消解，弱化了学校对学生劳动教育的影响。

（二）了解家校联系的类型，选择合适的家校合作形式

家校联系的形式多种多样，家长如何选择呢？首先要认识各种联系的特点与不同，再进行科学理性的选择。

1. 家校合作与家校冲突

（1）家校合作

合作，即互相配合做某事或共同完成某项任务。

家校合作，顾名思义，就是家庭与学校之间就教育孩子的事宜而进行的互相影响、互相配合的一系列行动，这类行动的目标指向是一致的，即形成家校教育共同体。通过家校合作，学校和家庭的教育影响力彼此互相促进与提高。在家校合作过程中，学校与家庭处于平等的对话地位，其中，教师、家长和学生是家校合作的三个主体，只有通过三主体的积极交流，才能形成家校间的良好的互动局面。良好的家校合作能够形成教育合力，创造出有助于孩子成长的环境和氛围，选择适合的教育方式，从而帮助孩子健康快乐成长。

高翔不但学习成绩好，其他方面的能力也突出，如能团结同学、尊敬老师、有较强的组织能力、热心集体活动，老师因此让他担任班干部。然而，家长考虑到担任班干部要花费许多时间，担心影响了孩子的学习，因此找到老师希望让孩子辞掉班干部。老师通过与家长推心置腹的交谈，列举了担任班干部的诸多好处，如能够有较多的机会锻炼多种能力（组织各种活动的能力、帮助同学的能力、与人交往的能力），如果处理得当，不但不会影响学习成绩，还可以提高学习效率、提高学习成绩。老师请家长允许孩子锻炼一段时间，并给予孩子多种支持，观察孩子的表现。家长听取了老师的建议，积极配合，为孩子的学习和班级工作提供大量支持和保障，最后，孩子的学习成绩非但没有下降，其他方面的能力也有了很大

提高，被评选为优秀学生干部。

（2）家校冲突

冲突是指矛盾表面化，发生激烈争斗。家校冲突就是指教师和家长之间的在教育孩子或针对某件事情发生了激烈的争吵甚至是肢体打斗。家校冲突不利于家校合作，家长应当避免出现家校冲突。

初二学生李杰在学校发生了意外（踢足球时摔倒，不幸腿骨折了），在处理这件意外事情时，家长和学校教师由于站在各自的立场，对如何处理这件事持不同态度。在有关学校、孩子应分别承担的责任认定，医疗费的负担，如何补偿孩子因受伤耽误的功课等问题上，家长要求学校承担全部责任；教师则强调已经在课前尽到了提醒学生注意安全的义务，学校的足球场的设计、安装符合有关安全规范，不小心摔倒，学生本人要负一定的责任。由于家长与教师在交谈时不够理智和冷静，结果出现了互相指责与谩骂，甚至差一点动手。这就是家校冲突的一种表现。

由此可见，家校合作是建立在畅通的家校沟通基础上，学校、家庭双方主动进行家校互动，通过互相理解、互相配合，采取共同行动，实现良性正向互动，避免家校冲突，形成教育合力，营造出有利于孩子成长的学校教育、家庭教育和社区教育环境，从而帮助引导孩子健康成长、全面发展。

2. 家校合作形式

通过对国内家校合作现状的分析，家校合作形式主要有五种划分方式。

（1）按照合作内容划分

①围绕提高学生学业成就的家校合作。教师和家长的合作主要围绕孩子的学习内容而展开。教师向家长介绍学生在学校里的学习情况，比如学习态度、学习方法、学习成绩、学习优势、学习差距，指导家长在家如何辅导孩子学习，协助学校做好相关的学习检查、学习督导。家长向教师介绍孩子在家的学习情况，比如写作业的时间、写作业的习惯，以便教师能了解学生在家独立学习的情况，从而形成符合孩子学习特点的家校合作教育计划，有针对性地提高孩子的学习成绩。这种家校合作的主要目的是帮

助孩子进一步提高学业成就。

②以解决学生问题为主的家校合作。教师和家长由于孩子出现了问题而展开合作，这种问题可能出现在学校，也可能出现在家庭。出现在学校的问题有：孩子学习成绩突然下降、孩子与其他同学发生了冲突、孩子在学校发生了意外伤害、学生因讨厌某老师而影响了对该学科的学习等。出现在家庭的问题有：孩子因搬家转学而出现的不适应、孩子遭受家庭变故（如父母离异）而出现的学习成绩下滑等。这种家校合作的目的在于解决孩子正在面临的特殊问题，要求教师和家长及时沟通发生在孩子身上的问题，采取互相合作的积极措施，使孩子能够尽快走出困境，战胜问题，重新快乐成长。

③以开发课程、建立学生社会实践基地为主的家校合作。由于我国现在实行国家、地方和学校三级课程管理，每所学校在开齐、开足国家课程、地方课程的基础上，还要设置一定的校本课程。有的学校在进行校本课程设置时会征求家长的意见、利用家长资源、发挥家长的助教作用，或请家长承担校本选修课程的教学任务。有的学校还利用家长的便利条件，把家长所在的单位列为学生参观、实习的基地。

④以通报信息、增加家校相互理解为主的家校合作。学校把学校的重大事项，年度、学期教育计划，重要的教育改革举措，学生的学习等各方面情况，通过各级家长会（校家长会、年级家长会、班级家长会）、学校简报、学校网站等通报或发布，让家长了解与知晓，以便得到家长的支持与配合。

（2）按照沟通方式划分

①师亲面对面的直接合作。教师和家长面对面交流。可以是教师面对多个家长的师群沟通，比如开全体家长会，或与几个情况相似的孩子的家长座谈；也可是教师与单个家长针对某一个孩子的个别沟通，比如家访、家长与教师单独约谈。这是最传统的、应用最广的家校合作形式。

②师亲借助现代通信工具的间接合作。随着现代信息技术的发展，电话、手机、网络被更多地应用于家校沟通，家长与教师沟通的形式不再局限于面对面的直接沟通，而是更多地选择通过电话、短信、电子邮件、校

信通、微信来沟通信息。这种方式方便、灵活，具有不受时间地点限制的优点，只要能够科学合理应用，比如事前与对方约好，掌握好交流的时长，就可避免给对方带来过多干扰。

（3）按照合作的频次与规律化分

①常规合作。凡是在某种特定情况下多次进行的有规律性的合作称为常规合作。比如，在每学期开学、期中和期末都要召开家长会，就是常规合作。

②偶尔合作。在特殊情况下，教师和家长之间进行的少数交流互动可称为偶尔合作，合作的内容一般都是个别的、偶发的。比如，孩子不小心在体育课上受伤了，教师请家长到学校来了解情况、处理相关事宜。

（4）按照合作事项的影响面划分

①普通事项合作。家校合作的事项关系到 2/3 以上的多数学生，就属于普通事项合作。比如，学校教育并要求全体家长在家里督促学生演练在发生火灾、地震等灾难情况下的逃生方法和技巧。

②特别事项合作。家校合作的事项关系到 1/3 以下的少数学生，就属于特别事项合作。比如，教师请家长协助在家里创设温暖、鼓励的氛围，让家长多给孩子鼓劲，帮助考试失利的孩子尽快走出阴影，重新树立信心，迎接更难的学业挑战。

（5）按照合作启动者划分

①教师主导的家校合作。在家校合作时，教师是合作的启动者，教师根据学生的情况，向家长提出配合行动的要求，家长同意并积极按教师的要求行动。

②家长主导的家校合作。在家校合作时，家长是合作的启动者，家长根据孩子的需要，向教师提出请求，教师同意并给以积极配合。

③事件主导的家校合作。在家校合作时，由于某件事情的出现，家长和教师为了能够尽快解决问题，不约而同地相互配合，共同行动。

了解了以上诸多的家校合作形式后，家长可根据自己孩子的具体需要采取多元的家校合作形式。重视常规合作、普通事项合作，不忽视偶尔合作、特殊事项合作；重视参与教师主导的合作、事件主导的合作，积极进行家长主导的合作；重视传统的师亲面对面直接合作，扩大现代的师亲间接合作；同等重视提高学习成绩的合作、解决问题的合作、开发课程的合作以及沟通信息的合作。

二、认识家校合作的重要性

（一）有利于家长重视和维护孩子在学校中的合法权益

家校合作有利于保障和维护学生在学校中的权益。随着法制社会的建设，人们的法律意识不断提高。由于学生是学校中的一个重要主体，对学生权益的主张及保障受到越来越多的关注和重视，尤其是涉及学生的生命、财产安全等方面的权益必须得到维护。学校在出台有关的管理规定和办法时应当征求、听取学生或学生家长的意见和建议。鉴于初中生是未满18 周岁的未成年人，学校在制定有关管理办法和规定时应该主动听取他们的监护人（如父母）的意见和建议。作为家长，此时应该认真履行监护人的职责，认真对待学校的征求意见，代替孩子行使知情权、表决权、参与权、建议权，积极维护孩子的权益。学校在对违规的学生处分时，也要按照规定的程序，给学生或其监护人申诉的机会，使学生有机会陈述自己的意见，保障学生的合法权利。教育部于 2012 年颁布实施的《全面推进依法治校实施纲要》中明确规定，中小学校要建立"家长委员会"，通过家长委员会保障发挥家长作用。

（二）有利于形成家校教育的合力

根据大教育观，教育系统包括学校教育、家庭教育和社会教育各个子系统，因此，要实现教育效益的最大化，产生最强的教育效果，其各个子系统之间需要相互支持、相互配合、相互补充，从而形成教育合力。事实上，由于家庭教育理念与学校教育理念的不一致，甚至相矛盾与冲突，导致了"5＋2＝0"的情况。孩子在学校接受了5天的正规学校教育，学习了社会提倡的主流价值观，比如要付出爱心、热爱劳动等。然而，回到家的周末2天内，有的家长会向孩子灌输"多一事不如少一事"的观念来消解"付出爱心"。在热爱劳动方面，有的家庭不主动让孩子承担家务，事实上造成了"热爱劳动"仅仅停留在口头上，不能转化为孩子的行动，更不能内化为自觉的意识。造成这种现象的原因就在于，学校教育与家庭教育的各自为政，各说各话，出现互相掣肘的情况。因此，非常有必要加强家校教育互动，通过家校沟通，实现家校合作。

（三）有利于全面了解孩子，形成适合孩子特点的教育方案

家校合作的最重要的目的是为了孩子的发展，关心、保护和维护孩子的权益，满足孩子的需要，提供个性化、人性化的指导、帮助和服务。

家校合作有利于全面了解孩子。家庭和学校是孩子生活和学习的两个主要场所，只有把孩子在学校和家庭的各项表现结合起来，才能较为全面地了解孩子。若把学校和家庭割裂开，对孩子的观察就会因片面而难免失之偏颇。因此，老师和家长的沟通就变得极为重要。老师要把学生在学校的综合表现，如学习情况、参加学校社团活动的情况、与同学交往的情况、遇到的特殊问题等及时告知家长。家长要把孩子在家的表现，如生活习惯、劳动习惯、课外学习习惯、做家庭作业的习惯，孩子的性格特点、兴趣爱好等尽可能详细地告诉老师。如果有可能，教师、家长和学生可商量制定出适合孩子个性特点的教育方案，因材施教，让孩子得到最适合的教育。

三、把握家校合作的态度与时机

在了解了家校合作及其对教育孩子的重要性后，家长如何与教师合作？家长应该掌握哪些家校合作的策略呢？先做一个小测验。

（1）每一个新学年，您是否主动去拜访孩子的老师？

（2）您是否以请教专家的态度去拜访老师？

（3）您是否提供一些老师想了解的孩子在家中的生活资料？

（4）您是否接纳老师的一些想法和感受？

（5）您是否理解老师的一些困难，包括牢骚？

（6）您是否对老师的一些做法表示支持？

（7）您是否很少打断老师的话？

（8）您是否专注地听老师的叙述？

（9）您是否相信老师的专业能力？

（10）您是否在谈话结束前感谢老师的辛劳？

以上 10 道题中，如果您回答"是"有 7 个或 7 个以上，说明您和老师的合作已有一个很好的开始；如果您回答"是"在 4~6 个之间，说明您和老师的合作似乎有点问题；如果您回答"是"有 3 个或 3 个以下，说明您缺乏和老师合作的经验，需要花更多时间来认真对待与老师的合作。[①]

（一）持有正确的家校合作态度

1. 重视家校合作

首先，家长要认识到自己是孩子的"第一任老师"，而且这一教育职责不会因为孩子上学接受学校教育而弱化或消失，孩子在学校的表现如何始终与家长的关心和教育密切相关。其次，家长还要主动、连续地与教师沟通，理解、配合学校的要求，与学校教育保持一致。如果家长不重视与教师的合作，会对孩子发展不利。

李伟是一名初一的男生，在上课时，他经常有意无意捣乱，并对所有教过他的老师都表现出一种难以理解的仇恨，他说他尤其厌恶现在语文老师的教学方法，这也是他经常在语文课上故意捣乱的原因。在得知这一情

---

① 连合. 架一道家长和教师沟通的彩虹［J］. 家庭教育导读，2007（7）.

况后，李伟的父母并没有将他的思想情况和老师交流，结果反让老师对他的异常表现更加反感。①

如果家长从思想上真正重视起家校合作，就会克服种种客观的理由或借口，想方设法与老师合作。这些理由、借口一般有如下几种：自己工作太忙没有时间与老师联系；老师工作太辛苦没有时间接待家长，家长最好不要给老师添太多的麻烦；心里想联系老师，可是不知道该怎么办才好；由于自己水平不高，说的话孩子不太听，恐怕无法配合完成老师提出的高要求。

2. 持合适的态度与教师合作

家长怎样才能很好地与教师合作呢？持尊敬、感谢、理解的态度是重要前提。

（1）尊敬教师

尊敬是合作的关键。不管家长从事什么职业，社会地位有多高，学问有多大，都要把自己摆在与教师平等的位置。事实上，教师越来越成为一种具有独特规律的专业化工作，没有受过专门的、长期的职前教育，是不可能从事教师工作的。而家长在专业教育培训方面的缺失，使得家长必须对专业人士——教师持以尊敬的态度，虚心向教师学习。同时，尊敬具有相互性，所谓"你敬我一尺，我敬你一丈"，就是此意。家长对教师的尊敬在先，更会赢得教师对自己的尊敬。只有互相尊敬，才有可能使家校合作持续不断进行下去。

（2）感谢教师的辛劳

人们常把教师比喻为园丁，园丁付出的是体力和汗水，换来满院的花开树绿。而教师付出的是心血、智慧和汗水，备课、上课、批改作业、进行课后反思、读书、教研、参加继续教育、出席学术会议等各种各样的事情，把教师的时间占得满满的。将心比心，家长要了解教师工作的辛苦，感谢他们在教育孩子过程中的辛苦付出，真正理解教师为了"照亮"学生而"燃烧"自己的"蜡炬成灰泪始干"的奉献情怀。家长在与教师交

---

① 孟育群. 初中生家长读本［M］. 天津：天津教育出版社，2006.

谈时，记得要感谢教师对孩子的培养和教育。

（3）理解教师的要求

家长在与教师合作时，教师会提出一些要求，这些要求有的是面向全体家长的，有的是面向个别家长的。对于教师的要求，家长要从有利于孩子现在的学习和今后的成长的角度来理解。面向全体家长的要求，一般是针对全体学生的共性要求，个别要求则是考虑到孩子的特殊情况，家长要体会教师的一番悉心考虑。无论哪种要求，家长都要做好配合行动。如果家长不赞同教师的要求或是有不同的理解，可以与教师私下交换看法，直到双方达成一致。千万不可在孩子面前公开反对教师，这样对教师和孩子都不利。

（二）把握家校合作的时机

家长在态度上高度重视家校合作的前提下，还须把握好几个重要合作时机。

1. 珍惜每个常规合作的时机

常规合作常常是指一般情况下，每学期、每学年家长和老师都要配合的行动。学校在开学、期中、期末都要开家长会，家长要事先做好各项准备工作，如提前安排好手上的工作，保证按时来学校或班级开会，做好记录准备，以便于记录重要事项。

常规合作是家校合作的重要形式和最常见形式，具有正规性、规律性的特点，也是学校、教师主导的合作。当前我国大量的家校合作都是常规合作，由此不难看出，学校、教师处于家校合作的主动地位。常规合作是家长了解学校、班级整体教育情况的主要形式，通过常规合作，家长能够不断了解和理解学校文化、教育特色、教育安排等，接受比较先进的教育理念，为家庭教育配合学校教育打下基础。开完家长会后，家长回到家，还应该把会上讲到的要求向全家人传达，尤其是要让孩子了解会议的要求。

家长会是全体家长参加的家校合作。有的家长还养成了在学期的固定时间与教师单独合作的习惯，如定期与教师电话联系、发邮件等，把孩子的最新情况及时告诉老师，便于老师给出有针对性的教育辅导。

2. 不忽视关键点的合作

关键点是指对人或整个事情发展起到重要作用的时间节点。抓住关键点进行家校合作，可起到事半功倍的效果。在学期的关键点、孩子发展中遇到关键问题时，家长可以与教师进行合作。

（1）学期关键点的家校合作

学期关键点一般包括：入学初期、年级初期、开始学一门新课、更换了老师、更换了班级等时点。

①入学初期的家校合作。入学初期是指孩子刚刚升入初中，开始中学生活的最初一段时间。这个时段是孩子从一名小学生向一名中学生过渡的时期，也是对新学校、新老师和新同学适应的时期。"新"和"变"是这个时期的主要特征。新的环境需要孩子做出相应的改变才能很好地度过这个阶段。

家长可以从两个方面入手进行家校合作。

一是尽可能多地了解新学校，帮助孩子尽快融入新学校，成为学校的新主人，能够与老师、同学和谐相处。如认真参加学校、班级组织的家长会；参观学校；了解学校、年级和班级的年度、学期教育教学计划安排；了解学校文化、学校办学特色、校训、校歌、校旗；了解孩子在校的表现。[①]

二是尽早与老师沟通，向老师介绍孩子的特点和在家的行为表现，可包括以下内容：孩子在小学的学习成绩和综合表现；孩子的性格特点以及优点、缺点、兴趣爱好；孩子能否合理安排学习和闲暇活动；孩子能否尊敬长辈，孝敬父母，主动与家长交流；孩子做家务的情况；孩子是否随便向大人索要东西、乱花钱；孩子是否能按时作息；孩子在社区和其他孩子交往情况；外出、离家是否能跟家人打招呼；孩子写家庭作业情况等。[②]

②年级初期的家校合作。年级初期是指孩子由初一升到初二，初二升

①② 孟育群．初中生家长读本 [M]．天津：天津教育出版社，2006．

到初三的那个学期的开学初期。家长要重点了解新年级对孩子的新要求，在家校合作中，着重于以下内容：一是初二年级的学生要结合自己在初一的学习及其他综合表现，扬长补短，把自己的优势发展得更好，尽快弥补自己的不足；二是初三年级的学生要把学好本学年的功课与准备总复习有机结合起来，做好升学准备与职业准备，家长与教师在主抓孩子学习的同时，还要开始对孩子进行职业规划教育，帮助孩子依据自己的兴趣爱好以及社会需要，树立职业理想，并为梦想努力奋斗。

③开始学一门新课、更换了老师、更换了班级等时点的家校合作。这几个时点有一个共同之处，就是孩子开始接触一件新事、一个新人。此时，家校合作要着重让孩子用最短的时间了解新人、新事，接受新人、新事，喜欢新人、新事。对于新课，家长可与老师一起研究本学科最易学、最有兴趣的部分，并把这部分最早教给孩子，消除孩子对新课的陌生感和畏难心理，为以后的深度学习打好基础。对于新老师，家长需要尽早与其联系，了解老师的教学风格、个性特点，向新老师介绍自己孩子的情况，加快老师和孩子熟悉的步伐，尽快让孩子熟悉新老师的习惯、喜欢新老师的风格。对于新班级，家长要主动与老师联系，请老师向孩子详细介绍班级同学、班干部、班风等情况，如果孩子性格内向，可请老师安排热情外向、乐于助人的同学为同桌，帮助孩子尽快融入新班级。

（2）孩子发展中关键问题的家校合作

孩子在整个初中阶段，在学习和身心发展过程中，会出现一些关键的问题，比如，成绩下降、考了好成绩、心理出现波动。这些时候家长也要与教师合作，采取有效措施，助推孩子发展。

①学习成绩下降时的家校合作。孩子的学习成绩会出现一定的上下波动，只要是在正常范围内偶尔的小变化，家长不必太过担心，要心平气和地对待，多鼓励孩子，肯定孩子的努力，鞭策孩子投入更多的时间、精力在学习上。如果出现了成绩大幅度下降或多次考试连续下降的情况，家长和教师必须双方联手，分析成绩下滑的原因，采取有针对性的对策。

王磊是一名初三学生，平时成绩在班里处于前10名，最近一段时间，从平常的几次随堂测验，到月考以及期中考试，他的成绩一次比一次差，期中考试排名下降到第20名。看到这种情况，老师非常着急，请王磊的家长来学校一趟。王磊的妈妈来到了老师办公室，老师把孩子学习持续下滑的情况告诉了他妈妈，还反映孩子最近一段时间，上课精力不集中，老师提问时，他常常所答非所问，下课后，老师询问他，他说自己脑子里一片空白。老师问家长是不是家里出了什么情况，王磊妈妈一听老师的介绍，立刻意识到问题出在哪儿了，原来最近自己和孩子爸爸正在闹矛盾，婚姻出现了危机，有时候，半夜吵架，都把孩子吵醒了，是大人的争吵，家庭的动荡，影响了孩子的正常生活和学习。王磊妈妈向老师保证一定要处理好家务事，给孩子一个和谐、安全、安静的家庭学习环境。回家后王磊妈妈和爸爸理智地处理了夫妻间的感情问题，他们基于多年的感情基础，从爱护孩子的角度出发，双方重归于好。父母的和好，让家里重新充满了快乐温馨的气氛，王磊不再担心父母会离开自己，不再怀疑是由于自己的过错而让父母闹矛盾了，他恢复了精神饱满的学习状态，又能够集中注意力听课了，学习效果不断提高，期末考试时，名次提前了5名。

②考了好成绩时的家校合作。孩子考好成绩是每个父母和老师的期望。如果能在此时进行有效的家校合作，可以使孩子保持好成绩或再进步与提高。在孩子持续学习进步时，家长最好能与老师联系，了解孩子的课堂学习情况，总结孩子在家学习、生活的好习惯，与老师、孩子探讨是否可采取哪些方法，进一步挖掘孩子的潜力，在允许的情况下进行拓展性学习，进一步提高对学习的兴趣。

③心理波动时的家校合作。家长和老师要能够互相配合，关心孩子的心理变化，并给孩子提供一致的帮助。初中阶段，孩子的心理变化多样而敏感，出现心理波动是正常现象。由于心理的不成熟，孩子对某件事的态度会有前后180度的反差，对这种情况，家长要利用机会教给孩子客观、理性分析事物的方法，逐渐摆脱非此即彼的简单二维思维方式，学会多角度、多维度分析，从而采取恰当的对待态度。对于孩子心理的波动，家长和老师要及时把握，正确引导，一致行动，让孩子保持快乐积极的心态，增长向上的正能量。

3. 抓住特殊事件的合作

（1）家庭发生变故时的家校合作

当家庭出现了父母离异（再婚）、重要亲人离去等情况时，家长一定要及时与老师联系，让老师了解家庭变故给孩子带来的影响，这些影响会让孩子在校行为出现一定的变化，请老师给予关心、理解、爱护，并据此采用有效的应对策略。

叶叶是一名初二女生，最近一个月，突然变得不爱说话，经常一个人躲起来，悄悄流泪，这次数学考试才得了57分。于是，老师请叶叶的妈妈来办公室一谈，询问到底发生了什么事。原来是因为叶叶知道了父母离异的实情，一直开心不起来，情绪消沉。知道了原委，老师跟妈妈约定，不要因为这次数学测验叶叶发挥失常再给她施加压力，老师会多关心和鼓励叶叶，叶叶妈妈也要调整自己的情绪，多安慰孩子，倾听孩子心声，帮助叶叶尽快走出父母离异的阴影。①

（2）孩子出现特殊情况的家校合作

孩子在学校学习的过程中，会出现一些意想不到的、我们不愿意看到的情况，像逃学上网、厌学、早恋、讨厌老师等。针对这些特殊情况，家长必须通过加强家校合作，才能解决这些难题。比如，孩子讨厌老师甚至对老师有强烈的抵触情绪，怎么办？一个最基本的出发点是，要坚信老师和孩子之间不可能有不可调和的矛盾，不可能有实质性的利益冲突。可通过三个步骤来化解。第一步，倾听孩子的心声，让他发泄，说出前因后果；第二步，要跟孩子讲道理，必要时与老师交流，畅通孩子与老师交流的渠道，让他们正常交流；第三步，当孩子明白了道理，取得一些进步时，及时给孩子表扬和鼓励。

政政对数学老师邱老师产生了抵触情绪，说："邱老师越来越差劲了，不关心学生，课讲得也越来越差，这数学我是学不好了。"实际上，邱老师是一名40多岁的女老师，多次被评为区优秀教师，教学水平高，也关心爱护学生。孩子的评价为什么与事实不相符呢？经过和政政的认真

---

① 何贤佳. 家庭变故及时告知老师［J］. 父母课堂，2012（4）.

沟通，家长了解了情况。一年前，政政的数学老师换成了邱老师，她刚来时，进行了一次考试，考试时，一位同学抄政政的答案，被政政拒绝了。但邱老师没有看到那个同学的小动作，却看到了政政说话，于是，狠狠批评了政政，政政觉得委屈，就恨上了邱老师。邱老师好像对政政也有了成见，与他说话表情严肃，上课提问，也不愿意多提问政政。为了引起邱老师的注意，政政上课的小动作越来越多，结果，邱老师对他的批评也越来越严厉，政政对老师的"恨"越来越多，导致数学考试一塌糊涂。在搞清问题出现的原因后，政政家长与邱老师联系，说明孩子想上进，请求老师在课堂上多提问他，多表扬孩子以增加他的自信心，在时间允许的情况下，请老师多与孩子聊聊，化解孩子对老师的误会。时间过去了两个月，有一天政政对家长说："我现在发现邱老师没那么坏，我找她聊天，她从没拒绝过，她上课常常提问我，我这次考试成绩好了，她还表扬了我。"家长接着说："邱老师表扬你，我也表扬你，还要奖励你。"政政顺利走出了对老师抵触的状态，数学学习也步入正常状态。[①]

（3）学校出现特殊情况（校园暴力）的家校合作

校园里聚集了成百上千的学生，学生间会有合作友爱，也会有打闹冲突，因此，孩子在学校还会遭遇校园暴力，有的是讽刺挖苦的语言暴力，有的是肢体打斗暴力。面对校园暴力，家长应该如何处理呢？首先，家长不能不管，任孩子受暴力伤害。其次，家长也不必过分慌张，反应过度。家长要先安慰孩子，减轻孩子受到伤害的程度，并及时与班主任取得联系，弄清事情的真相，共同引导孩子，公允处理他们间的纠纷。

四、掌握家校合作的具体策略方法

在实际家校合作中，有的家长反映自己知道家校合作的重要性，也了解需要在什么时机与教师联系，然而，还是觉得不知道怎样与教师合作才

---

① 齐树峰．三步化解孩子对老师的强烈抵触情绪［J］．家庭教育导读，2008（11）．

是合适的、有成效的。下面是几种常用的方法。

（一）把握家校合作的频次

家校合作的频次就是一学期或一学年，家长与老师联系的次数。初中三年中，有的家长仅仅与老师联系 1～3 次，这属于偶尔联系。有的平均一学期联系 3 次或 3 次以上，这属于经常性联系。如果想要使得家校合作取得明显的效果，家长必须与老师进行经常性联系。

（二）掌握家校合作的方法

家长与学校老师的合作，一般有面对面的直接合作，有借助通信工具的间接合作，也有家长、学生与老师的三位一体合作。

1. 直接家校合作

凡是以家长与老师面对面的形式出现的合作，都是直接家校合作。有老师面对群体家长的直接群体合作，如家长会。这种合作方法具有易于组织实施、节约时间、高效率、计划性强、面向全体的优点，同时，也存在针对性差、效果不明显、容易流于形式的缺点。有老师面对单个家长的直接个别合作，如老师与家长会谈。这种合作方法是最基本、最直接的家校合作方法，具有针对性强的优点，但也存在费时间、费精力的缺点。

（1）如何开家长会

家长会是老师和家长交流孩子情况，共同寻找最佳教育方式的有效渠道，是形成家校合力的平台。家长注意的事项如下。

会前。家长在接到开家长会的通知后，要在孩子面前表现出非常乐意去开会，切不可表现出为难、犹豫甚至拒绝等不乐意情绪。如果开会时间与工作有冲突，尽量安排好换班或请假。万不得已，要主动向老师请假，随后再与老师沟通。

参会。要在会议正式开始前到达会场；认真听讲，做好记录；遵守会场纪律，不交头接耳、打电话；对自己感兴趣、有疑问的地方向主讲人提问，积极互动。

会后。及时主动向其他家庭成员传达会议的内容，总结自己的家庭教育长处，反思存在的失误。把会上的要求反馈给孩子，要注意反馈方式，尤其对老师反映孩子在校表现不理想的方面，家长切不可采取粗暴的打骂方式。正确的做法是，心平气和地询问孩子出现的问题，与孩子共同寻找原因，提出解决的办法，鼓励孩子奋发努力。如有必要，家长可以通过打电话或面谈的方式，把家庭商讨提出的对策措施反馈给老师，供老师了解并提出建议。①

（2）如何与老师会谈

家长与老师见面谈话是最常见的沟通方法。会谈要取得成效，需要注意以下事项。

约见环节。在与老师见面前，一定要事先通过电话或其他方式与老师定好见面的时间、地点，估计谈话持续的时长。另外，最重要的是准备好谈话的主题和想要了解的主要内容。

谈话环节。与老师谈话时家长要注意谈话的态度、语气，还要注意认真倾听。

家长在与老师谈话时的态度非常重要，无论家长还是老师都要注意以下几点。一是不能使用命令式语气，比如"你要……""你必须……""你应该……"，这种语气容易让对方产生误解，造成沟通受阻，无法进行下去。二是避免自尊心过强，坚决不让步。有些家长或老师碍于情面，不愿意体谅对方，甚至故意忽视对方的想法，而坚持自己的观点或做法，这种"不妥协"会使对方感到尴尬，不利于问题的解决。三要避免防备心理，家长与老师之间没有建立起相互信任，担心自己说的会对孩子不好，因此，说话时防备着对方，不能实话实说，造成了沟通信息的失真，不利于分析、解决实际存在的问题。四要避免态度傲慢，由于家长与老师之间存在客观的差距，无论谁持高高在上的姿态，看不起对方，都会使对

① 李倩．聪明的家长会开会［J］．父母课堂，2013（6）.

方难以接近自己，更谈不上理解与合作了。①

家长和老师谈话时要用心听、认真听。在倾听过程中注意：不随便插话，打断老师思路；不过早表态，避免主观臆断。②

2. 利用通信工具的间接沟通

随着现代通信技术的发展，人们间的沟通交流更加方便、快捷，空间的限制已经不复存在。所以，家长与老师的合作也越来越多地依赖于电话、网络等电子媒介。

（1）电话沟通

电话沟通时要注意几件事情：一是选择老师下课后的时间；二是每次通话的时间不宜过长；三是要对老师表示感谢。

（2）网络沟通

随着互联网技术的普及，网络成为一种重要的沟通渠道。以互联网为依托的家校合作方式，日益为大众接受，成为传统家校面对面直接合作的重要补充。具体的方法有发电子邮件、加入 QQ 群、开微博、浏览学校网站等。除电子邮件外，其他的方法都具有信息公开性，能够为众多人所见。因此，家长在发送信息前，一定要认真考虑可否公开，否则，不慎把隐私公开，会给自己和相关人员带来不必要的麻烦。

（3）纸质媒介的沟通

虽然现代沟通方式融入了生活的各个角落，替代了传统沟通方式的许多功能。但是，传统的纸质媒介，比如信件，因其较好的保护隐私性，仍然存在，并发挥着重要作用。在家校合作的实践中，学校和家长发挥创造力，开发出信件的新形式——班级家书。深圳市的一所学校把班级家书当作家校合作的新路径，构建了连接家长、学生、教师三位一体的合作模式。班级家书就是教师写给学生、家长的信。每月出一期。班级家书包括卷首语、校园动态、班级动态、亮点表扬、家校携手、回音壁六大部分。其中令人耳目一新的栏目是回音壁，回音壁分两种形式，一种是家长读完

---

① 何贤佳. 应避免沟通的不恰当态度［J］. 父母课堂，2013（4）.

② 连合. 架一道家长和教师沟通的彩虹［J］. 家庭教育导读，2007（7）.

信后写给班主任的反馈信，即"家长回音壁"，另一种是学生把读完信的感想或想对老师说的话写给老师。回音壁是班级家书的核心环节。①

3. 教师、家长与学生的三方会谈

在常见的家校合作中，主要参与人一般都是教师和家长，学生的作用未得到重视。随着家校合作进程的推进，学生的主体作用凸显出来。构建教师、学生、家长三位一体的合作模式成为新方向、新趋势。在三位一体模式下，亲师会谈在适当情况下应该转为亲师学三方会谈。三方会谈能够取得意想不到的效果。

王超是一名初二的男生。在小学时，他是一名优秀学生，各门功课的成绩都很好。上了初中后，他非常喜欢数学，课上、课下都花了不少工夫，然而，成绩却不是特别理想，很少能得高分，似乎遇到了瓶颈，如何突破呢？对此他有点苦恼。他的妈妈看在眼里，急在心上，苦苦想法帮助孩子。在一次年级家长会上，新任数学老师兼班主任张老师做了精彩发言，他在发言中强调说，希望家长、孩子一起与老师会谈，这种方式可取得良好效果。王超妈妈决定与儿子一起去见张老师。在一个阳光明媚的下午，妈妈和王超来到了张老师的办公室，谈话进行得非常顺利，妈妈介绍了孩子的优缺点，张老师肯定了王超的努力，王超自己说出了学习遇到的难点，最后，三方达成了课上、课下齐配合、同奋斗的方案。张老师注意在课堂上多提问王超，课后再多留一些提高性作业，家长在家给孩子鼓劲。这样的合作持续了半个学期，在期中考试中，王超数学考试得了满分。三方合作让王超跨越了初二数学学习的一大瓶颈。

本章作者：

亢晓梅　天津市教育科学研究院法治研究所所长、副研究员

---

① 魏育栋，张燕萍. 构建"教师＋家长＋学生"新型关系［J］. 中国家庭教育，2012（2）.

参 考 文 献

专著:

[1] 国家基础教育实验中心组织编写.中国家庭子女教育 初中学生家长读本[M].北京:中国法制出版社,2000.

[2] 孟育群.少年亲子关系研究[M].北京:教育科学出版社,1998.

[3] 益智译.实用教子法[M].北京:中国青年出版社,1992.

[4] 王希永.家庭心理教育[M].北京:开明出版社,2000.

[5] 贾晓波.学校心理辅导实用教程[M].天津:天津教育出版社,2002.

[6] 柳夕浪.中学生人际交往指导[M].南京:南京师范大学出版社,1999.

[7] [苏]瓦·阿·苏霍姆林斯基.帕夫雷什中学[M].北京:教育科学出版社,1983.

[8] 教育部基础教育课程教材发展中心组织编写.家庭教育[M].北京:教育科学出版社,2010.

[9] 孟群群,高平.让折翅的小鸟重回蓝天——离异家庭子女教育[M].北京:中国轻工业出版社,2008.

[10] 傅安球,史莉芳.离异家庭子女心理[M].杭州:浙江教育出版社,1993.

期刊、报纸文献:

[1] 林涧怡,桑标.离异家庭儿童发展性研究综述[J].心理科学,2008(1).

[2] 陈会昌.离异家庭子女的社会性发展特点[J].心理发展与教育,1990(3).

[3] 郭瞻予,张慧杰,石杨,吴月函.离异家庭亲子沟通与初中生人格特点的相关分析[J].沈阳师范大学学报(社会科学版),2009(2).

[4] 刘先华.离异家庭对子女心理与行为的影响[J].湖北第二师范学院学报,2010(3).

[5] 卢文洁.离异家庭子女教育问题的若干探讨[J].龙岩师专学报,2002(2).

[6] 杨海燕.离异家庭子女教育的误区及对策[J].科教纵览,2008(8).

[7] 徐东.论离异家庭子女的家庭教育策略[J].西华大学学报,2005(10).

[8] 刘卫华.哈佛才女在单亲之家和再婚之家成长[J].家庭,2000(10).

[9] 曹杰.离异双亲给了我整个世界[J].青年文摘,2006(9).

[10] 蒋凡凡.从《家有儿女》看家庭教育中的亲子关系[J].大众心理学,2008(1).

[11] 张卫民,蒋宏达.当代中学生职业理想透视——来自中学生的调查报告[J].教育与社会,2008(7).

[12] 温晓帆.探析我国农村留守儿童家庭教育问题及对策[J].成功(教育),2012(4).

[13] 王殿春,梁栋."流动生"心理健康水平研究[J].教育探索,2010(10).

[14] 丁芳,周鋆,陶红.初中流动儿童与本地儿童情绪适应状况的调查与分析[J].江苏教育学院学报(社会科学版),2012(1).

[15] 冯华.农村留守儿童现状调查:长期亲情缺失致性格孤僻[N].人民日报,2010 – 12 – 02.

电子文献：

[1] 李英霞.由《家有儿女》看重组家庭的子女教育[EB/OL].(2009 – 08 – 16)[2013 – 09 – 15].http://www.bianjibu.net/film/541.html.

[2] 朱安平.让你感动的中国母亲——吴章鸿[EB/OL].(2005 – 09 – 14)[2013 – 09 – 20].http://www.xinddy.com.

课题报告：

[1] 天津市弱势群体家庭教育现状调研及其社会支持网络的构建课题组.天津市弱势群体家庭教育现状调研及其社会支持网络的构建[R].2011.

出 版 人　所广一
责任编辑　何　威
版式设计　沈晓萌
责任校对　贾静芳
责任印制　曲凤玲

图书在版编目（CIP）数据

亲子携手　走出成长困境：写给初中生家长/孟育
群主编. —北京：教育科学出版社，2013.11（2013.12 重印）
ISBN 978 – 7 – 5041 – 8049 – 0

Ⅰ.①亲…　Ⅱ.①孟…　Ⅲ.①初中生—家庭教育
Ⅳ.①G78

中国版本图书馆 CIP 数据核字（2013）第 263661 号

亲子携手　走出成长困境——写给初中生家长
QINZI XIESHOU　ZOUCHU CHENGZHANG KUNJING——XIEGEI CHUZHONGSHENG JIAZHANG

出版发行　**教育科学出版社**

社　　址	北京·朝阳区安慧北里安园甲 9 号		市场部电话	010 – 64989009	
邮　　编	100101		编辑部电话	010 – 64981157	
传　　真	010 – 64891796		网　　址	http://www.esph.com.cn	

经　　销	各地新华书店			
制　　作	北京金奥都图文制作中心			
印　　刷	北京中科印刷有限公司			
开　　本	169 毫米×239 毫米　16 开	版　　次	2013 年 11 月第 1 版	
印　　张	20	印　　次	2013 年 12 月第 3 次印刷	
字　　数	287 千	定　　价	36.00 元	

如有印装质量问题，请到所购图书销售部门联系调换。